平凉路2767弄

上海十九棉

百年工房口述史

——

增订本

——

张力奋 主编

复旦大学新闻学院"都市、田野调查与记录"项目组　撰

学林出版社

本书获复旦新闻学院学术出版支持

致 上 海

2021 年 12 月 25 日，"都市、田野调查与记录"课程最后一课，全体师生于平凉路 2767 弄主弄堂合影。
前排左起：李昂、陈杨、张力奋、吴昊、钟佳琳、于晴、陈至；后排左起：欧柯男、魏之然、余洋、莫迦淇、
吴亦阳、张艺严、李大武。（马晓洁　摄）

20 世纪 20 年代公大纱厂（上棉十九厂前身）组图

第二正门（杨浦区档案馆藏）

花园（朝日新闻大阪本社富士仓库藏）

工房（朝日新闻大阪本社富士仓库藏）

公大小学校（杨浦区档案馆藏）

20世纪40年代中纺十九厂组图

厂区鸟瞰（上海图书馆藏）

职员宿舍（上海图书馆藏）

20 世纪 80 年代上棉十九厂厂房内部

十九棉社区张挂的旧改宣传标语"讲团结同心谋幸福　拆旧里共享新家园"（余洋　摄）

2021 年十九棉社区鸟瞰（魏之然　摄）

《平凉路 2767 弄》一书 2023 年 6 月于上海出版，10 月修订再版。以下诸事值得记录，或作简单说明：

1. 选修"都市、田野调查与记录"课的同学都在 6 月 16 日毕业典礼那天，拿到平生他们第一本参与、正式出版的书籍。办公楼窗前，我请他们坐成一排，流水线签一批书，送给帮助过我们的图书馆、档案馆和口述对象。相信这也是他们第一次签书。扉页上，有他们每人的签名。我直觉他们是享受这种仪式感的，希望他们明白仪式感是一种文明，不仅是荣誉，更是承诺。我们把这本书带到世界上，不是随便的事。签了名，就画押了。

2. 6 月 16 日下午，新书研讨会的热烈与坦诚出乎我意料，近百位出席者塞满了学院大会议室，也是我开会经历中的超时之最，原定 2 个小时变成了 4 个多小时，所幸很像学术与教学讨论，有大学的样子，很少场面上不痛不痒的话。当日除了学界同行、学生、政府官员、出版界，还有多位平凉路 2767 弄街坊邻居，可见学术研究本是存在共同体，合作是正道，都为了探求未知，改善"周边社会"。

3. 书出版后，上海新闻界与媒体的反应热度也出乎意料。当然，一个原因是此书与上海历史直接相关。引发媒体关注的另一原因，或因本书聚焦了一个近年来常被冷落的上海地域，即以杨树浦为核心的上海东北区域，近现代以来中国最早的工业带。我在序中提及，与近年对上海西区租界的历史与人文研究相比，东北区域在上海研究中显然有些"缺位"。学术界的"失声"也加剧了历史叙事上的不平衡。从各类报道看,《平凉路2767弄》一书显然把上海叙事中的"东西失衡"助推上了媒体议程,触发了公共讨论,这也是意想不到的收获。

4. 本书及其田野研究方法,也引发了一些中国社会学者、历史学者的兴趣与关注。接受媒体采访时我曾表示,"社会人类学"或"社会学"背景的田野调查方法,在欧美及其他某些英语国家已相对成熟,相关研究成果也很丰硕,只是中国还在初创期,特别是对田野样本成型、完整的研究还较少。中国社会发展迅速,加之近年来中国对社会研究的资助与投入也增加很多,照理应是产出一系列"里程碑"研究的最佳时机。但实际情况是,当下在中国从事相对独立的实证社会研究可能遭遇的困难与问题很多,比如田野调查点的获得,研究对象的合作互信,相关历史档案的查询,等等。正因于此,我特别感激上海市杨浦区政府与定海路街道对我田野研究、教学的全力支持。

5. 研究者与研究对象是一对共生关系。书出版后,一些参与口述历史的邻居曾参与上海电台讨论、新书发布会或讲座。他们也是此书最铁杆的推广者,比如达世德先生网购数十册书分赠发小同学、亲友、邻居。我也收获了更多有关2767弄的历史信息、回忆及可能的访谈对象。

6. 本书的初版编辑时,一位被访的老人戴留根因口述访谈触动了"他的痛苦往事",不同意将其口述及照片编入书中。我表示理解,并遵嘱删除了他在书中的所有内容。近日,在彼此见面及各种努力之下终于取得进展。戴叔同意授权,将时间跨度长达近70年的三张全家福及说明交由我在增订本中公开出版。谢谢戴叔。

7. 有关2767弄树木,书中提及,弄内有数十株老树,其中有石榴树、梨树、苹果树多株。我曾有念头将其中一部分名贵老树移植至同在杨浦老土地的复旦大学邯郸校区,纪念复旦与杨浦之间的地域脉络与人文联系。好事总归多磨。近闻里弄内的所有树木都已清完,看来移植的计划最后已落空,自然颇有遗憾,人间世事多如此。记之。

8. 书虽已出版,但是平凉路的"田野"仍在持续。今年暑假,我曾三次重返定海路街道，两次去拆迁工地"拾荒"，与达叔一起从废弃民居中拣回"文物"若干件，为以后可能的"失物展"做些积累。因为这个田野研究，我头上多了几顶帽子，好听的有"都市考古"，不怎么好听的有"捡垃圾的教授"。无论名目好听与否，田野与实证研究要做的事是不变的，那就是借助于我们的好奇心，拓展"周边社会"的知识与认知，对人与社会以及他们的互动、进化、关联、冲突及其行为有更细微的描述与理解。每个研究，只是一块小石子，通过经年累月的努力，慢慢垒起一座真知的小城堡。

谢谢平凉路 2767 弄。谢谢上海。

2023 年 9 月 15 日写于上海复旦大学新闻学院

序言

熊月之 ×

这部《平凉路 2767 弄》，是对一个自成单元的百年社区人文历史的深度发掘，是对都市普通人日常生活的《清明上河图》式的全景素描，是对一个行将消逝的社区带有抢救性质的人文考古（读者看到本书时这一社区已不复存在），是一群具有社会学意识、历史学素养、新闻学专业的学者所做的都市口述史的典范之作。

一

平凉路 2767 弄是实名，而不是社会学者做社会调查时惯常使用的代名。此弄在上海市中心区的东北角，平凉路到底，与军工路交会处，现属杨浦区定海路街道。此地原为濒江农村，清同治年间划入英美公共租界，在租界最东端，1919 年日商在此购地，并于 1921 年创建公大第一纱厂，并建筑宿舍，供厂内职工居住。1922 年竣工启用，至 2021 年关闭拆迁，存世恰好一百年。其间工厂隶属与功能屡有变更，但纺织一直是其专业。1945 年抗战胜利后，由南京国民政府接管，改名为中国纺织建设公司上海第十九纺织厂。1949 年上海解放后，改名为国营上海第十九棉纺织厂。

这个小区厂舍合一，是企业办社会的典型，自建造伊始，便自成独立社区。到 1946 年，占地六百余亩，除了厂房，还有工友食堂、职员宿舍、工友宿舍、职员浴室、工友浴室、子弟小学、医院及药房、托儿所、哺乳室、花园、游泳池、篮球场、网球场、足球场、消费合作社、康乐室、工会办公室、消防队、职工足球队、理发室、阅报室等。在杨树浦众多纺织厂中，厂舍合一，并非公大纱厂一家，裕丰纱厂（上海第十七棉纺织厂）结构亦与此类似，但公大纱厂"设备的完善，环境的优美，是无可比拟的"（逸芳《本厂职员宿舍剪影》）。职工来源，以苏北人为多。据1946年统计，苏北籍（以扬州、阜宁、泰兴为主）超过41%，其次为上海籍贯，近33%，再次为苏南籍、浙江籍。

这个小区所在的定海路区域，是上海有名的工业区。自20世纪20年代起，日商、英商在这一带兴建了很多纺织厂，十二棉厂、十七棉厂、十七毛厂、十九棉厂等，都是千人大厂，有的后来发展为万人大厂。很多纺织厂，为了便于企业管理，也为了增强职工对工厂的认同感，均采取与公大纱厂类似的路径，即厂舍合一，建造成批宿舍供职工居住。这些厂建住宅，规划较好，质量也好。纺织厂日夜开工，三班倒，需要大量女工，职业门槛又很低。苏北地区比较贫困，常闹水灾，大批难民涌入上海。其时，工厂招工多采用工头制，靠熟人介绍，如张三介绍李四，李四介绍王二。于是，大批苏北女工（童）进入纺织厂工作。厂区边上有不少无主荒地，一些难民便在那里搭建简棚，安顿下来。于是，私房集中、房屋质量低劣、环境脏乱的问题日益突出（杨建元《我的"旧区改造"经历》）。20世纪50年代，鼓励生育，人口骤增，住房问题更趋严重，很多原先条件较好的小区，也乱搭乱建。自2008年起，政府着手对这一带逐步进行改造。平凉路2767弄的改造，正式启动于2021年3月，同年12月3日，小区封门，居民陆续搬出，小区历史画上句号。

获悉这一小区即将改造的信息后，张力奋教授出于其高度的职业敏感性，认为对于2767弄这一类小区，作为有别于法租界政商名人故居"巨富长"的所谓"下只角"，作为与上海工业区相关联的重要地段，将其人文历史特别是普通民众的日常生活史，记录下来，极有意义，极有必要。于是，启动了这一田野调查项目，有了这部口述史。

实施这一项目的访谈主体凡15人，张力奋教授为项目主持人、指导教师，12人是选修这门课的复旦大学新闻学院本科生，另2人是学生助教。访谈对象凡

16 人，其中 15 位是久居平凉路 2767 弄的居民，另一位是长期从事定海路街道旧区改造工作的负责人。他们中，年龄最大的 90 岁，最小的 54 岁，对小区不同时期、不同方面的历史都有所了解，对动迁项目的启动、动迁政策的制订、动迁工程的实施都比较清楚。访谈持续一个学期。口述史全面、系统、翔实地梳理、记述了这一小区的历史，包括若干重要历史事件发生对此厂此地的影响，小区居民来源、社会结构、社区管理，特别是普通居民的日常生活。

二

作为百年里弄，上海百年内发生许多重大历史事件，在这里都有反映与影响。书中对此有清晰记述，可参见本书所附大事记。其中比较重要的有：

1932 年，一·二八事变爆发，日军侵略上海。2 月 9 日，一架日本军机在公大纱厂上空超低空盘旋，不慎触撞一工房屋顶，军机坠落，炸弹爆炸，两名飞行员即刻丧生，伤及两名中国工人。

1937 年，八一三事变爆发。日军侵占上海华界地区后，对公大纱厂实行军事管制，改名钟渊工业株式会社公大一厂，为日本海军部制作军衣面料及军毯，并将公大纱厂与军工路之间原有的高尔夫球场改建成临时机场，为第三航空团的根据地。1939 年，公大纱厂改为日军伤兵医院。1940 年，中国共产党在厂内成立演剧组，演出《木兰从军》等进步戏。1945 年，公大纱厂遭盟军飞机轰炸，毁坏严重。同年，抗日战争胜利后，国民党政府接管公大纱厂。

1949 年上海解放前夕，国民党军队某营三百余人，于 5 月 26 日入驻厂内。经党组织努力，厂长吾葆真出面对国民党军队进行攻心，部队没有进入住宅区，而是在职工子弟小学休息。27 日，中国人民解放军进来，双方差点发生武装冲突。经党组织争取，吾葆真厂长出面，完成了对国民党军队的劝降，取得了护厂斗争的胜利。厂史记载，护厂斗争未发一枪一弹、没流一滴血，十九厂完整无损地回到了人民手中。这在上海工人阶级努力护厂、迎接解放的历史上，是值得书写的一笔。

1950 年 2 月 6 日，盘踞台湾的国民党空军轰炸上海电力、供水、机电等重要基础设施，杨树浦发电厂被炸，上海工厂几乎全部停产。十九厂工人面临停薪困境，工房居民日常生活恶化。"炸的时候我们在十九棉没听到什么震动，拼了命要跑去看。那时解放军就沿着整条马路，三步一岗，五步一哨，维持治安，有时国民党飞机来骚扰，解放军用机枪在十九棉小花园的树林里进行扫射，防止敌机俯冲"（应长生《解放前后的十九棉里弄》）。这个细节，对于了解"二六轰炸"事件的影响，也有一定价值。

1958 年"大跃进"运动中，政府号召大炼钢铁，居委会到各家各户收集铁锅以及烧坏的铁家什，拿去炼钢。小区前面的木栅栏被拆去，当炼钢需用的木柴烧了。政府要求大办食堂时，里弄也办了居民食堂，"在足球场边上建了一个食堂，很大，里头可以坐下来吃，也可买走回家里吃，早中晚一日三餐，都有供应，可买饭菜票。早饭有粥，放在一个很大的钢精圆桶里，还有馒头，中午和晚上有很多小菜。我们常常去买，图个方便。食堂持续了两三年，就关闭了"（常协五《"妈妈鼓励女孩子踢足球"》）。

1959—1961 年，国家进入三年困难时期，人民生活遭遇历史上罕见的困难，学术界对此已有相当深入的研究。但是，以往人们关注的重点，主要在农村，至于对城市的影响，特别是对上海这样大城市的影响，则较少述及。本书有些资料，对此有所弥补。这一时期，政府要求"精兵简政"，压缩城市人口。经过两年动员，十九棉厂共"精简"工人 871 人，其中返乡支农 215 人。有人回忆，这一时期，他家里由于父母亲都在厂里工作，条件好些，没有挨饿，但邻居中"有几家条件差点，父母有一方不在厂里干活，吃食有点紧张，月底总是有四五天没口粮"，"有一家人，每月 20 号之后，口粮没了，得撑到 25 号才能凭票去买米。他们只好搞点菜叶煮烂，放点面粉一调，就吃这个。不顶饱，小孩子吃完一下就饿了，而且肚子里净是蛔虫，脸色不好看。那时学校里经常发蛔虫糖，给他吃了糖后，屙出来八十几条蛔虫"（陈宝龙《"我生在一号英式洋房"》）。还有人回忆：

（三年困难时期）糠没吃过，吃的是山芋。粮食供应每人25斤，20斤是米，剩下的5斤就是山芋、面粉之类的粗粮，油半斤，没有鸡蛋，凭票买的猪肉以买肥点的居多，因为肥肉可用来榨油。张正林家里因为子女多，生活比较困难，他家早晨把面粉炒一炒，放点盐，拿两调羹用开水一冲，多的没有，吃好了就去上学，没上两节课他就饿得浑身没力气（仇家新《60年代十九棉少年》）。

　　对于"文化大革命"时期厂里的情况及其对小区的影响，书中也都有所记述。"文革"中，有大字报诬指本厂为"特务大本营"，涉及干部群众82人，轰动一时。这些冤假错案，在"文革"结束后均获平反昭雪。

　　受访者多出生于20世纪50年代，"文革"时期多为风华正茂的中学生，对于"大串联"与"上山下乡"的经历记忆尤为深刻。"上山下乡"更是诸多受访者回忆的重点，他们或去黑龙江，或去江西、安徽，或去崇明农场，对于这一运动全过程，包括如何动员、启程，如何与农民相处，劳动如何辛苦，最后如何返城，均言之历历。内以达世德回忆在黑龙江黑河地区逊克县的经历，最为翔实。他对于如何学习农活、学会生活，如何当民兵连连长，以及如何受伤、生病，回城以后生活如何艰难，令人感动，也令人心酸。他和妻子都是党员，吃苦耐劳，本分做人，属于最后一批返城者。返回上海以后，他们没有稳定工作，摆饮食摊子，包水饺、做面条，做点小生意糊口，依然荆棘丛生，不堪回首：两部黄鱼车被盗，15辆自行车被偷。

　　上山下乡运动中，上海有4000多名知青被安置在逊克县，达世德这样的经历，当有一定普遍意义。

　　"深挖洞"即修筑防空洞，是"文化大革命"中一项重要举措，全国大中城市普遍开展，参加者数以亿计。全国挖洞的轴长度超过万里长城，挖掘土石的体积超过了长城的土石方总量。上棉十九厂自然投身其中。当年作为厂民兵连连长（后任厂武装部副部长）的张国鑫，对此有翔实回忆，包括防空洞设计、经费来源、材料筹措、施工过程、事故处理等（张国鑫《十九棉民兵连战备往事》）。

这些与国家、与时代大历史、大事件相关联的生动的细节史料，对于人们填补历史记忆，阐释历史事件的意义，具有重要的价值。

三

这部口述史更值得珍视的地方，在于其对于普通居民日常生活的记述，涉及工人来源、环境变异、住房拥挤、邻里关系、年节民俗、儿童生活，以及居委会主任的工作等方面。

书中对于十九棉厂工人来源，多有记述。

十九棉厂工人很大部分来自苏北。他们来沪经历、在沪生活，对于理解上海工人特质，很有价值。应长生回忆，他1946年从盐城来到上海，单是路上，"要耗时两周。因为乘的是木帆船，顺风靠风力扬帆航行，逆风靠纤夫拉纤行舟，速度缓慢。最后到无锡转乘火车抵沪。火车从无锡到上海，就比较快了，天不亮时出发，下午就到上海了"（应长生《解放前后的十九棉里弄》）。如此艰难漫长的行程，今人实难想象。他的姐姐经人帮忙，来到十九棉厂，成为一名纺织女工。那在乡下人看来，是一件了不得的好事，"姐姐是1926年出生的，进厂时正好20岁。她也知道能找到这份工作很不容易，所以非常珍惜，表现也非常出色。工作虽然辛苦，但她能坚持到底，在该厂一直做到1976年退休，足足做了30年"（应长生《解放前后的十九棉里弄》）。这种经历与感受，对于全面理解苏北农民特别是妇女进入上海工厂的意义，具有重要的价值。近代上海，无论租界还是华界，穷人比例都超过80%。但是，为什么还是有那么多农民，千方百计要进入上海，想方设法进入工厂呢？这是因为，上海能够为广大贫民提供更多的就业机会。在上海工厂尽管辛苦，但比起业已普遍破产的乡下，不知道是要好了多少。[①]

不止一位口述者述及，那时厂里的工人，多靠老乡、亲戚、朋友介绍进来。

---

① 对此笔者曾有专文论述，见拙文《近代上海城市对于贫民的意义》，《史林》2018年第2期。

上海纺织厂很多，特别需要年轻女工。苏北乡下，只要有人在上海纺织厂打工，就会源源不断地带亲友、同乡、远亲近邻出来，特别是小女孩，到上海纱厂当童工，大多数找到工作就留在上海了。也有少数吃不了苦，又回苏北的。我外公外婆就带了很多亲戚出来（刘必芳《"我欢喜看阿尔巴尼亚画报"》）。

十九棉的住宅，起初建造得颇为讲究，包括独栋三层花园别墅楼房 2 幢，假三层连体排屋 10 栋（幢），日式两层屋舍 30 排（幢）。这些房屋，按职务、职位高低分类居住，分别供工厂领导或总经理及其家眷、各级管理人员（工程师、高级技师、中级管理人员）及其家眷，以及厂内蓝领工人居住。无论供谁居住，均设计精细，用料讲究，环境优美。但是，到后来，无论哪一类住宅，都变得拥挤、破烂，环境肮脏，到了 20 世纪 80 年代，这地方已经变成远近闻名的"穷街"。这变化是怎么发生的呢？书中对此多有具体述及。

首先，随着政局动荡，产权变易，房屋管理失序。

一些受访者关于获得住房细节的描述，对于理解这一问题，具有特别的价值：

国民党的军官撤退了，那些房子都空关着。像我们住房比较紧张的，悄悄地就搬进去了。谁搬进去住，这个房子以后就是属于谁的。基本都是这个情况。有的人搬进来以后又怕了，万一国民党再来怎么办？后来想，反正不是我们一家搬进来，搬进来的人多了，胆子就大了。据说解放前夕有个国民党军官，搬走后又回来，对新住进来的人说，我们还要回来的。居民回答：等你回来我再让给你。

当时有不少空房已经被人抢先占住了，幸运的是职 8 弄 3 号前楼还空着。我们把行李从东 3 弄搬进职 8 弄，我们家占了职 8 弄 3 号的前楼。从此，我们家长期蜗居的日子就结束了，开始了新的生活（应长生《解放前后的十九棉里弄》）。

周筛罩的回忆，尤为具体：

当初刚解放的时候，好多苏北人因招工或逃荒逃难到了城市里，来了以后，因为这些人没有户口，看哪个地方有空位，就在哪里安家。十九棉厂因为日本人跑了，国民党也被打败了，管理不是很到位，十九棉工房这些房子平常就空着，人来了就这里拿一间，那里拿一间，我父亲来的时候就拿了两间，还有一间西11弄6号后来让给人家了，我们家一开始住的就是西11弄4号，然后一直没动过……一直到1955年上海落实户籍制之前，都是谁来谁住的（周筛罩《十口人，二十平米，五十年》）。

入住者对于房屋结构的改变，记述得也很详细：

海军宿舍房屋宽大，有前后阳台，弄堂也宽敞。里面有一个洗手间，家家都有抽水马桶的。这个抽水马桶，不是坐式的，是蹲式的。它占地方，我们又不习惯用这个东西，所以通通都敲掉了。敲掉了以后省出的地方大，好搁床铺。老4弄的房子都是日式砖木结构，我们刚进去的时候前楼有一小间的床上还铺着榻榻米，但是我们不习惯的，所以全部改造了（应长生《解放前后的十九棉里弄》）。

其次，入住人员越来越多，住房极度拥挤，导致乱搭乱建。

住房极度拥挤，是口述者普遍的话题。拥挤的程度，超出今人想象，有4个人住10个平方米的（仇家新《60年代十九棉少年》），10个人住22.9平方米的（周筛罩《十口人，二十平米，五十年》），还有6个人住不足9平方米的（陆锦云《搬了五次家，却从未远离》）。至于人均不足4平方米的，比比皆是。

当时 4 号的门洞里，楼上住着两家，楼下住着两家。我家在二楼的后楼，一间 9 平方米不到，6 个人住，一个房间只好摆一张床，搭一张台子，还有一个放碗筷的橱柜。除了爸爸妈妈，我们兄弟姐妹四个那个时候年纪很轻，每个人年龄都相差 5 岁——我只有 10 岁，哥哥 15 岁，姐姐 20 岁，妹妹 5 岁。我父母睡床上，兄弟姐妹都睡在地板上。那是日本人造的房子，木地板，铺一个毯子就能睡。我们在地板上睡觉都是脚伸在台子底下的，床底下有时候也能睡人，头露在外面，身体就在床底下（陆锦云《搬了五次家，却从未远离》）。

多家住户共用的空间，更是拥挤，一层楼总共有两个灶披间、两个卫生间，灶披间大概 8 平方米，卫生间只有两平方米。陆锦云说，"我们家和另外三家人拼东边的卫生间和灶披间，最多的时候一共有 20 多个人一起用"。

拥挤自有众多难言的烦恼：一位日后当了飞行员的青年，自小就住在阁楼里，"阁楼高度不高，只有 50 到 60 厘米，可以放东西，也好睡觉。但是如果不睡觉，人不能站着，因为头都伸不直，上去之后最多只能坐在席子上面。去阁楼要安个活动的梯子，白天呢，怕影响走路，人下来了以后就把梯子放在边上，到晚上睡觉了，再把它拿出来，爬梯子、钻进阁楼"。邻里之间更是没有任何隐私可言，"一幢屋两层楼，人家家里吵架，或者小孩被大人骂，都能听到，不要说讲句话了，放个屁都听得到"（陆锦云《搬了五次家，却从未远离》）。

与住房极度拥挤紧密联系在一起的，便是室内搭建阁楼，室外毁坏公共绿地与花园，搭建临时住房，亦即违章建筑。更有甚者，有人偷偷地将腐蚀性极强的硝镪水，倒到花园的树上，让其死去，然后砍掉，搭建房子（陈宝龙《"我生在一号英式洋房"》）。到 20 世纪 80 年代，小区内自搭临时住房已是普遍现象。周筛罩在回忆中，对于阁楼设计、材料来源有细致描述（周筛罩《十口人，二十平米，五十年》）。

日后，政府对旧区进行改造时，曾对各种旧式里弄进行分类定级，这个小区属于"二级以下旧里",其特点是房屋年久失修,面积偏小,居住拥挤,墙体普遍开裂,违章搭建多,卫生设施缺乏,公共部位狭小,居民出行相当不便,居住环境整体堪忧(杨建元《我的"旧区改造"经历》)。这种里弄,比起建设较晚、结构较好、设施较全的新式里弄为差,但比质量更差、环境更劣的棚户简屋为优。

当然,拥挤的小区生活,也有许多令人快乐、温馨、值得怀念的地方。

同住一楼,共用阳台、厨房与卫生间的邻里之间,相互谦让、相互关心、相互帮助则属于常态。

> 大家一起买菜、捡菜,"侬那个菜几块一斤,我这个啥地方买的噶",聊家常。灶披间里,煤气灶一家人一个……炉子跟炉子相贴在一起。一起洗菜,一起烧菜,我烧好的东西给他一碗,他家烧好的给我们一碗。但没有聚餐,没有说每家人烧几个菜一起拼着吃,都是各管各的。以前不懂得AA制,除了有的时候哪家老人生日,吃面条,送碗面给邻居,其他都是各归各。不过小孩有时候会去东家西家吃饭。我女儿小的时候就去后面人家吃饭,人家招呼她"来来来……吃饭"。小孩都认为人家的饭菜好吃,自己家里不好吃。邻居间老好了,好得不得了。天热时睡觉,家家人家房门都是开住(着)的,南北通起来(陆锦云《搬了五次家,却从未远离》)。

年节民俗是社区文化的重要内涵,也是多位受访者谈论较多的话题。包括过年穿新衣服、宰鸭宰鹅、放鞭炮、发压岁钱、大年初一串门拜年、恭喜发财,元宵节张灯结彩、做兔子灯、端午节吃粽子、立夏吃蛋等。小区居民中苏北人比例较高,所以,这些年节民俗多与苏北相似。

这一人口特点,影响到小区居民的语言与文化生活,"弄堂里用的方言是苏北话……苏北人多,所以弄堂里还有不少会唱江淮戏的。每逢白事的时候,弄堂里的人家还会请和尚来做道场,搭个大棚子念经、敲木鱼"(仇家新《60年代十九棉少年》)。

这些文化特点，对小区居民的投资理念也有潜移默化的影响。这以刘必芳的父亲最有代表性。他很早便从阜宁到上海谋生，进棉纱厂时，工厂还在日本人手里。"他的动手能力强，性格内向，话很少，但肯动脑筋，学得很快。干了几年，有了些积蓄，就回苏北乡下买了几块地。解放后，乡下搞'土改'，要给他家戴上地主帽子，他要求改划富农"（刘必芳《"我欢喜看阿尔巴尼亚画报"》）。这个故事可以阐释的空间很大。其一，刘父从乡下来到上海，进入工厂，由农民变成工人，收入远高于种田，对于增加家庭财富总量，具有重要意义。其二，刘父积累了一些钱以后，不是将其投资在工业或城市其他行业，而是回乡买地。这说明他尽管人在城里，但其理财理念仍然停留在农耕时代。其三，因为买了地，尽管他本人还在上海厂里工作，属于工人阶级，但农村土改后其家庭成分则要被划为地主。这种案例可能极为个别，但对于解读那个时代的城乡差别、成分划分，仍不失为一个值得重视的特例。

　　多位受访者述及儿童时代与小伙伴共同游玩的幸福生活：踢足球、打篮球、游泳、摔跤，斗鸡、跳马、斗龙、跳橡皮筋、打弹子、下军棋，捉知了、捉蟋蟀、养小鸡小鸭小兔子，下水摸鱼，看露天电影。夏天，他们会在弄堂里一起乘风凉，谈天说地，甚至睡在外面：

　　　　夏天那个时候没有空调，家里很闷，我们都出去睡。条件好一点的，家里有竹床，摆在弄堂里面，睡在床上。条件差一点的，就睡在弄堂里水门汀上。到太阳下山了以后，用水先往地上泼一泼，降降温，吃过晚饭，铺了草席在外面乘风凉，后来拿一个枕头、一条被单、一条床单，就躺下了。大家吹吹牛皮、讲讲笑话玩玩，睡到早上，席子一卷，回家（陆锦云《搬了五次家，却从未远离》）。

　　不同时代人的童年会很不相同，同一时代不同地区人的童年也可能大异其趣。与同时代同属上海市的黄浦、静安、卢湾等地儿童相比，远离市中心的十九棉人的童年生活中，少有小提琴、钢琴的声音，少有大光明、南京路的影子，少有巴尔扎克、托尔斯泰的作品，但是他们有两个足球场，有一个白洋淀，还有露天电影。

这部口述史，对于小区一些特殊人员的记述，也很有价值，包括高级技工的待遇、民兵的组织与训练、消防员的职责、毛泽东思想宣传队的组织与宣传、文艺小分队的排练与演出，特别是居委会主任的职责，讲述得相当细致、生动。居委会主任号称小区"总理"，无事不管，从小区社会治安与环境卫生管理、居民家庭内部或居民之间纠纷的排解、上山下乡的动员、回城青年的安置、低保人员的救助、精神病人的关爱、两劳人员的管理、支内支疆人员的服务，以及突发事件如火警的处理、雨天积水的排除，直到整个小区行将动迁时协助有关部门处理动拆迁事务。居委会是中国城市管理最为基层的组织，富含中国文化精神，而上海居委会组织在全国又走在前面，本书所载宋世凤、朱晓琴两位居委会主任的口述，为理解上海城市居委会的功能与特点，增添了相当丰富、极其鲜活的素材。

四

这部口述史，是复旦大学张力奋教授率领一批同学精心劳作的结果。

口述史是近些年备受学术界重视的史料搜集与史学研究的方法。人类对于历史的了解，在语言出现以前，只能是物传，从遗物看历史。语言发明以后，增加了言传，从口耳相传中获得历史知识。文字发明以后，增加了文传，以文字记载历史。录音、录影器具发明以后，又增加了音传、像传资料。由物传—言传—文传—音传—像传，人类记载历史的手段不断演进。现代意义上的口述历史，是运用言传、文传、音传、像传手段综合记述历史的方法。从工具运用角度而言，口述历史的出现，是历史学领域的一大飞跃。

从历史记录的丰富性而言，口述历史提供了无比广阔的空间。人类活动无比繁富，即使再详细的文献、档案，也只能记录下其中极为微小的一部分，冰山一角。以往的档案、文献，比较偏重于记录统治阶层的活动，偏重于社会精英的活动，偏重于政治方面的活动，对普通民众的生活，则记录较少，有之，亦多为枯燥的统计数据，缺少有血有肉的个案记录。口述历史可以在这方面弥补传统档案、文献的不足。从历史信息呈现的人民性而言，口述史可以为那些原本在宏大叙事的历史记录中看不清面孔、听不到声音的芸芸众生，撑开一片底层的、民主的星空。

口述史是采访者与受访对象相互配合、共同劳动的结果。张力奋教授是国际新闻界久负盛誉的大家，曾任英国《金融时报》副主编、FT中文网创刊总编辑、《FT睿》杂志创刊总编辑、英国广播公司资深记者等职，具有深厚的学术素养与丰富的田野调查经验。还在复旦大学读书时，他就与同学合著过"中国大学生百人口述史"，后结集为《世纪末的流浪》出版。前几年他又作了部《追光者：金国藩九十自述》，对中国工程院院士、杰出光学家金国藩做了深度访谈，2021年出版。本项目启动之初，他拟定了周密的访谈规划与实施要求，包括访谈对象的遴选，访谈要素与记述质量的规定，强调"5W"＋"H"（Who，What，Which，Whom，Why，How）的重要，聚焦人与生存空间的关系，特别是家庭与邻里、建筑与阶层、空间与居住，强调注意历史细节，保留受访者的语言特点，注意现场拍照、摄像。项目实施过程中，他不但自己做了几个口述史，还根据项目进展情况，不时地对项目组成员加以指点，确保项目质量一直在高位运行。披览全书，可以说，项目组成员切实贯彻了主编的意图，访谈对象遴选得当，访谈主旨明晰，史料发掘深入，细节呈现生动。访谈对象所述资料，均为亲历、亲见、亲闻。访谈文稿以第一人称方式呈现，也保持了访谈对象的语言风格。与此相一致，项目组高度重视发掘以往历史资料，包括档案资料、方志资料、图片资料，并将访谈资料与历史文献进行比勘、研究。书中附有建筑分布图、工厂车间图、产品商标，后附里弄大事记，对于读者全面了解这一小区的历史，都是不可或缺的资料。各位采访者都撰写了"田野手记"，介绍访谈过程与心得，凸显了这部口述史的专业性。

还有一事值得称道，项目组成员对小区的各种植物进行了调查、拍照、记述，制作了叶片标本，做了本《十九棉植物志》。诚如采访者欧柯男所述，对于十九棉来讲，厚重历史记忆带来的，不只是人文的回顾，还有自然的生长，"无论是葱蒜韭菜，还是石榴柚子，抑或是银杏香樟，都肆意舒展在这一方小天地中。一饮一啄、一玩一赏，这些植物伴生在身边，也满足了人们日常的需求。它或许是孩童顽皮攀爬的大树，或许是阳台月夜清辉映照的小花，或许是傍晚锅边烹饪的佐料"（欧柯男《大都市中的田野一隅》）。很多大树，由于搭建房屋或其他需要，被无情毁去，但有些还是顽强地存活下来。原十九棉厂厂长住宅旁一棵银杏古树，"历经80年风雨飘摇，见证了上海跌宕起伏的历史变迁，从羸弱的小树苗到参天大树，周遭人事更迭，自身守望其中"（欧柯男《大都市中的田野一隅》）。无论毁去还是存活，将相关信息记录下来，对于保存十九棉的历史记忆，都具有不可替代的价值。

《中华人民共和国文物保护法》规定，建设单位进行基本建设工程时，必须先经有关单位考古勘探，否则不得施工，简称"考古前置"。可惜，这个考古前置，并不包括对于地面上的人文历史的发掘与梳理。其实，城市的文化底蕴在于其人文历史。这种人文历史不单单体现于悠久的历史积淀、盖世的政治雄才、卓著的文化精英，更体现在当下的成千上万普通居民身上。他们的油盐酱醋、喜怒哀乐、家长里短、文化素养、家国情怀，才汇成城市文脉的波涛汹涌。在上海城区史上，平凉路2767弄是个独立的单元。中华人民共和国成立之初，上海市区有9400多条这样的弄堂。改革开放以后，随着城市改造步伐加快，大批弄堂被拆除。到1997年，上海里弄已消失过半，仅剩下了4000条。如果要想了解那业已化为尘土的5000多条弄堂的历史，特别是普通民众的日常生活历史，只有相关地方志中记述的那些冷冰冰的数字，很难找到相对集中的、经过专业人员处理的、可信可用的鲜活资料。正是在这个意义上，张力奋教授主编的这部《平凉路2767弄》，在发掘保存城市文脉方面，在呈现普通民众的日常生活历史方面，做出了可贵的探索，堪称城区改造前的人文考古，具有鲜明时代特色的先锋性意义。

将来，如果我们所有即将拆迁、即将改造、即将消逝的里弄，都先进行如同张力奋团队在平凉路 2767 弄进行的这番人文考古，也像国家文物保护法规定的那样，实行"人文考古前置"。那么，我们的城市文化底蕴必然更为丰厚，必然更有温情，也必然更加宜居、宜业、宜游。若此，这部口述史的意义，也就远远超出平凉路 2767 弄的范围，超出上海的范围，甚至超出新闻学、社会学与历史学的范围。

张力奋教授是我十分钦佩的学者，此前读他的《牛津笔记》，读他对金国藩院士的采访，读他的诸多鸿文，便感慨良多，受益匪浅。这部口述史完稿以后，他嘱我为序。我认真拜读，悉心思考，确实认为此书此举，都有重要意义，值得大力弘扬，遂不揣谫陋，写了这么冗长的体会，以为鼓吹。

2023 年 5 月 2 日

　　上海是个大码头。不过外国人、外省人到沪上旅行，匆匆间，离别时至多带回外滩、南京路、淮海路以及梧桐树遮蔽的老法租界的影像，那只是明信片和旅游指南里的上海。历史上华洋杂居的上海，弄堂才是天下，才是生活方式，才是世界。中华人民共和国成立之初，上海市区有9400多条弄堂，穿行蜿蜒了半个大上海。2021年，我在复旦大学新闻学院开设一门新课，名为"都市、田野调查与记录"，一门跨新闻学、社会学、人类学的课程，除了训练学生记录、观察正在消失的老上海，也是为抹一抹乡愁。1990年，上海市区开始进行旧区改造，大批晚清、民国年间所建的弄堂被拆除。到了1997年，上海的里弄已消失过半，仅剩下4000条。

　　我的这门课，是社会学中的田野调查（Field work），上海都市就是田野。我们用新闻采访、写作与生产的基本训练、社会学与人类学的研究方法与历史意识，记录城市版图剧变的上海，特别是快速消失、永远回不来的那个里弄上海。这种田野作业，有点像"考古"，在都市的"遗迹"或废墟中游走、驻扎，走门串户，挖掘那些值得留住的史迹和永恒记忆。

　　这门长达一学期的课，每周四个教时，实际的付出更多。我们一半在大学授课，一半在"田野"现场。如果开课，我会选择上海市区的某个细部：一个社区、一所学校、一家酒店、一个医院、一幢居民楼。只要它可能成为"遗迹"，即将消失，即将重生，都可以是田野调查的候选。新开这门课，我决定将第一次的田野定在杨浦区，考虑如下：第一，复旦大学邯郸路老校区，地处上海东北角，坐落在杨浦，学生课业繁重，比 30 多年前我读复旦时学业负担重得多，选择杨浦"田野"，利于往返校园。第二，因为我与杨浦的地缘。我父母一辈子在杨浦工作，父亲在区政府做事，母亲是怀德路第二小学教师，我的童年与少年也在杨浦度过，先是在大连路、榆林路上的延龄里石库门，阿爷的老宅，后又"调房子"搬家到鞍山工人新村，这里有我最早的上海记忆。第三，作为中国近代最早的大工业聚集区、上海工业重镇的心脏，杨浦在上海的都市叙述中是被边缘的，是缺位的。有关上海研究与记忆的中外文献中，主脉更多是沪西的老法租界，其西洋建筑、其政商名人故迹与"巨富长"、武康大楼、邬达克，其摩登风情、其食其色令人趋之若鹜。近年来更是与网红文化"热恋"，邬达克设计、1924 年兴建的武康大楼（原诺曼底公寓）已成了昼夜"打卡地"。当然，1843 年上海开埠后英国人在黄浦江边以利物浦江景打造的"外滩"与英租界的"万国建筑博览"也成为上海特色，与中国的长城、紫禁城、兵马俑一样为世人熟识，坐在世界记忆的主厅里。而在都市记录与记忆中，杨浦非但缺位、憋屈，有时甚至是被世俗与精英鄙夷的。这块素在坊间被称作"下只角"的区域，从不是让上海人眉飞色舞的地方。把第一个田野基地定在杨浦，我是有私心的。我希望让这个奠定了上海近代工业的老区在版图上多一个记忆的铆钉。

我对"田野"的选择，还有一个"条件"，是希望这个社区有近代上海发源的影子，市民社会的孕育、租界的记忆、新中国对新社会的重构。杨浦区政府与定海路街道办事处向我推荐了平凉路 2767 弄，是这份眼力与支持，使"田野"得以完美落地。

这个铆钉就是杨浦区平凉路 2767 弄，上棉十九厂职工宿舍区，一个已经不复存在的纺织厂，一个仍存活的工房居民区。上棉十九厂的前身是日资公大第一纱厂，由日商钟渊纺织株式会社建于 1921 年，时属公共租界，占地 87 亩，配套有职员与工人宿舍，砖木结构。按日侨人员职务和华籍职工职务分类居住，工房区包括：

二幢三层独立式洋房（英式都铎风格），供株式会社社长居住。
十幢假三层日式排屋，供中层管理人员及工程师居住。

三十排二层楼房，作为蓝领工人宿舍。

取名"公大南北工房"。房屋均南北朝向，境内有花园一座，小动物园一处。

1937年，日军侵占上海后，对公大纱厂实施军管，专为日本海军部承制军衣面料及军毯。

1945年，抗战胜利后，由国民政府接管，改名为中国纺织建设公司上海第十九纺织厂，使用宝光牌、飞鱼牌商标。

1949年，上海解放。该厂由人民政府接管，改名为国营上海第十九棉纺织厂。商标为跳鲤牌。20世纪70年代曾使用飞鱼牌商标。

1987年，引进外资，与老东家日本钟纺株式会社在原址合资兴办上海华钟袜子有限公司。

1992年，十九棉厂停产，出让厂房，筹建其他合资企业，直至2007年9月（根据十九棉厂最后一任厂长孙申望的说法）。[①]

将"田野"选在十九棉工房小区的另一关键原因，是因为我们作为研究者的幸运。它已在政府2021年拆迁征收计划中，时间恰与课程计划重合。选课名额10人，最后录取12名学生，2021年9月初进驻小区，记录拆迁、协商、订约与居民搬迁全过程，2022年1月完成田野调查。由我讲课指导，学生根据兴趣、专长，自愿分成四个专业小组：档案&大事记组、老照片&实物组、建筑&空间组、街拍&影像组，每组2—3位同学，另有同学自发关注小区的"花草树木"，调查记录居民留下的花木。每位学生独立完成对一位老居民的深度访谈，并撰写其口述历史，同时作为专业小组成员，挖掘还原2767弄的百年历史与记忆。

田野调查组同学是吴亦阳、陈杨、钟佳琳、魏之然、欧柯男、吴昊、张艺严、莫迦淇、李昂、余洋、陈至、李大武。助教是于晴、马晓洁。

编辑后期，基于口述史样本中工友背景的比例过高，未能反映工房区工程师

---

① 有关"十九棉"以及改制后企业停产和关闭的时间，有多种说法，尚难完全确认。存疑处特此说明。

及职员家庭，我补充了两个访谈，以作弥补。撒庆元先生身体刚痊愈，即为我四处联系当年的发小、老邻居，为我觅得两位极有样本价值的访谈居民，使2767弄的记忆更为完整。在此感谢撒庆元先生。

田野口述人简介（以年龄为序）：

应长生，男，1933年2月生于江苏盐城，1951年入伍，后曾在上海地方法院工作。1946—1949年，住平凉路2767弄东3弄2号。1949—1958年，住职8弄3号。

吕成锁，男，1936年生，祖籍上海，高小文化。1953年纺二小学毕业，次年进十九棉厂做工，干了10年运转班、近10年保全班，还有20年的工厂消防。25岁婚后不久搬到平凉路2767弄拾间头5号，一住就是60年。

陆锦云，男，1941年生于上海，籍贯江苏南通，中专文化。曾任平凉路第四小学（工房区路口）体育老师、校长。1951—1958年，住平凉路2767弄西9弄4号二楼后楼。1958—1986年，住新1弄2号。1986—1987年，住平凉路2767弄30号。1987—1988年，住长阳路隆昌路路口底楼。1988—1989年，住平凉路2767弄3号。

张国鑫，男，1948年生于上海，上海纺织工业职工大学政治学大专学历。1965年起在海南当兵4年，退伍后担任十九棉厂武装保卫组干事，1978年11月任十九棉厂武装部副部长。1983年起攻读中专、大专，1985年任十九棉厂劳资科科长。

孙敏华，女，1950年5月生，祖籍山东昌邑，中专文化。1968—1981年，在十九棉厂前纺车间工作。1981—1998年，在十九棉厂幼儿园任教。

常协五，女，小名协宝。1950年10月生于上海，祖籍江苏泰兴，初中文化。家住平凉路2767弄职5弄4号。初中毕业后，去上海郊区农场，后回城进厂工作。父亲为工程师。

陈宝龙，男，1951年生于上海，初中文化。住址为平凉路2767弄职1弄1号英式洋房。除1971年赴安徽芜湖插队外，一生都在职弄居住。作为历史保护建筑，1号英式洋房不拆迁。

戴留根，男，1951年生于上海，祖籍江苏，中共党员，大专文化。出生时住平凉路 2767 弄职 8 弄 11 号，1970—2002 年在江西余干、河南焦作插队、工作。2002 年回沪，组织关系转到十九棉居委会，参加党组织活动，直到动迁。

刘必芳，女，1952 年 11 月生于上海，祖籍江苏阜宁，初中文化。出生时家庭住址为平凉路 2767 弄职 3 弄 7 号。1969 年初中毕业，1970 年赴黑龙江农场，1978 年回沪，在集体制单位就业。父亲为高级技术工人出身的工程师。

陆建民，男，1952 年生于上海，初中文化。自出生起住平凉路 2767 弄职 8 弄 1 号，直至 2021 年拆迁。住一个统间，带有前花园，前花园中有一凉亭。"文革"中赴安徽插队。

达世德，男，1953 年生于上海，祖籍江苏六合，初中文化。1970—1996 年，作为知青在黑龙江逊克县插队，1996 年底回沪。2004—2017 年，任杨浦区中心医院运送工。1953—1967 年，住平凉路 2767 弄西 13 弄 7 号前客堂。1967—1970 年，住东 5 弄 2 号前后客堂。1998—2021 年，住西 5 弄 3 号前客堂。

仇家新，男，1953 年生于上海，祖籍上海崇明，大专文化。先后住在平凉路 2767 弄东 4 弄 2 号、新 2 弄 2 号。政工师。1970 年，赴江西农村插队。

周筛罩，男，1953 年生于上海，祖籍江苏扬州，初中文化。自出生起，除上山下乡和参军入伍的 9 年，一直住在平凉路 2767 弄西 11 弄 4 号，将近 50 年，直到 2010 年老屋因市政工程动迁。

章迎红，男，1957 年生于上海，祖籍浙江上虞，高中文化。十七棉厂工人。自出生起一直住在平凉路 2767 弄职 4 弄 2 幢 7—11 号。

宋世凤，女，1963 年生于上海，祖籍江苏连云港，高中文化。住平凉路 2767 弄新 9 弄 2 号，长达 35 年。曾为十九棉厂纺织女工，后连任两届十九棉社区居委会主任。

杨建元，男，1964 年 1 月生，中共党员，在职大学学历。现任上海市杨浦区定海路街道社区事务受理服务中心党支部书记（六级职员），街道旧区改造分指挥部负责人。

朱晓琴，女，1969 年 3 月生，祖籍江苏南通，大专文化。2000 年以"新上海人"

身份入住平凉路 2767 弄职 3 弄 4 号，2005 年 7 月搬入职 7 弄 18 号，直到 2011 年 7 月搬离。2008—2015 年，担任定海路街道就业援助员，2015 年就职于十九棉居委会，2021 年当选十九棉居委会主任。

田野最后一课，周六、碰巧是圣诞。与第一堂课相同，上课地点仍在十九棉居委会二楼活动室。居委门旁，挂满了居委机构的牌子，整一面墙，数了数，下属机构正好二十个，蜘蛛网似地布入上海市民日常生活。最后一课，三小时，学生先去回访做了四个月田野调查的里弄，他们多半已在某个门洞里交了一两个朋友，爷叔或阿姨，老爷爷或老外婆。冬日的主弄堂内，颇感萧条。许多家门前堆着准备扔掉的旧家具、旧电器，几辆收废品、捡漏的黄鱼车来来去去，找个有人来往的市口，收些值钱的东西。我走进一条侧弄堂，听得两个上海爷叔在骂山门，一个脸上青筋都爆起了。我用上海话招呼，他们以为我是哪里来的干部，指着二楼大声责骂：这些人真不像话，我们人还没搬走，他们就偷偷摸摸来卸窗户卖钱了。知道我不是政府来的，爷叔有些失望，但毕竟都是上海人，有共同身份，上海话让他们有些安全感。

田野调查少不了仪式感。全体师生在大弄堂合照时，我把事先卸下的老门牌交给学生，任他们选一块。第一堂课时还是初秋 9 月。我提醒他们，这个正好一百岁的上海弄堂，四个月后，等学期结束，有四五代人血脉传承的老居民将搬出此地，整条整排等待接受平等的归宿。等嘈杂人声和油烟气散尽，街坊彻夜打点行装，向政府上交房门钥匙，最后一次跨出房门。这次他们不用锁门了。

最后一课，请了几位老邻居，有口述历史的主人，也有居委干部。这是田野的收获日。大事记组在日本历史网站上找到 1921 年日资公大纱厂最早的全景照片：有大门、花园、纱厂车间；老照片组走家穿巷时征集的旧照片，找到了从前小花园的证据，还有游泳池，以及早年被焚毁的工人俱乐部。有几十幅照片是我从收旧货贩子手里买下的，都是居民搬家时不慎清扫出去的，没有时间挑，就全部买下了。我跟学生说，田野、考古，其实像是在觅宝。在废弃的日常用品之中寻宝，抹去蒙尘、污垢，为历史、为记忆。老照片组展示的一张少妇照片，很漂亮，从旧货贩子手里购得，学生取的标题是：谁家的女儿？在座老邻居没能揭开谜底，都不认识。视频组的记录中，有里弄里唯一一家"苍蝇"馆子的最后 24 小时，有动迁签约现场……一天，一老邻居陪我走访日式排屋，在此地住了一辈子的女主人说，她家从未装修或改过房屋结构，仍为一百年前的原装日居。她拍拍后房的纱门说："这是一百年前的，连窗纱纸门也是原来的！"我问她，搬家时，是否想从老屋带走几件老东西作为离别纪念物。她不假思索地说："我什么都不带走！什么都不要！这个纱门，你有兴趣哦？有兴趣，你拿走好了！"那件纱门在最后一课露面了。另一件旧物已有年份，至少六七十年了，是江浙颇为常见的篾竹盘子，椭圆的，一米多长，已呈深紫色，起了包浆，暗暗地亮。我问学生，这是什么？有答是晾晒菜干的，我告诉学生，这个大篾盘是夏天时给婴儿用的，放在地上，篾席凉爽，让他们在里爬，大人边做事边在眼皮下看着，像个摇篮。对学生来说，这是"史前"了。

总结时，我再次提醒学生，我们正在见证一个老社区的消亡。此地的建筑、里弄除了小部分可能保留的，将在这个地球上永久消失，不复存在，留下的仅有我们采集的声音、影像、口述历史，加上不多的实物。随之进入"口述历史"朗读，每位学生从自己采访的"口述历史"文本中，选取几页精华。一位在场的口述主人被邀朗读他的回忆。课结束时，冬日早落，路灯已亮。学生们有些兴奋，也显疲惫、感伤，但平凉路 2767 弄的记忆保住了。晚上我请他们去大学餐馆聚餐。桌上每人有红色圣诞帽，他们还为我备了圣诞老人白胡子，我告诉他们，记录即存在，我们是人类记忆的记录人。

半月后，已是 2022 年元月上旬，我又去了 2767 弄，热心的老居民达世德先生陪着我。整条弄堂已空，冰冷刺骨。达叔说，还有几户人家未搬。很多家门口，胡乱堆放着垃圾与弃物，有家具，有衣裳，有分辨不清的杂物。弃物有弃物的报复，它们开始发出恶臭。当人类抛弃它们，它们也为难人类。大弄堂里，人们都迁出了，这里一片寂静。我从头开始沿着每条侧弄走了一遍，未敢漏过一个门牌。很多家门虚掩着，有的已被风吹开。我跟达叔说想进去看一看。他也不是警察。说可以。

某家客堂间，几乎留下了所有家具，床，五斗橱，八仙桌，墙上的美人画。桌上，立着一个苹果。从摆放的位置看，像是主人告别故居时刻意留下的，是平平安安的寓意，还是别的？我无从得知。这是只好苹果，皮已皱，光泽正褪去。某家底楼，走道里的简易厨房中，有几个未洗的碗与锅，五六只蛋壳，看来还新鲜。那应该是这家人搬走前的最后一餐。

日式排屋区拐角，我再次见到那个巨大的鸽屋。一个多月前，我曾在此邂逅鸽屋的主人，他正要骑电动车外出。我问他，这些鸽子怎么办？他有些无奈、漠然，也不想接我的话题，只说了句，他已放走很多了。我问，以前有多少只鸽子？答：上百只。我凑近细看，鸽屋的铁丝网上，飞满了鸽子的羽毛，绒绒一层，挡住视线。见人靠近，鸽子"咕咕咕"叫，扑打着翅膀，小飞几步，又"咕咕"叫开了。

职弄某前花园，有棵梨树，男主人我认识，曾告诉我那可是棵名种，20世纪50年代爷爷种下的，年年结果，从不误人。树旁，曾搭建一简易小屋，是主人练字的地方。现在顶已削掉，四壁只留下一半。上面贴着一幅练字日历。已废弃的写字台玻璃下，压着一张有年份的中学毕业照，黑白的。我想把它揭下来，但抢救未成，照片已与玻璃粘结一体，轻轻一揭，照片上一排头像消失了。

中午我请达叔去周边找个餐馆吃饭。他说不必了，去他家里吃，包饺子。其实他已有准备，他让我半小时回，即有新鲜饺子吃。饺子功夫是他70年代在黑龙江逊克县插队时练就的。半小时后我还在挨家寻觅，他来电话，叫我吃饭。一人一碟香醋，我那碗足有30个饺子。达叔吃得快。我们都没说什么话，有些沉默。几周前，我在弄堂拍摄。达叔陪我去他父母家，也在同一个弄堂，相距仅几十步。他父母都年过九十，在生命的暗光岁月。我蹑手蹑脚去二楼，想拍几张他父母和他们的房间、摆设。不料，老人家下午3时多还在午睡。屋内光线幽暗。听到声响，达叔的老父微微仰起头来，头上戴着顶帽子，许是怕着凉。达叔说，明天就得搬家，最后一天，让他们多歇会。

2023年元月

本书调查并记录的是上海第十九棉纺织厂工房区百年史，包括 16 位居民和 1 位长期从事旧改工作者的口述史，寄望为上海地方史、上海城市记忆、上海里弄社会文化史、都市的民居空间演化与记忆留下一个较完整的记录。

上海平凉路 2767 弄，是本书记录的对象。它既是上海第十九棉纺织厂（简称"上棉十九厂""十九棉厂"）的厂址，也是上棉十九厂所属职工宿舍区的地址。厂舍一体是近代上海纺织业的一大特点。

一、"上棉十九厂"历史溯源

1878 年，时任北洋通商大臣的李鸿章在黄浦江边的杨树浦筹建上海机器织布局，以重洋务办中国实业，抵御源源不断涌入中国市场的洋布。筹建不顺，织布局直到 1890 年才正式开工。1893 年 10 月，已有 500 多台织机的织布局毁于一场大火。李鸿章遂派盛宣怀执掌，恢复织布局，并于 1894 年建成华盛纺织总厂，拥有织机 750 台，纺锭近 6.5 万枚，奠定了中国民族纺织业的基础。

上棉十九厂的历史，可回溯到 20 世纪 20 年代。前身是日资兴办的上海公大第一纱厂，由日本钟渊纺织株式会社（简称"钟纺"）投资并拥有，钟纺社址设

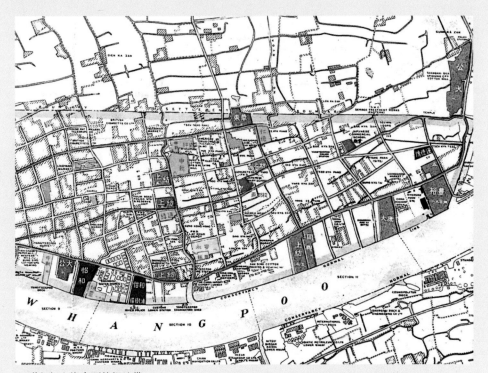

20世纪初上海东西纺织地带

在东京，代号 KANEBO（卡尼波）。钟纺前身为上海制造绢丝株式会社，1907 年在沪设厂，厂址是极司菲尔路（今万航渡路）138 号，上海第一绢丝厂旧址。

民国初年，日本人开始在上海拓展商贸与工业，经济影响力迅速突起，纺织业为其主干。据 1933 年版郁慕侠《上海鳞爪》一书记载："虹口到杨树浦迤逦一带几十里地方，差不多已为日人贸易和居住的势力范围，纺织公司林立鼎峙，如东洋纺、钟纺、东华纺、同兴纺、上海纺等。由杨树浦再上些，便是日本邮船码头，如汇山码头、大阪商船码头、满铁码头等。沿黄浦江的建筑物，如正金银行、台湾银行、日清汽船公司、三菱三井两株式会社，都是厦屋巍峨，气象万千。还有沪西小沙渡的各纺织厂，也有好几家……日人的事业，除邮船、绸布、食料、杂物外，以纺织业为盛，有内外棉、大日本棉、上海纺织、日华纺织、裕丰纺织、丰田纺织、上海制造绢丝等各大工场，织机有一万座以上，占吾国纺织业十分之三，所雇华工共计五万多人。"

钟纺在华业务发达，1921 年决定扩大投资和生产规模，原有厂房不敷使用，故选址临江的杨树浦平凉路 200 号，新创公平纱厂。因中国华商公平纱厂起诉该厂有侵权假冒之疑，公共租界法院裁决日商更改厂名，改为钟渊纺织株式会社公大第一纱厂，并在平凉路 2767 号兴建厂房及配套的职工宿舍区。此为后来十九棉厂的前身。据上海市档案馆资料记载，公大纱厂董事会及监察会，各有一名中国人。首任董事长王一亭，即为中国人，祖籍浙江吴兴，清末民初知名实业家、社会活动家、中国同盟会元老，在上海政商两界颇有影响。1912 年中国同盟会改组为中国国民党，王一亭出任国民党上海分部部长，先涉足海运，后进入电器、保险诸多行业。1923 年任上海商会主席。1922 年刚获得诺贝尔物理学奖的爱因斯坦到访上海，王一亭做东设宴欢迎。两名监察委员中，一位是中国人顾馨一，也是知名实业家、粮商，有"米大王"之称。首任厂长为日本人仓知四郎。

据上海图书馆藏 1928 年《纺织时报》记载，公大纱厂建厂之初，有男工 1500 人，女工 4000 人，均为华工。职员中，日本人 250 人，中国人 80 人。生产开工分日夜两班，各为 11 小时。当时工人工资以日薪计算，男工平均 6 角 5 分，女工平均6角。该厂主要生产棉纱、粗布、细布、细斜纺布，年产2500包32支线纱，6000包42支线纱，采购美国棉3万包，中国棉1.2万包。年产粗布7500包，细布10000包，细斜纺布15000包。全厂拥有纺机8.5万锭，线纱机2万锭，织机1900台。棉纱商标"宝光"，棉布商标"飞鱼""玉双鱼""福燕"三种。

据相关史料，1925年公大纱厂已秘密成立党支部。1944年，公大纱厂党支部有党员五名。

1931年，九一八事变。1937年，七七卢沟桥事变，同年日军在上海发动八一三事变并侵占上海。因军需急迫，日军接管钟渊纺织会社，由日本军部直接管理，公大纱厂由商办改为军工生产。日本海军部与公大纱厂订约承制军服布料及军毯。

1941年12月7日，日本偷袭美国海军基地珍珠港，揭开太平洋战争序幕。1945年7月22日，作为日本海军部下属军服企业，公大纱厂遭盟军飞机轰炸，炸毁厂房400余间，工房28间，职员宿舍13幢。

1945年8月，抗战胜利，日本无条件投降，国民政府于当年9月接收作为敌伪企业的公大纱厂。次年1月，更名为中国纺织建设公司上海第十九纺织厂，简称"中纺十九厂"，由南通籍纺织工程师吾葆真任厂长。他在《中国纺织建设公司上海第十九纺织厂周年纪念刊》（简称《纪念刊》）"发刊词"中提及："本厂规模较大，惟受炸残破，亦较他厂为烈。接收伊始，适值工潮澎湃，开锭增产，员工新集，亦倍增其困难，赖当局之领导及合厂同仁之努力，复工工作，尚称顺利"。他同时对日商纺织企业有以下评介："日营工厂之最大优点，为注重保全，用料精良，工作统计周密详尽，故机械运转灵活准确，稍有磨损随时纠正，产品质量，均得提高，此种优良传统，吾人应设法保持。"他提议作三点努力，应对华商纺织厂普遍低下的工作效率："一、注意养成工之培植，以提高工友素质。二、规定各部工作法，以使工作标准化、合理化。三、倡导工作比赛，以鼓励员工之服务精神。"

《纪念刊》有厂区及工房黑白照数十幅，包括厂区鸟瞰、厂门、二门、总办公室、内外景、厂长办公室、试验室、各车间及机车运行、工友食堂、职员宿舍、工友宿舍、

間紗細廠紗大公
Kung Dah So-Tsang, Ring Room.

路京南海上
Nanking Road, Shanghai.

園花橋大白外
The Public Garden.

間紗粗廠紗大公
Kung Dah So-Tsang, Speeder Room.

塔華龍
The Lunghwa
Pagoda.

廠紗大公
室浴園中
Kung Dah So-
Tsang, Chinese
Bath Room.

20世纪20年代公大纱厂为纪念开工印制的明信片，一套三张。每张都配了一处当时上海知名景点：上海南京路、外白渡桥花园、龙华塔。（张力奋　收藏）

职员浴室、工友浴室、子弟小学、医院及药房、托儿所、游泳池、消费合作社、康乐室、工会办公室、消防队、职工足球队、理发室、阅报室等厂内工房设施。

《纪念刊》中"职员组织及人数"一栏，可见当年日商纱厂的管理架构，正副厂长辖下七大主管：纺部工程师、织部工程师、调查试训科技师、机动科技师、人事科主任、总务科主任、会计科主任。当年除厂长外，工程师仅 2 名，技师 10 名，技术员 28 名，助理员 13 名，主任 3 名，职员共计 88 名，包括少量日籍职员。

从车间工种，也可见当年上海纺织业已相对成熟，分工精细。以精纺科为例，就有 18 个工种，如修机、加油、推粗纱、推细纱、推筒管、收回花、揩车头，直至扫地、看厕所。最高日薪为 1.8 元，最低为看厕所 0.9 元。多数工人日薪在 1.2 元至 1.4 元之间。每个车间都制定严格的"清洁工作时间表"，如 6：30、12：00 卷纱架，7：00、12：30 揩车顶等。

从《纪念刊》"雇佣工人各部分析"可见，62.8% 是固定的"直接工"，33.2% 是临时"间接工"，最后 4% 是"供应出售半制品工人"，属于自由职业。

《纪念刊》"福利设施"一栏，列有劳工初级补习夜校，满 50 人准开一班，由厂长兼任班主任，每晚授课 1 小时；哺乳室，可容纳 50 人；托儿所，可寄托婴孩 30 人，雇保姆 2 人，女佣 2 人，卫生室医师每日检查婴孩健康一次；设"劳工

20 世纪 40 年代中纺十九厂工友宿舍内景（上海图书馆藏）

问笔处"，为不识字工友解决书写书信困难；配有蒸饭设备，容纳800余人蒸饭之用。

《纪念刊》中，还刊载了所有工种的详尽职责及"时间表""支配表""每班应做之工作"。厂方规定，日班工作时间自早上7：30至傍晚6：00，夜班自晚9：00至次日7：30，每班工作时间为10个半小时。对新工人培训，即"生手女工训练"，颇为详尽，所有工种培训均长达8周，如梳棉科，从"工作场所、厕所、膳堂"认路、使用，到"危险场所"指示，再到厂规，机上接头，直至"试管20台纺车"。

中纺十九厂纺织工的地域分布由1946年12月工友籍贯比例统计可见，在岗2718名工人中，41.42%来自苏北地区（以扬州、阜宁、泰兴为主），上海籍工人占32.89%，苏南籍工人占16.59%（以崇明、南京为主），浙江籍比例较低，仅占7.3%，其他省籍的仅占1.8%。工人年龄分布，集中在18—23岁。年龄最长者69岁，最幼者15岁，即"童工"。生产管理层每天下午有1小时职工谈话会，"以讨论改进工作技术及管理为宗旨"。

1949年5月27日，中国人民解放军解放上海。5月30日，中纺十九厂由人民政府接收。1949年12月1日，厂工会成立，日资与民国时期有辱工人的"抄身"制度宣告废除，并矗立"光荣门"庆祝"抄身"制度的废除。据1949年9月4日《解放日报》头版报道，为"粉碎敌人封锁，自力更生，中纺三厂剔除美棉，改用国棉成绩良好，质量保持成本降低"。两天后，《解放日报》再在头版报道，"逐步改用国棉自力更生，中纺改变生产方向，减纺细纱，增纺粗纱印染大路货"。包括十九棉在内的上海纺织企业面临大规模使用国棉的现实以及原料、技术困难。1950年，更名为国营上海第十九棉纺厂，原正副厂长吾葆真、何召南继续留任。吾葆真毕业于张謇创办的南通学院，中国历史上最早的纺织专科学校，吾葆真为中国第一代科班训练的纺织工程师，祖籍浙江，于1952年离任，调往他处。后曾任上海纺织工学院教务长。1951年10月，正式废除解放前的"拿摩温"（Number One）制度，改为评选先进工作者、先进生产者和劳动模范。1955年7月，十九棉党委成立肃反小组，至1957年2月结束，共查出反革命分子107人，反革命嫌疑分子12人，镇反逮捕37人，其中21人为冤案，后平反和妥善处理。

中华人民共和国成立之初，上棉十九厂迅速成为中国纺织业主干企业。1956年其生产的棉布销往中国香港、南洋、印度等地。1955—1970年，上棉十九厂出国援外60多人次，包括苏联、摩洛哥、也门、越南、柬埔寨、印度、缅甸、坦桑尼亚、泰国、巴基斯坦等国。

20世纪50年代中期，上棉十九厂被国家定为对外开放单位，接待外国代表团和来华外宾。1957年10月，苏联最高苏维埃代表团由中国人大常委会副委员长李济深、上海市副市长曹荻秋作陪，访问上棉十九厂，受到1000多名工人欢迎。同年，因质检疏忽，上棉十九厂销售的细布出现严重瑕疵，荷兰、中国香港厂商提出索赔，受到上级批评。

20世纪60年代初，三年困难时期，政府要求"精兵简政"，压缩城市人口。经过两年动员，上棉十九厂共"精简"工人871人，其中返乡支农215人。"文革"中，为"狠抓阶级斗争"，党委整风组工作人员曾联名贴出所谓揭露"特务大本营"大字报，点名数名厂级干部，共牵涉82名厂内干部群众，轰动全厂。1969年，依托近半世纪的企业规程与管理，上棉十九厂仍保持正常生产运营，棉纱单产超过历史最高纪录。1970年，完成整党，新一任党委组成，生产程序基本恢复。

1972年9月14日，得悉日本总理大臣田中角荣即将应邀访华，厂方召开全厂大会向职工传达，力求做到"家喻户晓"。上棉十九厂前身的日资历史背景再度凸现。9月29日，厂方组织干部、工人收听中日两国政府联合声明的新闻广播，并座谈中日邦交正常化。

1973年，上棉十九厂的产量、品种、低消耗等指标均运行良好，总产值比1971年增加近15%。1977年，全厂职工人数达到4911人。基于国家财政好转，当年国家为低工资职工普调工资，厂内1478人加了工资，占全厂职工三分之一。

1978年6月，恢复厂长制，林增茂任厂长兼总工程师。1981年，李乃容、华湘文、谢武元、朱丽炳、汤振新、孙伯英、陈允中七位工程师被提拔为高级工程师。1978年，决定扩建气流纺工场，以推进中国纺织业现代化，力求赶上世界先进纺织业水平，共投资916万美元，折合人民币5996万元，整套引进德国RUⅡ气流纺设备。1983年4月投产，拥有5712头转杯纺。

1983年，厂党委贯彻中共中央组织部文件，彻底平反"文革"中冤假错案，5人恢复党籍，26人撤销处分，106名群众撤销处分"不留尾巴"，6人撤销刑事处分，2人减轻刑事处分。

1987年2月，十九棉厂与十五棉厂、十六棉厂、二十九棉厂、第五印染厂、新业印染厂、第九织布厂、沪东织布厂、上海信托投资公司重组，成立上海华申纺织印染联合公司。

1987年，中国实行改革开放政策第十年，日资公大纱厂最早的投资方、东家钟纺株式会社重新回到中国市场，在上海与十九棉厂再续历史前缘，创办"中日合资上海华钟袜子有限公司"，厂址仍设在十九棉厂。合资企业为董事会领导下总经理负责制。与公大纱厂时期相同，中方张玉林出任董事长，日方重名恬（怡）任副董事长，日方胜间清次任总经理，中方黄均祥任副总经理。利润按双方投资比例分成。1988年，厂方与下属工厂签订经济责任承包合同，以增强企业活力和经济效益。4月，党委与厂部召集中层以上干部参加专题学习班，推行"党政分开"，长达四个半天。同年，全厂489人经专家评审，获得高、中、初级技术职称。

二、"十九棉"工房区始末

前述，1919年日资钟渊纺织株式会社在时属英美公共租界的平凉路购地87亩，1921年于此创建公大纱厂，并兴建厂房和用于职工生活的工房区。据《上海住宅建设志》记载，工房区共建造独栋三层花园别墅楼房2幢，为英式都铎时期风格，假三层连体排屋10排（幢），日式两层屋舍30排（幢），中式里弄风格。两栋别墅由株式会社社长及公大纱厂厂长或总经理及家庭居住。日式花园排屋，或称"职员宿舍""职弄"，专为安置工程师、高级技师、中级管理人员及其家眷。两层普通楼房，则为厂内蓝领工人居所。工房区以厂名定名为公大南工房、北工房，始建建筑面积为35205平方米，房屋皆砖木结构，南北朝向，完全按职务、职位高低分类居住。1922 年工房区完工。

独栋花园别墅，位于平凉路 2767 弄 36 号。别墅北面是职员宿舍，职 1 弄至职 4 弄，共 4 排日式连体花园住宅，44 个单元，主要供中等职员家庭居住；职 5 弄至职 7 弄，共 3 排东西向日式排屋，36 个单元，供一般职员和高级技术工人居住。位于平凉路 2767 弄西侧的是东 1 弄至东 14 弄，加上西 1 弄至西 13 弄，平行铺开，均为单开间，共 13 排二层楼房，每排 8—14 个单元，共 168 个单元。另有三层楼房 1 排 2 幢，14 个单元。东西 1—7 弄、10—14 弄为中国人居住；8 弄、9 弄为管理人员和翻译居住。跨过里弄的主轴，进入南区，则是蓝领工人的居所，布局低矮、黯淡许多，屋与屋之间的过道也显得狭窄局促。20 世纪 50 年代第一轮生育高峰之后，住房空间突然挤迫紧张。小区内，西区、北区又匆匆修建了新 3 弄、单身工人宿舍，还有位置与外形最显简陋破旧、形同棚户的拾间头民居。

据《纺织时报》记载，工房区基本生活设施配备完善，几近"小社会"。文娱设施有：台球部、排球部、足球部、撞球部、音乐部、旅行部、陆上运动会、电影放映、中国演剧会、音乐演奏会、中式茶话室、三神殿（工人祈祷用）等。

工房区内，有花园一座，假山亭台，置日式小庙及鸟居一座。首任日籍厂长仓知四郎住宅即在其侧。

教育设施有：公大补习学校、公大小学校（有教室二，阅书室一，操场一，约十余亩）、公大女子补习学校、图书部等设施。公大小学校，为华工子弟而设。补习学校为工人夜间补习日本语、算术、英语之用，学费皆由日商提供。

卫生设施有：公大医院（集内外科、耳科、鼻科、牙科、小儿科，两名医师，四名护士）、有病房十余间，大浴场（中式男女浴室各一，日式浴池二）。设传染病隔离病房，工人诊治费用及药品由厂方承担。但也有一说：设立医院主要为日本籍职员提供医疗服务。

另设单身职员宿舍、小俱乐部、小菜场、理发店、杂货店等日常设施。1928 年，公大纱厂圈占拆除田螺村十余所民居，扩建厂区，后修建职工游泳池。

1932 年，日军侵略上海，一·二八事变爆发。2 月 9 日上午，一架日本军机在公大纱厂上空超低空盘旋，不慎触撞南工房6弄1、2号屋顶，军机坠落，炸弹爆炸，两名飞行员即刻丧生，伤及两名中国工人。1936年，日商创办上海市公大纱厂子弟小学校。1946年，更名为中国纺织建设公司第二员工子弟小学（简称"纺二小学"）。1956年1月改名平凉路小学。1959年，改为现名平凉路第四小学（简称"平四小学"）。1945年7月22日，用来承制日军军衣、军毯，已被日军执行军事管制的公大纱厂遭到盟军飞机轰炸，纱厂与工房区均遭严重损毁，南工房第10弄计14幢房屋倒塌，第9弄1幢，第5、第6弄各2幢倒塌。工房区域共28幢屋舍遭炸毁。

1945年9月，抗战胜利后，国民政府接管公大纱厂。10月1日复工，但因职员宿舍改作日军海军战俘医院，职员均无宿舍居住。厂方临时商借第十七纺织厂宿舍暂住。1946年，公大纱厂日籍职员集体乘海轮迁回日本，空出的居所由厂内中国高级管理人员使用。同年，国民党军队和政府驻守机构的警卫也曾借宿工房区。

国民政府接管后，曾修理职员宿舍46幢，"包括屋面整理、屋瓦及凡水，每幢砌小型灶一付（副），外表修补粉刷，以及配齐玻璃门窗零件"。修理南工房40幢，"胜利后原住工人纷纷回厂复工，不管房屋破损与否，任意迁入居住，直到天时寒冷，始觉着无门窗御风雨之苦，即向厂方要求修理"。

20世纪40年代中纺
十九厂南工房
（上海图书馆藏）

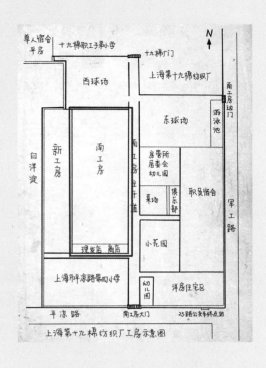

上海第十九棉纺织厂工房示意图

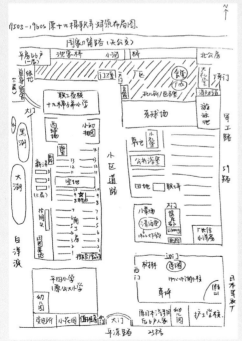

20世纪五六十年代上棉十九厂工房、职弄建筑
布局示意（陈至 绘）

1949年5月27日，上海解放。时有一个营的国民党部队驻守纺二小学，宿职员宿舍区，后经虬江码头离沪。工房区内，不少工人自行搬入空置房屋。1950年初，有难民涌入十九棉工房区，在西侧菜地处自寻空地，搭建"拾间头"简陋住屋。1950年2月6日，盘踞台湾的国民党空军轰炸上海电力、供水、机电等重要基础设施，上海工厂几乎全部停产。十九棉工人面临停薪，工房居民日常生活恶化。同年，工房区新建一批平房，作为复员军人职工用房，1951年更名为上棉十九厂工房，并首次成立家属委员会。

1958年，南工房西侧，建成新1弄、新2弄、新3弄。1963年，工房区铺设煤气管道。次年开始安装煤气入户[1]。煤气表及工料费5.5元、煤气灶20元。

1970年，工房区再扩建，新8弄至新9弄建成。同年，在南工房修建防空洞，主体位于西球场西侧，动员居民参与挖防空洞。1973年，全国足球联赛在沪举行，曾在工房东球场安排一场比赛，同年全国第一所足球学校——杨浦区足球学校在

2021年十九棉社区一角（张力奋　摄）

平四小学成立。申思、虞伟亮、孙吉、孙祥等职业足球运动员都出自该校。

1972年，工人俱乐部毁于意外火灾。

1975年初，厂民兵装备八门五七高射炮，据称高射炮位置在职弄小花园处。

1975年后，在原小菜场、清海堂地段又建多层建筑，地址为2767弄4号、32号，以及3号甲乙建筑。工房区门牌号再度"复杂化"。"文革"后，职7弄14—18号加建至五层。

20世纪80年代初，小花园拆除。1984年工房区划分为第一居委会、第二居委会。

1988年，纺平大楼建成，坐落在工房东南角（小花园原址），部分缓解了十九棉职工住房紧缺。2000年前后，军工路扩建，十九棉游泳池、工房区东球场、厂区大礼堂等拆除。平凉路2767号南大门拆除。

2008年，据上海市地方志办公室记载，十九棉厂整块土地（约111051平方米）全部移交杨浦区土地发展中心，由上海杨浦置地有限公司建设，十九棉厂内建筑拆除。十九棉厂区及工房，成为上海杨浦区154街坊就近安置动迁配套商品房项目基地。2010年，修建长阳路、轨道交通12号线，南工房东西11弄至东西14弄、职8弄以北职员宿舍和新3弄拆除。

2009年6月，154街坊就近安置动迁配套商品房项目一期工程开工。2010年，二期工程开工。

2011年12月，一期工程竣工，2013年2月，二期工程竣工。

2021年3月，154街坊房屋征收意愿征询公布结果，同意率为99.92%。2021年10月，154街坊旧改征收补偿方案公示。11月9日，征收决定公告。11月底，二次征询正式启动签约，最终签约率为99.75%。12月初，摇号选房启动。

2021年12月3日，十九棉工房区开始封门，居民陆续搬出。百年历史画上句号。

附：本厂职员宿舍剪影（20 世纪 40 年代） *

　　在沪东僻静的一隅，八路电车下来，就可瞥见一片白色的风帆，在浦江中荡漾着，碧绿的江水，给太阳晒得懒洋洋的，给予人们一种"静美"的感觉，人行道上植了不少的杨树，袅袅娜娜，临风摇曳，似乎在向着行人致敬，在这里，没有都市的烦嚣，也没有乡村的落寞，就在一带绿荫丛中，隐隐可见一带宏丽的建筑，缕缕的青烟，从高耸着的烟囱中源源地分散着，这就是国家的生产机关，也就是我们工作所在地——中纺第十九厂。

　　中纺十九厂原名公大纱厂，首先原是由日人经营的，自从抗战胜利以还，已由经济部接收，直辖于中纺公司，始改名为中纺公司上海第十九纺织厂。全厂占地六百余亩，设备的完善，环境的优美，是无可比拟的。不过经战争的摧残，废墟残壁，到处可见，虽经局部修葺，一时亦难恢复旧观。惟有那篮球场网球场，仍是完好无恙。在运动场附近的那带有西方布尔乔亚色彩的大草场，一片青青的广原，依然如故，游泳池为了竟年的封锢，池水早已干涸了，并且滋长着碧青的苔痕。前面的花圃也因为被海军征用，以致久未修理，花木也都荒芜了，可是矮矮的紫藤、丛生的榆树，依稀还似当年情景，亭榭如旧，景物已非，怎不令人兴沧桑之感呢？

　　职员宿舍就在那运动场的前面，为了便于管理，所以把原有正门封闭，特辟小门出入，初极狭，才通人，前行十余步，就可见平坦的里巷，建筑着百余幢日本式的屋宇——那就是我们的宿舍了。屋子前后用低矮的木栏围绕着，每幢都有一个小小的院子，里面种植些花卉与菜蔬，在夏夜里，明月半墙，花影斑驳，风移影动，姗姗可爱，要是能在这里手执一卷，低讽轻诵，此间乐，固不思蜀矣。

　　这里的房屋，在往昔原是由日籍职员居住的，每间都是小巧而精致，墙壁

---

*　逸芳作于 1947 年，载《中国纺织建设公司上海第十九纺织厂周年纪念刊》。

上装有壁橱，以便放置什物，而不致有碍观瞻，门是用细草编成的拉门，地上有软绵绵的所谓榻榻米，可是这些日本式的设置，由我们来使用，似乎总觉有些格格不入，不过现在我国抗战胜利，河岳重光，这些原由日人居住的屋子，本来是我们所可望而不可即的，现在却不得不让我们享受，那倒是值得庆幸的。

浴室建筑在宿舍的西边，分男女二处，门首还植了几株不知名的小树，浴室里面水汀开放，温暖如春，外间是更衣室，内间有一个温泉池，池水清澈见底，还有几个莲蓬式的冷热水龙头，那是淋浴用的，在这里，大家毫无虚饰，以真面目相见，这无异是一幅现实的人体展览呢！若在平时，人们要是在裤上有一个小小破洞，就得遮遮掩掩地躲藏起来，可是在这里，大家赤裸着肉体入池洗澡，毫无羞涩，也绝无顾忌，这真是人类的矛盾——矛盾！

女浴室中莺莺燕燕，也有许多妇女们入内，一洗凝脂，可是也有少数守旧妇女，以数人同浴为耻，所以也有终年不入浴室去洗澡的。盖在异国，男女同浴，尚不足奇，我国究属礼义之邦，此种风气，非但绝不可行，就是女子之间，同池沐浴，也觉害羞，中国女浴室之不得普遍，也就是这个缘故吧？

本厂宿舍在一般工厂宿舍中，设备方面堪称是完美的了，我侪公毕返舍，窗下兀坐，静观天际白云，倾听远处笙歌，这也是一种"静"的享受，总之，我们能在这样完美而又舒畅的宿舍中憩息，可以说是无上的幸福，可惜前面尚有五十余幢被海军借用，未能收回，致本厂好多同事，尚无房屋可住，还觉遗憾呢！

脱稿于卅六年二月七日

【参考文献】①

《上海住宅建设志》编纂委员会编：《上海住宅建设志》，上海社会科学院出版社 1998 年版。

上海市杨浦区地方志办公室编：《改革开放后的杨浦工业》，2002 年版。

上海市杨浦区卫生志编纂委员会编：《杨浦卫生志》，1995 年版。

《上海园林志》编纂委员会编：《上海园林志》，上海社会科学院出版社 2000 年版。

杨浦区地名办公室编：《杨浦区地名志》，学林出版社 1989 年版。

上海市宝山区地方志编纂委员会编：《宝山县志》，上海人民出版社 1992 年版。

《上海军事志》编纂委员会编：《上海军事志》，上海社会科学院出版社 1994 年版。

《上海劳动志》编纂委员会编：《上海劳动志》，上海社会科学院出版社 1998 年版。

上海市杨浦区志编纂委员会编：《杨浦区志》，上海社会科学院出版社 1995 年版。

《上海纺织工业志》编纂委员会编：《上海纺织工业志》，上海社会科学院出版社 1998 年版。

上海通志馆主编，廖大伟、刘盼红著：《衣被天下 上海纺织》，学林出版社 2021 年版。

《上海日商纱厂之过去与未来（四）：公大纱厂（上）》，《纺织时报》，1928 年，第 561 期，241—242 页。

《上海日商纱厂之过去与未来（五）：公大纱厂（下）》，《纺织时报》，1928 年，第 562 期，245—246 页。

《参观公大第一纱厂记》，《经济学报》，1926 年，第 2 卷第 1 期，125—130 页。

《公大纱厂改为伤兵医院》，《时报》，1939 年 4 月 3 日，0005 版。

《公大纱厂之罢工潮》，《新闻报》，1926 年 12 月 8 日，0010 版。

《公大纱厂附近日飞机场拆毁》，《民报》，1932 年 5 月 18 日，0005 版。

《公大纱厂工潮解决有望》，《新闻报》，1926 年 12 月 11 日，0010 版。

《沪东日军大本营在公大纱厂》，《时报》，1937 年 8 月 14 日，0002 版。

《公大纱厂房屋用作救济失业工人》，《立报》，1946 年 8 月 30 日，0004 版。

《吴淞炮战敌死伤千余　植田在公大纱厂内设海陆空军司令部》，《锡报》，1932 年 2 月 18 日，0002 版。

《中国纺织建设公司与上海第十九纺织厂有关员工子弟学校寄膳、添置校具、修理校舍等来往文》，上海市档案馆藏，档号 Q192-16-266。

《中国纺织建设公司上海第十九纺织厂有关海军占用宿舍及水电费等来往文》，上海市档案馆藏，档号 Q192-16-264。

《公大一厂〈循回稽校团报告书〉〈月系纺织染色工地支店组织管理调查书〉》，上海市档案馆藏，档号 Q192-16-384。

《国营上海第十九棉纺织厂厂名沿革》，上海市档案馆藏，档号 B134-1-1003-34。

《国营上海第十九棉纺织厂关于请求批准新建职工子弟小学一所的函》，上海市档案馆藏，档号 B134-1-870-1。

---

① 　本文导读所引用的史料，出处见下。作为历史溯源的一部分，档案 & 大事记组的钟佳琳、张艺严两位同学为"上海公大纱厂 / 十九棉"编辑整理了"大事记"，本文多有引用及备考，在此鸣谢。

《上海市纺织工业局革命委员会关于上海第十九棉纺织厂革命委员会的批复》，上海市档案馆藏，档号 B134-3-194-58。

《中国纺织工会国营上海第十九棉纺织厂委员会填报参加过"五卅"大革命老工人情况表(陈玉珍)》，上海市档案馆藏，档号案 C1-2-3086-92。

《中国纺织建设公司上海第十九纺织厂周年纪念刊》，上海市档案馆藏，档号 Y9-1-134。

《上海第十九纺织厂历史情况介绍》，上海市档案馆藏，档号 Q192-16-14。

上海知青网社区文章《平民记忆之 1970 年》。

美篇博客《十九棉老同事之友(群刊)》。

『田野』教学记录（节选）*

张力奋 ×

2021 年 9 月 27 日 11：47

各位同学好。周六在里弄现场，兴奋之外，印象与信息庞杂。下一步，需要我们沉下去，保持好奇心与冲动，发现与聚焦个体、家庭以及邻里，挖掘与保存他们的记忆，特别是人与生存空间的关系。简言之，十九棉职弄的百年变迁：建筑的、空间的、社区的、个体的。十九棉职弄，具有某种都市社会学的标本意义，这是我们的幸运，我期待你们在获得基本训练的同时，发现、记录与分析城市社区，在新闻与历史之间找到学理的脉络与桥梁。你们的想象力与知识劳动，将直接决定这个项目的记录和历史价值。享受这个过程。谢谢。

2021 年 10 月 17 日 10：15

昨天有同学问，新闻与田野研究的关系，边界在哪里？一个有意义的问题。简言之，任何学科，各有其田野。记者的田野是现场与事件，经济学家的田野是市场，

* 选自"都市、田野调查与记录"课程微信群，助教于晴整理。

社会学家的田野是社群与社会组织，但其观察与思考能力的精神是一致的。它的边界在哪里？边界在于不同学科解释现象与行为的方法、语言、叙述不同。本课程是用新闻的实地调查方法与训练，记录一个即将消失的社区与记忆，是对新闻学理及实务能力的整体历练。只要我们保持对人的好奇心与同情，打开五官，就会有发现、惊喜或伤感。你的知识、训练与思考，也会在田野调查中着床，慢慢成为你内在的价值与本能。你们各有性格与做事的方式。放开做，享受这个过程，并发现和强大自己。

2021 年 10 月 18 日 19：01

说明一下，目前的口述史名单，还只是访谈"候选人"。我希望他们都是合适的受访者，但误判事常有。你们与他们的首次接触，目的之一就是判断他们是否"胜任"，可用我说过的陪审团标准作为参考，以及你和他们之间有无"化学反应"。初次接触后，写一个受访者画像，相信你们会有直觉，再作决定。这次口述史的对象，多是普通老人，尤其需要我们的尊重与倾听，这对各位的采访提问与现场感知力是个考验。希望你们享受这个过程，相信你们会做得很好。

2021 年 10 月 19 日 22：27

口述史初访清单，供参考：

1. 评估访谈对象的意愿、心智、表达与记忆力，并据此判断是否正式采访。

2. 自我介绍，并让对方了解你是谁？想做什么？怎么做？

3. 通过家常闲聊，了解受访者的简历、现况、家庭背景以及与职弄的关系（居住史）。

征得同意（consent）后，可录音，不建议书面记录。

4. 若对方提及其他有价值的采访线索或人选，包括家人，请询问详情。

5. 了解受访者是否存有家庭文件，如老照片、日记、日常账本记录、剪报、奖状、宣传品、学生品德评语、成绩单，以及与职弄相关的纪念物。

6. 若在职弄旧居采访，请拍摄记录内景、外景及有记忆价值的物件。

7. 受访者多已高龄，初访时间不宜长于两个半小时。应判断整个采访约需多长时间，分几次。

8. 若老人独住或孤单，多兴奋，有倾诉欲，应礼貌切入，转入正题。了解受访者的作息习惯，确定最优访谈时间。

9. 若老人愿意使用微信，可帮助他们注册，辅导使用。

2021 年 10 月 20 日 13：43

请各组关注拆迁过程的关键时间节点，并据此提前策划、分工。比如，可跟拍一个家庭的搬迁准备，在老房的最后一天，职弄的最后 24 小时，等等。创意是取之不竭的。仅供参考。

2021 年 10 月 20 日 15：52

我们鼓励合作、分享，但同时强调分工与执行力。各专门组应承担其统筹职责，按照拟定的计划执行。除了素材，我们更强调加工后的"产品"。因此，创意、策划、分工至关重要。Feel free to explore and have fun.

2021 年 10 月 20 日 20：11

Journalism is a human and dynamic activity. It's a living thing and be prepared for changes and adjustments. It never exactly works to plan.

2021 年 10 月 21 日 14：26

你们的田野记录、口述史，对记忆与人性的发掘，也可以和肖邦的音符一样美好和恒远。休息时，可听一下。

【分享：微信公众号"古典音乐"文章《华人钢琴家刘晓禹荣获第 18 届肖邦国际钢琴大赛桂冠》】

2021 年 10 月 21 日 16：15

A piece of advice: For interview of personal nature， for research or journalism，please make sure the interviewee is comfortable with the choice of venue. It should be relaxed and private， so they can talk freely in confidentiality. Please don't use the same venue for more than one interview at the same time. It could ruin the interview. You may find out before hand if there is a suitable cafe close-by where you could drop in for a chat. Good quality interviews need goodwill from both side to start with. Quality journalism needs good brain as well as leg work. Ultimately we work with human and humanity. Good luck.

2021 年 10 月 21 日 16：25

我上面已提醒，居委会并非理想的采访场所。可再与受访者沟通，请他带你到里弄走走，边逛边聊，到他的老屋看看，讲讲故事。情景是记忆的一部分，也易唤起记忆。采访需要设计、准备。你是掌控者。如果初谈草草收场，故事可能就结束了。

2021 年 10 月 21 日 16：37

普通百姓是最难采访的，特别是长时间的访谈。他们没有受过专门训练，也可能是一生中首次面对"记者"。请各位初步研究被访对象，做个采访设计，大家可在本群讨论、分享，强化基本训练。

2021 年 10 月 21 日 18：27

我提供的参考书目中有《二手时间》，作者 S.A. 阿列克谢耶维奇，2015 年诺贝尔文学奖得主。1991 年到 2012 年间她做了数百次访谈，记录苏联解体对俄国普通人日常生活的影响，由个体而全景。建议一读，看她如何切入历史，采访普通人，记录他们的存在与记忆，忠实于他们的声音。可读中信出版社版。

2021 年 10 月 22 日 21：15

明天你们正式进入田野。相信训练，享受过程。

2021 年 10 月 30 日 19：48

下周一、二、四、五职弄召开拆迁政策宣讲会。特别提醒视频、街拍两组同学。
具体时间另告。

2021 年 11 月 1 日 09：09

各位课堂作业，我正阅读。谢谢。请在周三递交一份简要的口述史访谈计划。根
据初访所得信息，确定具体选题或切入点、采集与还原受访者最有价值的记忆。
任何记忆都有特定时空，既是私人史，也是集体记忆的一部分。可参考的关键词：
职弄（十九棉）、家庭与邻里、建筑与阶层、空间与居住、日常生活、身份、集
体与隐私、家史回忆、事件亲历、目击等。It's time to be specific.

2021 年 11 月 1 日 10：29

本学期的训练，不论口述还是小组项目，均没有标准答案，关键在学习一种专业
规范。你们的调查、思考、判断与策划直接决定着最终产品的成色、品位与价值。
对人与事，你们要保持好奇，不要自我设限，对事实与细节要穷追不舍，对真相
有求知的冲动。聚焦，享受过程。

2021 年 11 月 1 日 10：40

请各小组组长本周五拿出各自相关设想。不求宏大计划，但求记录价值、原创、
叙述的个性、团队参与度。

2021年11月5日 12: 46

搬迁的过程值得记录，特别是视觉记录。比如在旧居的最后一晚，打包，扔旧物，邻里道别。同时，它也是现场观察与随访的良机。供参考。

2021年11月5日 12: 56

各位可在文体上多做些思考。特定时空的观察与目击，是很有张力和记录价值的。你们要寻找和猎取瞬间。

2021年11月6日 13: 19

拍工作照，是好习惯，有价值。同时，拍一组你的受访者本人与旧居内景外景的最后合影。外景可包括门牌号码或有意义的特殊标志物。Sigh posting。街拍／视频组也请注意这一主题。收到请回复。

2021年11月6日 20: 13

谢谢各位准时出席面授。你们在实地的工作与努力令我欣慰。除少数同学可能调整采访对象，多半同学已明确了访谈重心。各小组也将尽快完善计划。关键是聚焦职弄，挖掘特定时空的记忆，特别是加强策划。下周六，是实地记录与访谈时间，请自行安排。收到请回复。

2021年11月10日 12: 28

各位好。（1）目前绝大部分同学都确定了口述史采访对象、角度以及涵盖的历史时期，必须聚焦、有所选择。（2）一般而言，记录项目，年代越久远，目击幸存者少，历史价值自然越大，从老人（的口述中）抢救史料、（挖掘他们的）记忆是重点。（3）访谈需要设计，特别是影像资料，比如某年代的歌曲、诗歌、上山下乡的口号、小学某课本章节、上海口头禅、日记，可在采访中提出要求，请对方录下来。（4）好的采访取决于结构与细节的张力。供参考。

2021 年 11 月 10 日 14：32

【分享：《留住城市记忆　延续城市文脉——"上海城市之心"百年街区变迁口述史》《70 年的变迁，看上海老弄堂里的"大历史"》《珍贵的历史记忆：1986 年上海南市里弄的生活》】

建议作为背景阅读。历史上，上海里弄的空间，划分为 3 块，居家、邻里与里弄公共空间。里弄公共空间则见证了各个历史时期的政治运动、公共动员、政府宣传、大众娱乐。采访时，请挖掘。

2021 年 11 月 13 日 11:09

有句话说："我来了，我看见了，我也说出来了！"于口述史访谈也是至简大道。我们的责任，是还原个体记忆，还原细节，还原特定历史与日常情境。所谓"看见了"，并非仅限于目击，而是五官体验。采访中，你们要问及特定年代上海的声音、色彩、触觉、气味、语言，来唤醒受访者的记忆与故事。

2021 年 11 月 21 日 18：35

谢谢每位同学的努力，我们每周都有进步与新的发现。昨晚聚餐听大家闲聊，我有几点想法：（1）教育与训练，除了知识汲取，更重要的是进入一种专业状态，一种逐渐成为直觉或本能的东西。（2）口述史最考验采访基本功，因为它需要细节重构记忆与生命体验。记忆是需要敲开的，更何况尘封已久的经历。有赖对人性的理解、研究方法、准备与运气。你们尽力，关键在享受过程，甚至挫败感。（3）有些同学二专是法律。其实法律训练中的询问、爬梳证据与采访类似。不同学科，方法常有相通之处。（4）里弄是上海的基因。记录上海，并无统一的口述史文体。你们研究的是一个人，一个具体时空的人及其记忆。不同的性格，就有不同文体、不同叙述。文体可以多元，时空可灵活，因人而异，关键是获取具有社会学、地方史价值的知识与记忆。我鼓励文体的尝试和创意，叙述方式无可穷尽。重要的是，你们打捞的记忆，100年后是否仍有价值？

2021年11月21日21：56

Please note：这几天，政府已开始在职弄与居民签约。相关小组应有记录计划。不要错过重要节点。

2021年11月21日22：19

1992年，十九棉织机停运，营运中止，实际就是倒闭了。这个时间节点，对职弄很重要，在相关口述史中应聚焦采访。

2021年11月22日13：58

口述史的视角很重要，决定你看到什么，怎么看。好的自述史，还原当年的情景、语言、细节、色彩以及时代氛围。放大五官去感受，当年的花草、食品、零食、衣物的材质、厨房的油烟气、过年的等待、游泳池的消毒（水）味、孩童的游戏、四季花坛种了什么、弄堂里的口头禅。细节决定文本的价值。相信你们能把记忆之果一个个采摘回来。

2021年11月22日14：28

有的被访对象，若记忆散点，难以聚焦挖掘，则可记录他在职弄不同年代的故事、趣闻，扩展时空线索，呈现一个印象文本。文无定法。口述历史的叙述，更是如此，不宜墨守教条，变成僵硬的文字。你们在还原一个具体的人，一个平凡的血肉之躯。有的受访者，有老照片或其他记录，则可用老照片为主，叙述故事；对年老者，当然最有价值的是早期记忆。只有事先做功课，才能问出具体的好问题，唤醒记忆。

2021 年 11 月 22 日 21：02

"职弄"口述访谈基本清单：

受访者姓名

受访时间、地点、性别

年龄、出生年份

籍贯、原籍地、某省某县、上辈何时移居上海

本人出生地

职业、具体工种、教育

婚姻状况、子女

与十九棉的关系、曾获得的荣誉、是否出生在职弄、职弄居家地址、何时入住职弄？

住房（房型、几户合住、共用空间、厨房、厕所、花园）内部描述（房间数、大约面积、隔断）

受访者家庭人员结构

最多时住几人？房间的使用？（可画出 layout）冬夏季节的空间使用（如父母子女混居）？目前同住几人？彼此关系？

房间内外／公共空间是否翻修或私自搭建？搭建年份及缘由？是否已迁居他处？位置？何时出租职弄房屋？

租户基本状况（如外地打工者、"新上海人"）

曾在职弄担任的社会职务（如居民组长、纠察等），关系最好的邻居是谁？为什么？

受访者使用语言

2021 年 11 月 23 日 12：18

补充一点：从"门诊"看，一个普遍的症状是信息采集不够系统、规整，故列清单供你们备用。无记录，则无历史。无清晰记录，则历史混沌。对受访者的基本事实，你们必须 inside out. 快速吸取信息并加以分类，并在采访中加以使用，这

是专业基本功。假以训练与自我意识，你们都能做到的。

2021 年 11 月 26 日 12：52

昨天职弄发生盗窃。做田野时，还望注意人身安全。若在晚间访谈或拍摄，可在群内签个到，告知 whereabouts 及手机号。收到回复。

2021 年 11 月 30 日 18：42

今晚天寒。如果摄影组去，必须保暖。请打车来回，注意安全。

2021 年 12 月 2 日 13：37

谢谢每位同学的心力与合作。田野项目过半，必须聚焦了。学习，就是解决问题。碰到问题，很正常。这学期你们读的是真实社会，不仅是教科书。建议如下：（1）个人口述史项目，请 12 月 12 日拿出初稿，并留出补充采访时间。（2）各小组长请领导自己小组整理已有的资料、素材。所有同学手上有价值的素材（如老照片、视频），请同时复制给相关小组。（3）拆迁过程，信息多变，经常临时变更。有时居委都不及时知情，造成一些困扰。今后十天，职弄进入搬迁高峰。我请两位助教及时告知相关重要信息。但搬迁基本上是个人行为。还请各位与被访对象保持热线（联系），记录重要的节点与瞬间。相信你们能做好。收到回复。

2021 年 12 月 4 日 10：18

今天下午，有个环节，是访谈的 role play，需要 4 位志愿者。想玩游戏的，告诉我。

2021 年 12 月 5 日 07：13

@陈杨：以后深夜／半夜外出工作，告诉我一声。安全第一。

2021 年 12 月 6 日 09：59

口述史体例说明：

1. 标题（不超过 10 个字）。

2. 受访者简历（姓名、性别、年龄、职业、职弄住址、居住年限等。100 字内）。

3. 正文（8000—10000 字）。文本为第一人称自述。采访者的问题应排除在文本之外。

4. 相关照片 4—5 张，包括老照片、田野中拍摄照片。照片，均需配齐说明。

5. 文尾。采访者简介与感言。200 字内。

6. 保持受访者口吻、语言特征、方言土语（可加注）及上海里弄风情。

2021 年 12 月 7 日 10：18（对某同学的初稿批语）

采访与阅读感都不错，谢谢。建议如下：

1. 严格遵守体例要求。

2. "5W" + "H"（Who，What，Which，Whom，Why，How），特别是时间，对叙述的历史感尤为重要。应明确说明重要的时间节点，如某年某月。

3. 大历史背景、政治运动场景较弱，须 sigh posting。时代 / 事件，需要路标，要明确年代、年份。比如，上海解放、"大跃进"、"文革"、上山下乡、粉碎"四人帮"。

4. 小标题，可帮助结构叙述。可试用直接引语，也就是受访者的话来做标题。

5. 细节的力量。比如童年回忆、玩伴、零用钱、功课、暑假寒假、邻里、公用电话、穿着、过年、与父母共睡一床、放学回家、常吃的菜、冬天的冷、职弄的知了、做过的梦。细节如挖矿，都是一点点问出来、抠出来的。

6. 新老照片。它们是历史的视觉支撑。精选、多用。好照片，尺寸可用得大一些。可对照老照片，拍同样背景和景别的新照片，对比使用，投射历史感。

7. 口述史，应是最接近自然语言与口头表达的文本，避免过度编辑，保持它的原貌与节奏。

2021 年 12 月 8 日 12：02

请实物组同学尽快去职弄收集一批遗留的铁皮门牌。工具、手套可买一些。收到请回复。

2021 年 12 月 12 日 16：21

Just a quick note: reply your oral history work，you should try best to live inside the body or brain of the person whom you interviewed，feeling the way he thinks，acts and especially the way he speaks，the tempo，tone and undertone. The test is in the likeness of the person as regard to his habit，personality or character. Look forward to reading your work.

2021 年 12 月 15 日 11：12

谢谢各位的努力。尚未递交口述史初稿的同学请尽快发给助理。我批改后，你们仍有时间补充、修改、编辑。

2021 年 12 月 16 日 11：30

修改、编辑口述史，疑难、重复的段落，可念出声来，以找到合适的语气、叙述结构和节奏。念不顺的，必有问题。试一试。收到请回复。

2021 年 12 月 16 日 11：43

另：在不影响理解与整体阅读感的同时，应注意保留文本的上海语言特点，特别是典型的沪语表达、惯用语或有特定时代特征的用语。很多口头沪语有特定的书面形式，网上可查。若需要，可在括号内简要解释，以方便非沪语读者。收到回复。

2021 年 12 月 16 日 15：13

文本中，存在不少阿拉伯数字与汉文数字的随意混用，需要规范化。提醒一下。

2021 年 12 月 16 日 15：43

口述中的"长度""面积"得顾及口头表达的特点。如：避免用 0.5 米，可用 50 厘米或半米长。

2021 年 12 月 16 日 21：28

最后一课安排：

各位同学，职弄田野调查已近尾声，居民搬迁将在年底告结，里弄将随之封存，等待拆除。兹决定 12 月 25 日（周六，恰逢圣诞）下午在十九棉居委会上最后一课，为本学期教学做一总结。届时将邀请街道、居委、居民受访者代表出席，分享你们的成果与发现。初步安排如下：

13:30　居委门口集合

13:30—14:15　在里弄全体合影后，最后一次田野

14:20—14:25　老师开场

14:25—15:50　口述史分享

（每位同学 7 分钟：朗读口述史片段 4 分钟，自选。感言 3 分钟。望严格掌握时间）

15:50—16:05　街道、居委领导、居民点评

16:10—16:50　小组环节，精华分享

（每组 8—10 分钟。助教设法解决投影仪）

17:00—17:15　老师总结

17:15—17:20　向十九棉社区及居民赠送纪念品

17:30　结束

18:00　共进晚餐

以上为初步计划。任何建议，请速与助教沟通。谢谢各位。收到回复。

2021 年 12 月 18 日 07：38

口述史体例说明（修订版）：

1. 标题（不超过 10 字）。标题下，注明：采访／撰述 ×××。

2. 受访者简历（包括姓名、性别、出生年月，籍贯、文化程度、主要职业、职弄住址、居住年限等信息。150 字内）。请以 Resume 形式。例如：×××，男，1941 年生于上海，祖籍江苏盐城，初中文化。曾住东 3 弄 3 号底楼前客堂（1946—2003）。

3. 正文（8000—10000 字）。请勿过度纠结字数。有话则长，无话则短。

4. 相关照片 5—6 张。包括受访者肖像大头照、家庭老照片、旧居照片、田野／访谈拍摄照片。每张照片，均需提供翔实说明，如年份、人名、彼此关系、拍摄地点、意义。重要照片的尺寸，若像素允许，可占 A4 半页或整页。

5. 文后。采访人简介 + 田野调查感言 + 口述者印象。300 字内。

6. 简介中插队年限，请避免使用（1968—1987），以免误读为生卒年月。可用"曾在黑龙江大兴安岭插队、生活近 20 年"。

7. 保留受访者的口吻、语气及主要语言特征。重要的方言土语，可加注。底线是，非沪语读者不应有阅读、理解障碍。

8. 关键词：大历史背景清晰、口头叙述、个性叙述、细节、故事。

9. 编辑时，碰到冗杂段落，可念出声来，以助厘清文气。

10. 学期结束前，请将定稿交由受访者过目认定，并签名同意公开发表。

2021 年 12 月 19 日 12：06

临近期末，复习紧张，你们切不要过劳，保证营养和锻炼。口述史部分，你们很努力，初稿文本比我预期的更好；各小组的工作，关键在精选出最有价值的发现，以及叙述的方式。学新闻，我们与时间为友，也与它为敌，得学会与 deadline 共存。我很期待下周六的最后一课，分享你们的田野成果。

2021 年 12 月 19 日 22：13

【分享：《时代建筑》内页截图】

转建筑组。

可查此书。

2021 年 12 月 19 日 22：39

【分享：《恒丰纱厂的"阿刘"——刘少奇在上海工人运动中的珍闻》】

转大事记组。有关刘少奇与公大纱厂。

2021 年 12 月 19 日 22：46

推荐给老照片组、大事记组。

【分享：《 # 老寿带你弄堂游 # 纺三小区（原公大工房）》】

【分享:《平凉路 2767 弄的最后一个重阳节,打包青春回忆,奔向更有盼头的未来》】

2021 年 12 月 20 日 15：52

周四晚上递交前，可请同学结对，互读互校。初稿中错打、漏打的字不少，得打扫干净。收到回复。

2021 年 12 月 22 日 21：19

期待周六下午的成果分享。口述史，每人 7 分钟（被访人简介 + 朗读 + 田野心得）；小组 Presentation， 8—10 分钟。望好好准备。

补充一点：口述史环节，先极简介绍受访者。

2021 年 12 月 24 日 10：08

请大家今天上午务必交稿。谢谢！

2021 年 12 月 25 日 08：01

下午见。多穿点，保暖。

2021 年 12 月 27 日 16：04

细读了每个小组 PPT，大量第一手田野所得，很扎实，超出我的预期，为你们骄傲。

请各组组长在寒假中主持一次改写，将各自 PPT 改为适合出版的文本，我会最后补充、统稿、改定。要求如下：

1. 精选第一手田野发现。

2. 精选最有历史与记录价值的内容（包括第二手资料）。

3. 资料均须注明出处。

4. 各小组力求完善最适合的主题策划与叙述方式，使文本富有原创力与质感。

5. 尽力核实或补充基本事实。若存疑，则如实说明。

6. 文本请重视文字与视觉元素的平衡，包括大事记。

7. 有价值的照片（若保证基本像素）鼓励用大尺寸，可占常规书籍整页。其他照片可占半页。

8. 请递交排版后的文本。

9. 每个文本开头，请以全体组员署名（by line）。文尾可有简要精到的田野感言，务去陈言。可每人写一段，也可集体作结。

10. 田野呈现，得做减法，判断优劣真伪，都是减法，会很痛苦，但最后有报答。

11. 不用急着完成，有点距离感再做。

Deadline：2022 年 2 月 2 日，如何？谢谢！

2021 年 12 月 28 日 12：00

转达叔短信。我们有达叔，很幸运。好人。

以下为达叔的短信内容：

力奋老师：中午好！

小院今日封了，挖树要通过动迁办了！

牌子已放居委，马桶如不需要就处理了，会议室几件物品继续保留……

另：调研结束了，我出几道有关数字题：不知同学们能否全部答对？

1. 2767 弄 1 号曾是什么地方？

2. 2767 弄门牌号最大数是几号？

3. 2767 弄职员宿舍保留建筑是几号？

4. 2767 弄有 11 号吗？为什么？

5. 小区房管所是多少号？

6. 居委会是多少号？

7. 原俱乐部住宅是多少号？

8. 东 1 弄有多少号，西 1 弄有多少号？

9. 新工房 2—9 弄一般 2 个门洞，有 3 个门洞的吗？分别是新几弄？

10. 2767 弄南工房经历了几次拆迁？

全部答对者有小小奖励！

「田野」教学记录说明 × 于晴

《平凉路2767弄》修订再版。作为助教之一和"田野"教学记录的整理者，作一说明：

1. 这份教学记录节选全部取自"都市、田野调查与记录"课程微信群，涵盖了张力奋老师在课程与"田野"中对学生的线上指导与讨论。社交媒体时代，第一堂课教师先为学生建群，已是标配、常态，以方便师生沟通与讨论。本群建于2021年9月18日，在复旦大学新闻学院教学楼204教室。群内共16人，包括老师1人，助教2人，正式选课学生12人，1位同学因课业繁重，中途退课，但老师允许其在群内旁听。

2. 课程微信群是移动互联时代的一种教学生态，三十年前都难以想象。本书核心是通过田野调查和口述历史抢救并保存十九棉百年记忆。如果说日记、书信、账簿、报纸是传统的沟通表达方式，何不尝试将微信群这一数字时代的教学互动早早打捞存档？

3. 教学期间，本课程群很活跃，师生讨论互动频率很高。据粗略统计，2021年9月18日至12月31日，每月有课程聊天记录的天数分别是：9月10天，10月23天，11月26天，12月29天。张老师在本书《自序》中写道，"这门长达一学期的课，每周四个教时，实际的付出更多。我们一半在大学授课，一半在'田野'

现场"。从助教角度来看，这一表述并不完整，师生还有一大半学习时间是在"数字田野"当中。这片"数字田野"就是我们的微信课程群，它像是"平凉路2767弄"田野调查的总指挥部，一步步推进项目的完成。

4. 系统记录微信教学内容的想法，始于2021年课程中。整理教学记录是在2022年12月，距离课程结束已有一年。当时我正在伦敦访学，每次打开微信前，需要将伦敦时间切换回北京时间，才能还原文字"原产地"的时间记录，一种时空交错的独特体验。整理时，我曾回想起课程的若干片段。这些教学文字除了老师关于田野调查和口述历史的方法与实践，还包括老师对学生的关心、信任和鼓励。这份记录也是复旦新闻教育史及师生个体成长史的一部分。

5. 节选的所有内容均是微信群聊的原始记录，对可能存在的文字、标点或语法错误，整理时也未做任何改动。保存原始记录，是对这一项目的最大尊重与敬意。

6. 此教学记录节选，带有我个人的偏好，更多基于一个学生助教的视角：哪些内容与"田野"的关键节点有关联？哪些内容会让读者对田野调查和口述历史方法更感兴趣？哪些内容能比较充分地反映张力奋老师的教学风格及研究方法？

7. 整理并公开发表微信群原始教学记录，一开始并不在张老师计划中。微信群中的所有文字，是他自然而然的日常教学输出，即兴、直觉，有一说一，也不字斟句酌，有些内容甚至琐碎，但相当真实。当我将整理好的教学记录发给张老师时，对其是否愿意公开出版，我也有顾虑。最后老师同意将这部分内容收录书中，以跟更多读者、同仁、学生分享，我很高兴。这不仅让更多读者了解田野调查的方法与实践细节，也让我对这一微信教学文本的价值判断得到了肯定。

解放前后的十九棉里弄 × 应长生

应长生

男，1933 年 2 月生于江苏盐城，1951 年
1 月 20 日至 1955 年，入伍，进入中国人
民解放军第三防空学校。1946—1949 年，
住平凉路 2767 弄东 3 弄 2 号。1949—
1958 年，住职 8 弄 3 号。

口述：应长生

采访 / 撰述：李昂

时间：2021 年 12 月

从盐城到上海

1946 年秋，我们一家搬到十九棉东 3 弄 2 号居住。抗战胜利后，我从盐城来到上海，要耗时两周。因为乘的是木帆船，顺风靠风力扬帆航行，逆风靠纤夫拉纤行舟，速度缓慢。最后到无锡转乘火车抵沪。火车从无锡到上海，就比较快了，天不亮时出发，下午就到上海了。

母亲是 1906 年出生的，当时 40 岁了。她虽是妇道人家，但出生于书香世家，聪明能干，有远见，活动能力强。她到处想方设法请人帮忙，替姐姐找工作，最终得到同乡徐先生的鼎力相助，于 1946 年 3 月将姐姐介绍到中纺十九厂（即后来的十九棉厂）做工，成了一名纺织女工。姐姐找到工作，有了经济收入，在上海生存才有立足之地，使母亲无后顾之忧。姐姐是 1926 年出生的，进厂时正好 20 岁。她也知道能找到这份工作很不容易，所以非常珍惜，表现也非常出色。工作虽然辛苦，但她能坚持到底，在该厂一直做到 1976 年退休，足足做了 30 年，没辜负母亲对她的希望，使母亲感到极大欣慰。

1946 年秋，我们三口之家搬进了东 3 弄 2 号徐先生家二层阁楼，面积约 8 平方米，层高 1.3 米左右，头抬不起，腰伸不直。上下阁楼用活动木梯，不用的时候就把梯子靠墙边放。我们一家和两个亲戚，共 5 人蜗居一起，很拥挤，夏天无通风设备，又闷又热，难以入眠。

母亲是莲花脚（即缠足），天未亮就起床下阁楼，高一脚低一脚地去帮人梳头、打发髻，增加收入，贴补家庭。母亲勤俭持家，处处精打细算，生活虽然很苦，但感到非常满足。

经过不懈努力，我们总算有了一席安身之地，从而结束了居无定所的流离生活。这要感谢徐先生的大恩大德，在我们困难的时候是他雪中送炭，让我们走出困境，"山重水复疑无路，柳暗花明又一村"。我参军后再也无缘与他谋面，从此失联。

我初到上海，因无固定住所，便失学了一年。姐姐入职后，我才有机会读书，可秋季招生期已过，我很着急，母亲更急。后来姐姐请一好友大姐帮忙，将我插班到了中国纺织建设公司第二员工子弟小学（简称"纺二小学"），这所学校就是现在的平四小学。我在盐城读到五年级，但当时纺二小学只有四年级有空的名额，母亲觉得，读四年级总比荒废在家里面要好。盐城小学没有英语学科，而上海四年级就开始读英语了，正好符合我的学习进度。同学大部分都是工人阶级家庭，还有些是十九棉厂那些工程师和管理层人员的孩子。我在这所学校

成绩单告知家长书。1946年秋，应长生入读中国纺织建设公司上海第二员工子弟小学，学校将其成绩单告知家长。

20世纪40年代中国纺织建设公司第二员工子弟小学

（上海图书馆藏）

读了3年，到1949年毕业还发了一张文凭。

从东3弄到职8弄

十九棉的宿舍是分等级的，国民党海军宿舍和工人宿舍，一个在马路的东边，一个在西边。海军宿舍住的都是国民党的军官，靠南面是职员宿舍，是本厂的职员住的。国民党军人居住的这些房子，比较高档一点，我们属于贫寒子弟，平时也不大到这里面来的。

1949年上海解放前夕，海军宿舍那边看起来乱糟糟的，我们去玩，国民党的官太太惊慌失措地讲"快点走快点走，解放军已经到苏州了，之前在无锡，现在到苏州了，再打就打到上海外围来了"，马上把一些东西整理了，沿着军工路一直往北走到虬江码头上船，国民党的军政人员大多数都乘轮船逃到台湾去了。

国民党的军官撤退了，那些房子都空关着。像我们住房比较紧张的，悄悄地就搬进去了。谁搬进去住，这个房子以后就是属于谁的。基本都是这个情况。有的人搬进来以后又怕了，万一国民党再来怎么办？后来想，反正不是我们一家搬进来，搬进来的人多了，胆子就大了。据说解放前夕有个国民党军官，搬走后又回来，对新住进来的人说，我们还要回来的。居民回答：等你回来我再让给你。

当时有不少空房已经被人抢先占住了，幸运的是职8弄3号前楼还空着。我们把行李从东3弄搬进职8弄，我们家占了职8弄3号的前楼。从此，我们家长期蜗居的日子就结束了，开始了新的生活。

海军宿舍房屋宽大，有前后阳台，弄堂也宽敞。里面有一个洗手间，家家都有抽水马桶的。这个抽水马桶，不是坐式的，是蹲式的。它占地方，我们又不习惯用这个东西，所以通通都敲掉了。敲掉了以后省出的地方大，好搁床铺。老4弄的房子都是日式砖木结构，我们刚进去的时候前楼有一小间的床上还铺着榻榻米，但是我们不习惯的，所以全部改造了。里面的门还都是移门，日式的。

那么当时怎么烧饭呢？没有煤气，只能烧电炉，后来烧煤球。我有一个同学，他经常到我们家里来送煤球，他年纪比较小，就十四五岁，为了把煤球搬上来，就爬那个楼梯，搬到一半要歇一歇，再爬到二楼上面来。一筐煤球少说也有50多斤重，搬这个是很吃力的。后来才装的煤气，但是具体时间我不知道了。[1] 因为我1958年的时候买了房，就搬出去了。

离开十九棉

当时国民党有一个营[2] 驻扎在纺二小学里面。1949年5月27号，共产党的部队进入上海了。我还看到过部队的马，有的电影拍的骑马是真的。解放军进十九棉以后双方就发生冲突，双方在纺二小学操场上架起机枪就准备打了，后来是厂长吾葆真[3] 出来讲，你们要顾全大局，现在整个上海已经解放了，你们在这个地方负隅顽抗，对自己没有好处。这样讲了以后，国民党的部队就把枪放

---

① 据居民达世德回忆，安装煤气的时间大约在1965年。
② 据十九棉厂厂史记录，国民党99军99师297团第2营于5月26日进厂，经厂长劝说后在纺二小学休息。
③ 在1949年5月22日至5月28日的护厂斗争中，厂长吾葆真与党组织共同努力，完成劝降任务，取得了护厂斗争的胜利，将十九厂完整交给了解放军接收部队。

1996年5月1日，应长生与家人在职8弄1号门口合影。后排左一为应长生，于杨浦区法院退休；左二为姐夫漆权奎，中学英文教师；右一为表姐夫石冰，小学教导主任；前排左一为姐姐应长珍，十九棉厂工人；左二为应长生老伴陈开连，十七棉厂工人；右一为表姐李德娣，瀛洲染织厂退休工人。

到学校的操场上，接受投降，服从改编，问题就解决了。国民党军缴枪了，解放军进来接管了，还在十九棉里开过会。

解放军进了十九棉以后，就住在纺二小学里面。后来小学9月开学了，他们就搬到俱乐部里临时居住，再后来就撤掉了。我当兵的那年他们还没有调防，还在俱乐部里。我当兵后在军营门前还碰到这些军人，我还和他们打招呼："老乡你们好。"他们朝我看看，笑笑，"你也当兵啦"。

相对来讲，我们在"二六轰炸"期间，生活比较艰苦。那是在1950年2月6日，国民党把杨树浦发电厂炸坏了。炸的时候我们在十九棉没听到什么震动，拼了命要跑去看。那时解放军就沿着整条马路，三步一岗，五步一哨，维持治安，有时国民党飞机来骚扰，解放军用机枪在十九棉小花园的树林里进行扫射，防止敌机俯冲。

上海的发电厂损失惨重，无法正常供电，使全市工矿企业间断停工歇业，直接影响到工人的经济收入，生活没保障，人心惶惶。时隔不久，敌机夜晚来沪偷袭，被我防空军探照灯部队发觉，开灯照中，此时万炮齐鸣，将敌机击落。从此他们再也没来过。后来一切恢复正常，大家过着安居乐业的生活。我的外甥、外甥女在这美好的环境中，沐浴着党的阳光茁壮成长，度过了幸福童年，留下了美好的回忆。

余音

我已多年不去十九棉里弄了，随着城市发展的需要，它即将被拆迁。我对它有着特殊的感情。2021年5月25日下午，我在刘古立的邀请之下，由余冬梅作陪，重返故地。从长阳路后门进入小区，只觉得杂乱无章、面目全非。我首先到南工房，寻找解放前的故居，经过仔细辨认才找到了东3弄2号，房门紧闭。幸好3号的邻居热情接待了我们。他是新疆回沪的知青，也很健谈。我讲，我解放前在这儿度过了艰苦的童年，今后都将成为历史了。他对我说，有对70多岁的老人曾在这儿住过，也特来拍照留念。

告别南工房，走到职8弄3号，受到老邻居陆建民（本书另一位口述史受访者）的欢迎。他的父亲生前是我邻居，"文革"期间他的祖父对我们家也很关心。今天在陆建民家中做客叙旧，倍感亲切。与我同辈的人大多去世，仍然健在的，已经是屈指可数了。人生旅程苦短，不过几十个寒暑，何况已夕阳西下，更应当珍惜灿烂的霞光美景。

『拾间头』半生缘

吕成锁 ×

吕成锁

男，1936 年生，祖籍上海，高小文化。1953 年从纺二小学毕业，次年进十九棉厂做工，在运转班干了 10 年，保全班干了近 10 年，还做了 20 年的工厂消防工作。25 岁婚后不久，搬到平凉路 2767 弄拾间头 5 号，一住就是 60 年。

口述：吕成锁

采访 / 撰述：余洋

时间：2021 年 11 月

"我从小很调皮"

我老早是纺二小学的，现在改叫平四小学了，发展变化大了！当时还有个十九棉子弟小学，原来在老工房后面，现在都没有了。我们小学读书那会儿，读书辗转了好几个地方：先是解放前的辰光，从平凉路路口进来的那个转弯角、现在的平凉商店，一开始是我们高年级读书的地方；后头解放了，又回了小学里头，学校里原来还有个小庙，高年级就在那个小庙里面读书。

那个时候上课，科目有语文、数学、地理、历史，后来还有政治、体育、音乐，样样有。音乐课就唱歌，什么时代唱什么歌，具体唱什么我老早忘掉了。我对音乐不喜欢的，跳舞我也不喜欢的。

体育课就是锻炼身体，做广播操。我从小喜欢锻炼身体：足球、篮球、乒乓球、游泳、溜冰、单杠、双杠……各种体育运动我都爱好，还有下棋我也会。我为什么样样要弄，样样要好一点呢？小青年出去，要拿得出，样样行！走出去了，文的也好，武的也好，我干得出，样样都会。而且"会了"还不行，得"还可以"——得水平还可以，不能太差。有些运动，我不止是会打哦，水平还是中上的！我们经常和人家比赛去的，我从小就爱好这些东西，有时候还到外面去打乒乓比赛的。

我从小很调皮。我没进厂还在读书的时候，调皮捣蛋，每天都"打架"打

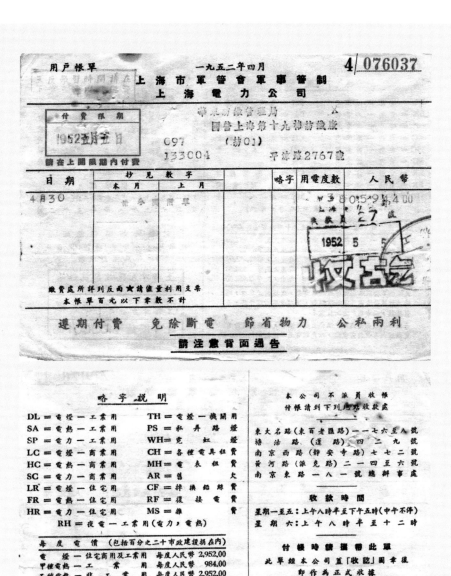

1952年4月上棉十九厂电费账单（张力奋　提供）

着玩的。这是玩闹，不是真打架。那时候人很老实，大家学校里打着玩，比谁身体好，一个对一个打，看谁打得过：比如今天，我跟你掼一跤；你不行，就两个人来跟我一个人打。就是打着玩的，不过同学们总归要看的，哈哈，看到底谁厉害——我总归是厉害的那个喏！还有我小时候住过的地方……现在叫职员宿舍，原来住着十九厂干部、工程师、技术员、领班，过去最早是叫东洋工房，东洋人"头头"待的——我们管日本人叫"东洋人"。我们也经常和他们打架的，打了日本小孩就溜，哈哈哈。

东洋工房再前面这一段，以前是日本人的海军司令部，后来是国民党海军的司令部。水陆两用车经常到黄浦江去，礼拜六又回来。那个时候，有的宿舍里面驻军的。

那时候（社区里）东西多咧，现在都拆掉了。像老工房里面，老早职工洗澡，大门进来要出示证件的，外面人不好进来的，不好"神之胡之"（吴语方言，形容一个人无法无天）的。以前旁边还有片白洋淀，面积很大，水很深，每年游泳常淹死人，解放以后也经常有人游泳的，外国人也来游。还有，这里的图书馆，在过去叫清海堂——这是过去日本人的叫法，是他们吃饭的地方，老早我们家的老人在里面当师傅，是厨师，所以我知道。解放以后改为图书馆，供人看书看报，地方很大的。

我们还经常跑去临青路玩。老早临青路，就25路开过去几站路的地方，专门有租给小孩玩的那种小车子，具体要多少钱我忘掉了。我们小时候，礼拜六就到杨树浦路、临青路，租一种车，现在小孩叫滑板车，老早我们小时候玩，叫"保宾车"（音），他们不懂的。还有像打菱角、打弹子——我打弹子一打就打到了，哈哈哈，高手！——还有滚铁环、滚铜钱、斗鸡，过去我们玩这些东西。

后来解放了，到1949年，我听人讲的——那时候我们还小咧，才十二三岁——听说，进十九棉厂工作的，还有原来国民党的一个营长。他在纺二小学架了两挺机枪，不肯投降，后来才谈好了。投降以后被安排到十九棉厂工作，当个一般干部。

"工人是老大哥，不好打架了"

20世纪40年代，初小四年级（文化水平）的人去工厂，就可以当干部咧。当时我高小毕业，即1953年春季班从小学六年级毕业，工厂就到学校里叫我去，我没去；1954年十九棉厂工作干部又来叫了，我才进厂。开始家里不给我做，家里说做纺织厂没有出息。后来我说，我喜欢干工作、喜欢体育锻炼。我不听他们的，家里什么事我说了算，我就进厂去了。

我1954年7月7日进的厂，那时候虚岁18岁，实际上只有17周岁。我进厂那时候，老实讲，谁有文化啊？都不识字的。那时的人多数是文盲，我高小毕业，开会都是我在做记录。然后开始扫盲了，大家读书了、上识字班，后头有的人慢慢地都读到大学了！我读书没有劲，我喜欢干活，读书不行。[①]

像我在没进厂之前很调皮的。以前读书时候天天要打架，调皮得很——也不是乱打，就打着玩。进厂以后学毛主席的思想：以前读书时候还是小孩，打打闹闹；现在是工人阶级了，工人阶级是老大哥，是不好打架、不好骂人的，已经是大人了。我是这个思想。

我以前玩的，比如下棋、足球、篮球……后面这些东西都不玩了，一样一样丢掉了。为什么？我后来开始打拳——年纪轻的时候打少林拳，年纪大了以后练太极拳，退休以后还去教了十几年健身。练身体、打拳最大的优点，是能改变人的性格脾气。原来脾气不好的人一定要练身体，会变的。

以前电影里就有一个人，他到少林寺练功夫，练到最后，脾气变化很大，原来天天都要闯祸。所以关于练身体，我的思想跟一般人不一样。身体练好，工作不吃力；练好了身体是给人家打的，不是打人——仗着自己本事大去欺负人，我从来没有这个思想。即使是"文革"时期，我从来没打过一个人；人家也不

---

① 经考证，应为1952年起，全国推行的群众性扫除文盲运动。同年7月，上海市职工业余教育委员会开始在首批36个国营工厂的工人中，推行祁建华发明的速成识字法。

敢打我，人不犯我我不犯人。

"我们家庭来自五湖四海"

要说起来，我的这些思想的根源，很多都跟我的家庭、跟爹爹奶奶有关系。

我们家庭来自五湖四海，在当地是有一点威望的，因为我们家的老人专门救穷人的！爹爹专门做好事——他过去开了很多店，都是养穷人。奶奶也很好，奶奶对我们讲的很多话，我们永远都记住："苦挣钱万万年""有钱给人家用，不要用人家钱""不要打肿脸充胖子""没有钱不能硬上"……

为什么说我的家庭来自五湖四海？因为我的兄弟姐妹都不是亲生的。我在这个"家庭"里，也是寄养的。后来我才知道，我原来有弟兄三个，我是最小的。八一三淞沪会战时，日本人飞机空投炸弹，母亲、两个哥哥都炸死了，就剩我一个。亲生父亲我是知道的，他在十九棉厂里工作，但我那些堂兄弟家的人我都没看到过了。我等于说是被父亲寄养到现在的这个家里。讲道理，在别人家吃饭要给钱的，但小孩不用给，因为老早小孩少，有小孩开心，所以那家人也不要钱。我从小被放在别人家里养，寄养了之后人家不想还，我亲生父亲也不敢要了——老实得很欸！

但其实我早就知道了，我进厂时就知道（他是我父亲），别人也知道，他自己也是"瞎子吃馄饨——心里有数"。我亲生父亲是党员，还当小组长唻。我在这个车间工作，他就在门外那个车间，隔道墙，天天看得到。看到，他又不敢认；看到，拿不到，老头子想得很呐！但那个时候我从来不讲的，男人要面子，晓得哦？一个人要有良心，这个家庭（指寄养家庭），人家好不容易把我养这么大，吃、用、读书……我不可以这样做的（回去认生父），我认了，生父开心，对方伤心，对不对？所以呢，知道，但不可以。

实质上解放以后，到我50岁的时候，就是35年前，寄养家庭里的老人全部去世了，我在家最大了。居委书记、主任认为我这个事要解决。他们就来跟我谈，我说，"我是没有什么条件，没有什么要求，老头子想了一辈子了"。

老头子很想（认我），解放以后就想，他想要，但是人老实，他又不敢要。本来要是解决了这件事，居委立功咧！结果，后来还是没解决。

我实际上是爹爹奶奶养大的——就是我养母的爸爸妈妈，他们叫外公外婆，我们叫爹爹奶奶——我跟爹爹奶奶住，也不跟我养父在一起。养父是招女婿进来的，等于说我又是儿子又是孙子——老人讲，"有假儿子没有假孙子"，我是孙子辈的。家里除了爸爸妈妈，我还有三个姨娘，最小的一个岁数还比我小一岁，辈分大，也说是姨娘。

我现在的家庭很好，有一个儿子两个闺女，闺女都 60 岁了。说起来有的思想根源，都跟爹爹奶奶有关系的。像我跟我闺女她们——尤其是大闺女——她也喜欢帮人家忙；跟我（的影响）也有关系，我看到人家就要帮人家忙。

"结婚以后搬到拾间头"

我小一点的时候，是跟爹爹奶奶住。原来住是住在工房——就是 14 弄，现在都拆掉了，之前拆迁拆到 10 弄，后面的几排都拆掉了。我在家里很受宠，因为我"又是儿子又是孙子"，我去拾间头吃小锅菜小锅饭，从来不跟其他人一道吃的。

拾间头以前都是开店的，后头才住进来人。拾间头讲起来是"拾"（十）间头，其实一共有十二家。有的房子前后都卖给人家了，所以就分成两家了。拾间头开店开得很早，日本人在的辰光就有了，国民党在的辰光也有。解放以后，因为工房里边是不好开店的，就全部集中搬到这个地方了。我记得以前，皮匠店有两家；烙子店也有两家，一家正宗的（店）生意比较好一点，另一家生意没那么好；还有三家烟纸店，像小时候我们家，拾间头 5 号，开的也是烟纸店，卖香烟、老酒，还有零食、糖果、酱油；还有三家开馆子，小馄饨、炒菜、米饭……样样有。后来慢慢地，就一家一家都关掉了。

我是后头才搬来的拾间头。我 25 岁结的婚，1961 年时还和父母、妻子住在一起，之后过了一年左右，家里老人去世了，就搬过来了，之后拾间头 5 号一直是我一家人住。

像我们这个年代，老早很多人，十七八岁就结婚了，那时候我结婚结得晚。因为像我以前，从来没有想过结婚的，我那个时候只晓得玩。

到25岁，我现在的丈母娘，在工厂里和我是一个小组的，我们一道工作。人家就讲了："你姑娘年纪大了要找对象，这小孩不是很好吗？你介绍给他不是蛮好的嘛，你介绍给别人干什么？"结果，正好那天人家都讲了，那她就给我介绍了。也巧得很，要上门去的时候，我到门口，就看到她囡女——就是我现在家里的这位，呵呵——一看，耶，很活泼、很好，各方面很符合（我的预期）。事实上当时，我还有一个目标，20世纪50年代我虽然高小毕业了，但我不喜欢读书，喜欢动动弄弄的。所以我要找一个老实的、有文化的。我懒得很，今后我有事，她可以替我动动笔杆子，我原本是这样想的。结果，哈哈，这个想法也落空。

我们结婚以后什么都没有，我就想：今后靠自己，自力更生。不然还能靠谁？再说了，"人不平齐，口不砌死"，我不是家里亲生的孩子，也不会要亲戚朋友送的东西——要了今后要还吧？所以我们结婚什么都没有，都是以后自己闯。

早几年，那边14弄拆迁分房子，我也没去——我原来的养父母早就去世了，亲生父亲80多岁也死了，就剩下我一个！像那些兄弟姊妹，与我也都没有血缘关系。

家里四个老人的后事，全部是我来弄的，他们都不行的。我做子辈的，（老人）上东上西，吃、喝、用，全部我来负责。我有一个思想：你们想和我交好的，我和你来往；不行，就尽快结束。我的兄弟姊妹不愿意跟我"来"，我也不跟他们"往"。所以我们就结束了——个人思想不同，后来就没有再联系过了。

"做什么工，拿什么钱"

我18岁进厂，进厂了以后，从1954年开始干了10年运转，在保全班又干了10年不到，再然后就到消防队干了20年，总共39年。这时候正好是虚岁57

岁。当时考虑到年纪毕竟差不多（到退休年龄）了，厂又要关掉了，我还在这干什么呢？所以我退休时一共有39年工龄。

我开始进去在运转班，就是三班倒。我们过去大三班，分早中夜三班：一个礼拜上早班，早上6点到下午2点；一个礼拜上中班，下午2点到晚上10点；再一个礼拜上夜班，晚上10点到第二天6点。早班和中班都是一周上6天班，夜班只要上5天。

刚进运转班时，我属于前纺，有"清、钢、条、粗"的工序。那个算是"老虎车间"，什么叫"老虎"？容易出事的！一不留神，机器就把你手弄断、切掉。人家不懂的一看，啊哟，重工业？实际上是纺织厂。"老虎车间"是最脏的车间，花衣（上海话，即棉花絮）乱飞的。一般人去是不习惯的，灰尘一扬，朝鼻子里钻，乱七八糟，吃不消的。像我们习惯的（人），每天干这个东西。①

过去，不管你是谁，进厂了就是先扫地。就是我们厂长，进去也是扫地，再慢慢地升。扫地是一级工，工资36元，做了一年多，升到三级半，升其他工种就拿48.8元。老早是干什么活拿什么钱的，没有开后门的，我干的工种叫关车：车子要关掉做别的工作，关掉以后，下面进行其他的工作就不是我的事了。照道理我再上去一级呢，就能拿56元了，但是我调工作了，直接做了60.4元的工作。然后工资又升到64元，干的是络筒：络的是纺织厂的棉卷筒，花衣卷好了，一满了就拉出来，挑一个空的筒上去，又继续转了。这个就叫络筒。

早年还加工资呢，到了20世纪50年代的尾巴，缺人了，工作顶上去了，工资涨到大概70元的样子。拿70元，干的是操针、操钢丝的活。我们一个机器，有滚筒那么大！操钢丝就是把里面花衣操弄清爽一点，质量就好了。要把花衣全部弄出来，得弄几次的，弄好了，关车的时候就把绳子、皮带一上。而且这个关皮带要有水平的，有个角心在上面，皮带要甩上去。车间里面小皮带、大皮带很多，皮带上不好，一个弄不好会把人拖上去，这个不行的，要当心欸！

---

① 经考证，前纺车间有三道工序：清梳联、并条、粗纱。工序上的对应关系应该为，清：清梳联；条：并条；粗：粗纱。而结合吕先生所述，钢应该是指下文的操钢丝。

所以我们这里才被叫作"老虎车间"。

当时 70 元工资很多的哦！得有点技术才能做，以前那些工作都没什么技术的。进来都是扫地，再慢慢往上升，70 元工资的工种相当于 5 级工，正 5 级，副 6 级。

过了整整 10 年——这个我印象最深的——我被调到保全班。调到保全班以后，上的是常日班，常日班每天都是早上 8 点半到下午 4 点半，一周上 6 天班。

保全的工种很多，其中要做的第一个工作是擦车。擦车是最底层的工种，叫四号（工种）。再升是三号，三号再升两号，两号再升就是当队长——一号，是这样子的。我当时是什么工种的？我是预备工。当时，预备工就是万能工，样样会做。

我这个工作被称为"摇盖板"，保全班哪里缺人了我就去哪里干，四号缺人我要干，三号缺人我也要干。有时干四号的活儿，机器拆下来以后，擦车擦清楚。车擦好了还要拼车，除了四号，三号也干拼车。拼车是什么意思呢？就是把机器"叭叭叭"弄下来以后，拆掉了擦清楚了，还得再装起来，然后测试一下，机器走不走得动。所以三号工资多一点，四号工资最少——我的工资呢？我比三号工资更多。保全属于技术工种，实际上它开始的工资没有我原来多，因为我是组织调动升上去的，还是保留了原来的工资。两号水平就两样了，两号工资多了，比我高了。

我进厂之后，1956 年第一次加工资——老早讲先来后到，我进厂比你早，有位置我先升——我那时候不是团员，结果有一个比我晚来的人是团员，他先升了，30 多元工资一下升到 80 多元。后头我也入团，入团的要求很高，人家有一点意见就不好入团，样样要忍耐——我这脾气性格这么糙，不忍耐怎么行？这是我自己的体会，要想争取入团很难的。还要群众考核，样样事情要比人家做得多，要肯吃亏、不逃避。

结果好不容易入了团——哪一年我忘掉了，日子是 7 月 7 日，我进厂刚好也是 7 月 7 日——我又有一点社会经验了，就更加好了。然后我做了团校小组长。

当了小组长以后，就要挑猪草、大炼钢了。这些事是每天要弄的，还都是业余时间去义务劳动。开会也是在晚上的业余时间。会上汇报"今天怎样挑猪草、拾废铜烂铁"，总归是做对国家有利的事情呀！那个时候人很好，都按规矩办事。

那个时候在工厂，都是一步一步升上来的，像我们从扫地一直慢慢升上来，要每个工种会干的。

"救火死掉了，还是个烈士"

我 1974 年已到消防队了，一直干到 1993 年退休，消防工作干了 20 年。

消防队是做一天休一天：今天做，到明天早上回去，再隔一天回来上班。两班对班倒，我上班、你下班。我退休前，消防队原来就在十九棉厂食堂仓库旁边，在东球场附近。旁边还有棵枣树，到每年 11 月左右，可以爬上去采枣子。我队里睡觉的地方窗门一开，旁边就是"游泳池"，还好钓鱼的。那片讲起来是游泳池，实际上不是的，没有人游的，是专门用来泡食堂里买的砧板的——就是把砧板扔进去，摆到里面——砧板得浸在水里，不然要坏的。里面鱼其实也不多，没人真去钓的。

最早怎么想到要去消防？当时我就一直在想，待在车间，再做也没意思。我这个条件很丰裕的，我要调到什么地方，就到什么地方。我就问别人："是警卫室好，还是消防好？"他们回答我："这个站大门有什么站头啊？消防好！"我想着消防队锻炼身体，是我喜欢的；而且朋友也讲，消防队好，报纸看看，有火救火。我就去跟科长讲："我准备到消防队来，但我有一个条件：当官不当的，我要当小兵。你同意我就来，不同意我就不来了。"然后我就到消防队了。我讲个自己想想的话，我算是看破前尘了，什么技术不技术，我本身就喜欢锻炼，我练身体练练好，一样作贡献。

之前我在车间里拿 70 元算是很高的工资了，这么多年我没加过工资。到消防队工资几钱呢？消防属于保卫科的，警卫也是保卫科。消防队跟派出所工资一样，64 元，但我还是拿 70 元，为什么？我属于组织调动，不好扣我工资的。

消防队缺人，我刚好也爱好这些东西，就去了。

我们的消防队在上海有点名气的，讲起来是工厂消防，但外面火警我们有时候也要去。到了春节、劳动节、国庆节这些节日的时候，我们会进驻到内江路消防队——过年过节害怕火警太多，人手不够，我们消防队比较好，要叫我们去坐镇、去值班的。所以外面的人来，我们都熟悉的。我们既属于单位领导，又属于上海市公安局。

刚开始火警很多，一天一两次。有时候一个晚上能有两三次，都在凌晨一二点钟。纺织厂火警多得很，因为纺织厂碰到一点火花的话，棉花就烧起来了。后来工厂设备（质量）上去了，各个方面都在改进。我们注意纺织厂哪些地方容易失火，一步一步改进，后头就两样了，火警就少了。再后头就更少了，几乎没有了。

各方面都是越来越正规、越来越好的，哪还有越来越差的道理？像我刚进去的时候，是没有衣服发的。做了一两年以后，工厂更正规了，后头我们这边也发衣服了。我们发的制服跟过去空军地勤部队制服很像，黄衣服蓝裤子，很漂亮的。后头大衣、皮靴、棉裤……样样有，国家条件好了，服装也改进了，东西越发越好。

我们还发战训服，我家里也有，现在都找不到了。训练最开心了，像我们训练有补贴，不过钱也不多，老早没有几钱。我们训练就是车子开出去，赶到一个远一点、没有人的地方去；有时候就在马路上，找马路上人少的地方，就开始练了。

训练要跑、要弄，还要放水带。我们练放水带，一只手拿一个水带奔，奔过去再接头接桥，练怎么救火。还有练爬扶梯，消防队总得有一个扶梯吧，我听我们原来消防队的老人讲，过去就靠这个扶梯（救火）。伸扶梯，力气大没有用，还要用巧劲。一推一挂，挂上去以后，嚓，啪啪啪啪，一下就爬上去了。

我们没有考核，大家都一起训练，可以就行了，不用考的，谁好谁坏，一看就知道。有人力气大，也有力气小的，像小青年十八九岁，他两个水带拉也拉不动的。力气小的，锻炼锻炼就行了。像我们的话有力气，这个水带一拿就走了；爬一般的地方，手一搭就上去了。

我们训练的主要是着火的时候，速度要快，救火要快。头几年纺织厂火警多，还都在半夜。我们都要候着。为什么？纺织厂打花衣，最开始没改进，火星一打，"冲"地一下，有时候碰到什么东西，机器马上就要烧起来的。容易着火的一般更多是电器，起了点火花，棉花碰到火就烧了。

棉花烧起来厉害的，有时候一下子就烧过去了，速度很快，人奔，火就跟你人走，"走火"啊。有时你看起来火是扑灭了，其实下面还有余火，很多时候水龙头没有浇彻底，火闷在那里。棉花不浇透，时间长了，风一起，温度一高，火又要起来的。救火，也都是慢慢地注意这些方面，越来越有经验的。

不过棉花失火，和别的火灾两样，基本没有人伤亡，还会有人围在外面看，大多都是小火警。我们到现场了，水带一拉，然后皮带关好，把水枪拿来统统插好。水一浇基本上都是乱七八糟的，到处都湿。

大火警也有，有时候烧得厉害起来，水浇得乱七八糟的。我们上次到眉州路那边的厂去救火，我中饭吃到一半，警铃一响，赶快把饭撂掉，衣服一穿，十几秒钟就下去了。我们鞋子、衣服都摆在一个地方的，警铃一响，跑到那个地方，脚朝里一伸，套鞋、裤子一拉，衣服一穿，上车！拢共 10 秒钟吧，13 秒是一定要上车的，一般花不了 13 秒。那次到的消防车子多，灭火的水积起来有小腿这么深。要说具体是哪个厂记不清了，哪一年也忘掉了，欸，火救过了就行了。[1]

去救火，我不怕的——不像有的人会害怕，我们都不怕的。死就死，活就活，去救火，冲上前面有什么关系，有什么不好？讲个不好听的话，我因为救火死掉了，还是个烈士了，对不对？我们那个年纪往往就有这样的想法：国家财产、私人财产，都要冲上前去，这个我们没有话讲的。我们也不是蛮干，有的经验要慢慢学：碰到高峰、出事以后应该怎么处理，这是老消防员要讲的，我们要

---

① 经考证，应为长阳路 1382 号的上海第三十一棉纺织厂，位于长阳路眉州路的交叉路口附近。

取经。我很好学，经常提问，比如有的零件外国人怎么叫，中国人怎么叫……欸，现在岁数大了，都忘掉了。

不过我们消防队里有外文讲得好的。我们那时候队里的老驾驶员，天津人，开消防车的，他在上海有名气的！家里开消防车开"好几代"了。他很厉害，虽然没有文化，但他会讲外文的！他早几年做多了，能和外国人讲话，但是他外文只会讲不会写，他跟我很要好，66岁才退休。过去我们消防队里，如果身体好，你60岁不退休没有关系的。现在不行了，我要是厂不关的话，也做到60多岁退休，工龄都得快50年了，哈哈。

消防队的这20年对我影响很深。我刚退休的时候，听到"嘎"的闹钟一响，我一下就蹦起来，可以把一床的东西都翻下来，爬起来一看——今天在家啊！

余洋 ×

田野手记

1921—2021："再见"，十九棉工房

就像百年前被公共租界囊括在内的杨浦，在黄浦江沿岸拆掉泥瓦房，立起座座工厂；如今杨浦的旧改工程，高楼大厦拔地而起，不断勾起老上海里弄民居的旧时记忆。

而平凉路2767弄，这片有着百年历史的十九棉老工房，也不过是旧区改造大浪下的一粟。"旧改"二字在无关的旁观者看来只是简简单单的两个字，但当走近他们具体的生活，我才感受到它的分量。

百年职弄

"今天您离开简陋的旧里，明天回报您舒适的家园。"

"珍惜旧改机会，理性看待征收。"

……

红黄对半的亮色底图、大号宋体的宣传标语，伴随着杨浦区旧区改造逐年推进，这样的宣传牌逐渐铺满了平凉路2767弄的每段墙面、每处角落。

越过长阳路的一路之隔，就是一片新式的小区高楼，旁侧低矮的2767弄平房显得如此格格不入。这片小区高楼的旧址是国营上海第十九棉纺织厂的厂区——这是伴随它最久的名字——在上海解放之前，它叫中国纺织建设公司上海第十九纺织厂；更早一些，它叫日商钟渊纺织株式会社公大第一纱厂，是日商于1921年在公共租界建立起的工厂以及配套设施。

平凉路2767弄，正是国营上海第十九棉纺织厂所配套的职工生活区，也就是工房。管它叫"十九棉小区""十九厂老工房"的都有，但只要提到十九棉就少有歧义——在厂区早早拆改、工厂转型升级的今天，十九棉就是指这片仅存的老宿舍和这些被留在原地的老职工；在城市发展日新月异的今天，十九棉也已经走过它的第一百个年头。

而百岁之际的礼物，是旧改。

走进十九棉

十九棉的百年历史里，有过许多的增建和改建，建筑形式多样得令人咋舌。日本人时期这里便有三类建筑：最气派的两栋英式的洋楼，是专供社长等各类大人物居住的；同在东半区的还有一片带小院子的职员宿舍；而再往西过主干道，还有两排宿舍楼，是纱厂的工人宿舍。在解放后的各个时期为了解决住房紧张，又在西边、北边建了拾间头、新3弄、单身宿舍和退伍军人平房。这里的门牌之复杂，初入其中确实令人"找不着北"。

虽然我已经走进十九棉很多次了，但每一次我都好像恍惚间进入了一片与众不同的小天地。这里好像不是上海，没有什么"国际化"，也不像什么"大都市"，这片老社区就这么隐居在闹市之间，时间的脚步对它格外宽容，总是

居民搬运家具
（余洋 摄）

慢上几步，让这里保存着关于上海、关于里弄最朴实的记忆。

第一次在居委会见到达叔，他和另两位爷叔手里提着三大块黑板，侧着身，有些艰难地挤进门来。黑板上画的是十九棉的地图，上面有小孩了偷偷游泳玩闹的白洋淀，有养着小猴子的西球场，有绿树成荫的小花园……这些场景都活在几位老居民记忆中的老地图上，鲜活地承载着他们 20 世纪 60 年代无忧无虑的少年时光。讲起这些故事来，他们的尾音都是上扬的。

"那个时候可好啦，我还惦记小时候翻墙到厂里去买的那个葱油大饼。"

这片有百年历史的老房子之于许多仍居留于此的老人而言，绝非是简单的房屋之于住客，而是一种生活和记忆的载体——这里的声音和图像是生活的，充满了记忆的"人味"。

就像一位 20 世纪 50 年代出生的居民在自己的回忆文章里写道："……生活配套设施齐全……俨然一个小社会，说是十九棉人和他们家属共同的家园毫不违和。"在他少年时代的记忆里，这里有小花园、大礼堂；也有图书馆、游泳池……这些都是他少年时代的外化。但随着 80 年代以来工厂生产规模与小区人口规模不断扩大，这些欢乐时光的"寄存点"也都纷纷被拆除、填平，建起了各类的楼房建筑；长阳路的生长，也将厂区和部分的工房挤到了仅存在于角落的回忆里。

走进十九棉，我却发现十九棉在旧改前，其实早已默默地出走。

不得不说的"再见"

十九棉居委会对面的街角，有一家"苍蝇"馆子，没有门面，就只有墙角用红漆涂了四个大字。理应是店名，但若要说是面馆的名字多少有些怪异。店内狭小的空间里摆不下几张桌子，客人也不甚多。红底大字的菜单上，葱油拌面的价格被黑色马克笔划了去，涨了次价。

"老板，你们这店名是什么呀？"

"没名字，我们这小店没名字。"

"那门口这个……"

"门口这个字是里面那家店打的广告，喏，往里点还有。"

"你们这家店开了几年了？"

"得有三十来年咧，一直就没名字。"

"马上就动迁了，你们打算怎么办？"这个问题在我的嘴里打了个转，终究还是没有问出去——我突然觉得有时候采访确实是一种残忍。

同行的同学热情地为他们拍了几张合照，照片里他们笑容灿烂。旁边小菜摊上，一位婆婆拎着刚买的菜，好奇地多看了我们几眼。在心知肚明而未言明中，十九棉的生活还在继续。

平凉路口还能听到旁边平四小学的孩子们在足球场上欢呼喊叫，往老工房的弄堂里钻，早一两个月还偶尔可以看到在路牙子上摆摊下棋的大爷，凉伞下乘凉的中年人，还有旁边拍扑克的小孩儿；现在眼前见到的更多是西装革履的中介和他们的广告牌，耳边不绝的是小三轮上小喇叭循环播放的"回收，彩电、冰箱……""高价回收，老物件、银币……"。

这些市井里烟火气的生活不久后终究会被抹掉最后一点痕迹。随着旧改工作的有序推进，居民们正零零散散地离开他们居住了十余年、甚至几十年的十九棉；而按照旧改的规划要求，正式签约很快就会进行，全面搬离也会随之跟进——十九棉和它保留着、支撑着的生活，正在一点点地流逝。

这个自洽的、如同小社会般的十九棉，它有形和无形的种种对怀旧者再如何重要，也终究被大时代的浪轻易卷起。浪打风吹，"十九棉"的痕迹一点点消逝。收拾好记忆的行囊，也是时候该说"再见"了。

搬了五次家，却从未远离

陆锦云 ×

陆锦云

男，1941 年生于上海，籍贯江苏南通，中专文化。已婚，与妻子邱沪雁育有一女。1956 年从平凉路第四小学（简称"平四小学"）毕业，就读于杨浦区建设中学。1959 年初中毕业后，在上海体育学院学习田径短跑项目 3 个月，因父母不同意定向分配，转学去杨浦区师范学校。1961 年入职平四小学做体育老师，后陆续担任副校长、校长，2001 年正式退休后返聘至 2007 年离开学校。

1951—1958 年，住平凉路 2767 弄西 9 弄 4 号二楼后楼。1958—1986 年，住新 1 弄 2 号。1986—1987 年，住平凉路 2767 弄 30 号。1987—1988 年，住长阳路隆昌路路口底楼。1988—1989 年，住平凉路 2767 弄 3 号。1990 年至今，与妻子及丈母娘住纺平大楼 2 号楼。

口述：陆锦云

采访/撰述：陈杨

时间：2021 年 11 月

西9弄："6个人，9平方米"

我1941年出生在农村，籍贯江苏南通。我10岁的时候来到这里（指十九棉社区），过来以后，跟着家人住在现在我打麻将的地方（今西8弄6号，即下文提到的"大鼻子"家）附近——十九棉南工房西9弄4号。

当时4号的门洞里，楼上住着两家，楼下住着两家。我家在二楼的后楼，一间9平方米不到，6个人住，一个房间只好摆一张床，搭一张台子，还有一个放碗筷的橱柜。除了爸爸妈妈，我们兄弟姐妹四个那个时候年纪很轻，每个人年龄都相差5岁——我只有10岁，哥哥15岁，姐姐20岁，妹妹5岁。我父母睡床上，兄弟姐妹都睡在地板上。那是日本人造的房子，木地板，铺一个毯子就能睡。我们在地板上睡觉都是脚伸在台子底下的，床底下有时候也能睡人，头露在外面，身体就在床底下。

在西9弄，客人来一般不住宿，难板（上海话，指偶然）有外地来的客人，也就一两个，挤在一起，房间里七八个人也能住。我自己在家里面习惯和兄弟姐妹挤在一起了，几条席子，有的横着摆，有的竖着摆，也不觉得苦，人家也都不知道苦，因为家家户户都这么小，都一样的。譬如小我两岁、后来到部队里当飞行员的刘长根（生于1943年，1959年入伍，1975年退役）以前住在西5

弄5号。他生下来住在一楼的后客堂，大概只有8平方米。这么小的房子，住不下了，里面再搭阁楼。阁楼高度不高，只有50到60厘米，可以放东西，也好睡觉。但是如果不睡觉，人不能站着，因为头都伸不直，上去之后最多只能坐在席子上面。去阁楼要安个活动的梯子，白天呢，怕影响走路，人下来了以后就把梯子放在边上，到晚上睡觉了，再把它拿出来，爬梯子、钻进阁楼。

我们家隔板、地板还有扶手都是木头的。一幢屋两层楼，人家家里吵架，或者小孩被大人骂，都能听到，不要说讲句话了，放个屁都听得到。但别人吵架我们一般不管的，热心的跑过去劝劝，不热心的就让他们去，跟我们不搭界（上海话，指不相干），不管闲事的。

我们也不会因为这个（指隔音效果差）不舒服，家家人家都是这样，都生活在这种条件下，隐私的观念是没有的。说得难听一点，那个时候的人，只知道工作、吃饭、睡觉，其他什么都不管了，还要到处玩。现在电视里面说"讲散话"（讲闲话），几个人在一起一边洗菜洗衣服，一边讲东家长西家短，会影响或者干扰我吗？不会的，没有这种想法的。

有时候大人要上晚班，晚上九十点上班，早上五六点下班，回来还要洗衣服买菜，弄到上午9点多睡觉，睡到下午。但是白天有的小孩会吵，肯定有声音，要吵怎么办？喊一声就行。要上班的大人就说，"你们轻一点，不要吵啊，我要做夜班"。

平时吃饭么，一楼有一个灶披间（上海话，指灶间、厨房），七八平方米，大家一起用，所以我们烧饭要去下面烧。那个时候还没有煤气灶，用的是煤球炉，四家人都有，60到80厘米一个，每边两个，边上还有个水龙头。煤球炉圆圆的、高高的，当中一个圆洞。用柴火把它（圆洞）点好，摆在里面，然后加煤球上去。倒马桶、生炉子是那个时候早上起来的两件大事，一到早晨，家家都要生炉子，弄堂里面一片烟雾腾腾，到了晚上再把炉子封掉，都是这么过日子。

我母亲以前不工作，在家里照顾小孩。爸爸去十九棉厂上班，三班制，有早班中班夜班，早班8点上班。我也是8点上课，早上一般7点多起来吃早饭，洗漱的话，楼下灶披间有一个水龙头，四家人一起用，下去刷牙洗脸后拿上楼，妈妈把早饭烧好了也拿上楼。有的时候早饭不到上面吃，灶披间里烧好了，拿了碗就跑到门外，在弄堂里面，大家一边说话一边吃。吃好了以后，我们该上班的上班、该上学的上学。

"野孩子"的童年："墙头一翻，就是白洋淀"

小学六年一直到刚上初二，我童年的这段时间都在西 9 弄度过。我在南工房有几个特别要好的朋友，除了刘长根，还有"大鼻子"张老师 ① 和另外两个朋友 ②，我们五个人老好了，读的都是平四小学，1956 年小学毕业后，又在建设中学（今上海财经大学附属中学）读了三年初中，经常一起沿着电车铁轨走路上下学。

小时候没什么作业，像"大鼻子"从来不做作业的。我一开始上的是儿童晚班 ③，学校在 1953 年转成全日制以前，每天就上下午半天的课，4 点半放学回来，除开读书以外全是玩。

我们五个要好的小兄弟，再加上几个其他的小伙伴，就可以组织足球队踢球。读书的时候最欢喜的也就是这个了。那个时候十九棉厂东球场最好，有烂泥，也有一点点草，稀稀拉拉的，但是基本上是比较正规的一个球场。西球场比较差，不是正正方方的，那里有养鱼的池子、鸽子笼，还有一个大的猴子笼，球场比较大，也有些荒凉。

我们最经常去的是东球场，踢足球很艰苦，因为买不起球鞋，我们经常赤脚踢球。每天到 4 点半以后，也有工人在东球场踢球。这个地方有很多纺织厂，十九棉厂、十七棉厂，还有别的，比如发电厂，这些单位都有足球队，经常到

---

① 包括下文中的"大鼻子"，均指张军。张军生于 1941 年，与陆锦云同年到平四小学当美术老师，后退休。他出生起到现在一直住在西 8 弄 6 号，房屋为私房。
② 两个朋友分别为 1941 年生的王东生和 1942 年生的张纪生，后来均做了老师。其中，张纪生已于 2007 年病逝。
③ 陆锦云和刘长根回忆，1953 年转为全日制以前，小学生每天只需上半天的课。登记报名进入小学时会被分配到日班或者晚班，日班上午 11 点半左右下课，晚班约中午 1 点上课，直到傍晚 4 点半。

这儿比赛。南工房的人晚上的娱乐活动就是看球，拿张小板凳，踢踢踏踏的，到东球场坐在旁边看，每天都这样。

露天电影也是在东球场。纺织局还有一个放映队，只要你有场地，就来露天放电影给你看，不用买票，随便去[①]。大家也是搬个小板凳进去坐，高凳子、矮凳子，坐的有，站的也有。我记得在东球场看的第一场露天电影就是越剧《梁山伯与祝英台》，喜欢得不得了。我和毛毛（指妻子邱沪雁，生于1949年）没有什么其他共同爱好，但两个人都是越剧迷。

打我小时候起就在东球场看球、看电影，还游泳——东球场有一个游泳池，25米长，10米宽的。不过玩水不一定要去游泳池，现在的12号线爱国路地铁站2号口附近有白洋淀，就是三个大小湖荡，一个大湖荡，两个小湖荡，我们经常过去。怎么过去的呢？通过现在新1弄西边的围墙。这围墙是还没有新1弄的时候十九棉厂造的，从平凉路一直延伸到周家嘴路。以前这个围墙两米多高，但是坑坑洼洼、有凸出来的部分，爬起来特别方便。翻过这面墙，就是白洋淀，我们经常墙头一翻就下去捉虾、捉蟹、游泳，"欸，今天就钓鱼去！""好，走走走走……""今天捉虾去！"……白洋淀的水很清爽，我们就在湖旁边抓鱼、抓虾子，拿个脸盆或者小瓶子，用手抓进去，有的时候一边游泳一边抓，脚踩在水底，一踩，里面有晃动的，好，说明踩到鱼了，马上闷下去就把鱼抓上来。最开心的是后来20世纪60年代白洋淀那里造房子，要填满湖荡，抽水的时候，我们拿了胶盆、菜篮子到里面去抓鱼。把水抽干，这个鱼更好抓了，盆里面都是鱼。

按照现在来说，我们就是"野孩子"，想到什么就去做什么，如果不上课，那么就去复兴岛、黄浦江边，到处去玩。没有哪个家长会管你上学放学，顶多管管平时吃饭，饭菜掉地上了讲两句，出去玩晚回来了，讲两句骂两句，教育和培养是没有的。隔壁邻居也这样，小孩调皮就回来打一顿，像我哥哥特别调皮，经常要挨打。在哪里打无所谓，哪里犯错就在哪里打，还能当着人家面在弄堂

[①] 关于看电影要不要买票，陆锦云与好友刘长根有分歧。陆锦云与妻子邱沪雁均表示露天电影不用钱，但刘长根则记得当时"5分钱一张票"。

里打。

小的时候玩得多，闹的笑话也多。初二夏天，我和"大鼻子"、刘长根他们几个到浦东新开的高桥海滨浴场①游泳。以前去浦东不像现在这么方便，我们坐摆渡船，都是人摇的，3分钱一次。下午回来4点多，我跟三个同学跑到前面，刘长根一个人走不动了，拖到后面，等到我们登上摆渡船还没过来，5点多最后一班船也开掉了，他一个人就被留在浦东。那个时候浦东很荒凉，没有电话，更不用说手机。只有刘长根没回来，他妈妈急死了，凶得不得了，邻居之间又相互熟悉，她就直接找到我们三个人家里，很不高兴地骂我们说怎么不和他一起回来。我们赶紧逃掉，吃了饭晚上逃到外面，不敢回家。后来知道，有个邻居刚好也住在浦东，刘长根就跟着在浦东住了一个晚上，第二天一起回来。

那个时候真的很单纯，五个小伙伴一起读书、一起聊天、一起玩，天天在一起。从小学到初中毕业刘长根去部队前，我们从平凉路跑到宁武路，调皮的事情还多嘞。

玩归玩，每天总是还要睡觉的。住在西9弄，挤是挤一点，不过冬天还可以。夏天那个时候没有空调，家里很闷，我们都出去睡。条件好一点的，家里有竹床，摆在弄堂里面，睡在床上。条件差一点的，就睡在弄堂里水门汀上。到太阳下山了以后，用水先往地上泼一泼，降降温，吃过晚饭，铺了草席在外面乘风凉，后来拿一个枕头、一条被单、一条床单，就躺下了。大家吹吹牛皮、讲讲笑话玩玩，睡到早上，席子一卷，回家。是这样过日子的。

一般家里的男性都到外面来睡，女性在家里，出来得相对比较少。我们几个要好的朋友一起睡在弄堂里面，就是"大鼻子"家那边东弄西弄之间的大弄堂，哪里有空就往哪里睡。有时晚上我们还要捉弄"大鼻子"的弟弟。1954年、1955年的时候，我们小学没毕业，他弟弟还小嘞，50年代初生的，比"大鼻子"

① 高桥海滨浴场是沪上最早的海滨浴场，1932年7月初步建成开放，后成为市民的大众消夏场所。1937年八一三事变后，浴场遭炮火轰炸，设施几乎荡然无存。1958年，海滨浴场再启，建在高东乡竹园大队的徐家路滩，1961年又因台风袭击而关闭。

小八九岁。我们捉弄他，就用一个碗，里面弄点冷水洒到他面孔上，嘴巴里在叫，"下雨咯，下雨咯，快点回去咯"。哎哟，他弟弟急急忙忙拿了席子就往家里奔，实际没有下雨。这个点子当时是刘长根想的。

还有啊，睡的席子铺在地上，正好有路灯照着，我们晚上就拿一副扑克牌打牌。那个时候路灯是黄色的，我们还用纸头叠成方块，叫"四角片"[①]，在地上拍啊弄啊，就这样玩。

弄堂里还有有趣的，一到夏天，"张三李四王二"，都在弄堂里面，叽叽喳喳、喳喳叽叽，谈天说地。夏天嘛，大家都出来乘风凉的，还会一起出来吃西瓜。1958年搬到新1弄之后我也去原来的弄堂睡觉，因为除了刘长根也搬到了新1弄，住我楼下，"大鼻子"他们都还在原地，没有搬家。

我们睡觉经常去弄堂里，当时洗澡，用的也是公共浴室，在西14弄北边，再隔二三十米的地方。大浴堂是厂子里的，天天开，厂里员工和家人都可以用，大概5分钱一次，买票进去。

每天晚上五六点钟的时候，弄堂里面有一道风景线。什么风景线呢？以前拖鞋都是木板做的，所以在弄堂里面走来走去会发出"踢踢踏踏"的声音。我们洗澡，不要脸盆，就拿一条毛巾、拿一些替换的衣服，直接扛在身上就往弄堂里去了。几个人一起结伴去，洗洗澡，谈谈讲讲玩玩再出来。

大浴堂里有两个屋子，一边男的用，一边女的用，当中一道墙隔开。男浴室里有一个大池子，大概长20米，宽10米。旁边有几个莲蓬头，就是淋浴龙头。我们洗澡都是在大池子里泡，几百个人几十个人都在大池子里面，脏得不得了。但是我们洗了澡之后也没有得什么皮肤病或传染病。那时候的水很烫，夏天不是最烫，冬天特别烫。洗完澡，边上有摆衣服的木制箱子，一个个正方形层层叠着。

另外，我们那时候也没有抽水马桶，家里还要摆个痰盂。大便要去公共厕所，

---

① "四角片"是一种游戏。用纸片叠出特殊的四方形"四角片"，放在地上，先后掴打对方的四角片，使之翻身，先翻身者胜。

小便在家里用痰盂。晚上不好出去，但是白天都到公共厕所去，不在家里用。公共厕所在原先西12弄的西边大概50米的地方，用的家庭很多，整个工房只有两个厕所，要几百人用一个厕所。不过好像排队也少，星期六星期天偶尔会有排队的现象。那个时候的厕所味道特别大，没有冲洗，到时候是有人来掏粪的。我们排队的时候，就在队伍后面讲讲笑话，很开心，但是现在如果再去那样的厕所，估计谁都不愿意进去。

"穷归穷，却是很热闹的"

刚刚解放那几年，是我们这一代人最值得纪念的时候。穷是穷，但是人心还是很温暖的，是哦？现在的房子，造得很漂亮，一层二户，邻居就在对面，却几年都不认识，互相叫不出名字。过去的人把钱看得很轻，情看得很重。像我们这种年纪的，都没有忘，还在惦记着小的时候。

20世纪50年代的时候，小孩都想要过年。过年老忙了，从年初一一直忙到正月半，最主要的是年初一到年初三，都是放假，大人小孩都在一起。

在弄堂里面过年的时候，大家会放鞭炮。小鞭炮细细长长的，上面有一根引爆的东西，烟火放得比较少。路上随便扔一个小炮仗，你投过来，我投过去，小炮仗在你脚旁边一爆，把你吓一跳。

小孩最惦记的是什么？红包包好，等到年三十晚上，大人把压岁钞票塞在小孩的枕头底下，不多，就几毛钱。小孩还会有新衣服新鞋子，每年就做一套，平时一般都不买新的，都是你穿了给我，我穿了给你。家里要宰鸡宰鹅，起码要准备半个月以上。大人烧什么就吃什么，但是我最欢喜吃红烧肉，哎哟，吃一顿红烧肉就开心得不得了。

过去虽然穷一点，不过过年的气氛很浓。早上起来，隔壁邻居来了以后要"叫彩头"，互相讲"恭喜发财"之类的话。还要串门，到别人家里去拜年。准备点糖果、瓜子、花生在家里，住同一栋的隔壁邻居会互相串串门，亲戚朋友关系好的，也会给一个红包，一般邻居不会发红包的，给小孩两粒糖。不过上下

陆锦云与好友合影，分别摄于 1959 年 8 月与 2021 年 12 月，时隔 62 年。
上图前排左起：陆锦云、刘长根、张军；后排左起：王冬生、张纪生。（刘长根　提供）
下图左起：陆锦云、刘长根、张军。（陈杨　摄）

四家人过年吃饭一般是各管各的，厨房间大家一起用，各家都忙得不得了，厨房间里面到处都是油耗气（上海话，指油烟味），你烧肉、他也烧肉，你做鱼、他也做鱼。

我们小的时候不用凭票购买食物 ①，每家每户买肉，用盐腌鲜肉，腌好了把它挂起来，通常挂在自己的门口窗口，北面阴凉通风的地方。家家户户都挂着腌肉、鸭子、鸡。弄堂里有各个地方的人，饮食习惯不同，有江苏的、浙江的、安徽的、山东的，山东人喜欢吃面食，浙江人和江苏人吃大米，所以做的东西都不一样。

在西 9 弄的时候，我们是崇明人 ②，另外三家住的都是江北人（陆锦云表示，他们管苏北人叫江北人），譬如泗阳人。以前有些人在家乡过不下去了，都逃到上海来了，所以上海各地方的人都有。我们这里江北人最多，江北人最苦。我长在上海，但是江北话也会说。

江北的这些邻居都喜欢吃风鸡，风鸡毛都不拔的，就是开膛以后，放很多的盐、花椒和其他大料，把里面都腌制好，血放掉以后不洗，然后挂在外面继续腌，起码要半个月腌成了以后，再用开水把毛拔掉，挂在窗口让它吹风，风鸡很香的。

鸭子的话，还有盐水鸭、酱鸭，肉有腊肉或者咸肉，鱼也不少，像海鳗鱼，很粗很大的。反正过年那个时候要吃的、能买到的，都在准备。哎呀，那个时候我们灶披间里面不得了，四家人家用灶披间，整个房间都闻到香味。有人烧油爆肉圆子，声音"呜呜呜，呲呲呲"，一边讲话谈家常，一边烧菜，各式各样的菜都有。

那个时候花生也是自己炒的，炒花生、炒瓜子，小孩就等着吃，买新衣服、

---

① 指的应该是 20 世纪 50 年代粮票发行前。1955 年 9 月，以"中华人民共和国粮食部"名义制定的 1955 年版的全国通用粮票开始在各地发行使用，粮票和购粮证作为"第一票"进入新中国的票证历史时代。1993 年 4 月 1 日，上海放开粮油购销价格，才取消沿用了近 40 年的粮票。
② 陆锦云解释，这个崇明不是现在狭义的上海崇明。他表示，崇明、海门、南通（沿江的一半），在当时都被称为崇明，崇明人口音指的是广义的崇明语系。

穿新鞋子、拿压岁钱，就是这样，开心得不得了。

到了正月十五元宵节的时候，弄堂里张灯结彩，有很多兔子灯，灯下面有 4 只脚，就是 4 个圆圈，弄根绳子牵着它的鼻子，小孩就能拖着它走。也有一种兔子灯可以拿在手上晃来晃去，但是拿手上的（兔子灯）好像少，大部分都是摆在地上拖的。我们的兔子灯是自己扎的，我也会扎，扎过好几年。拿个竹片，做几个圆圈，然后再套起来，用绳子扎好，纸头糊好，把眼睛、鼻子、耳朵粘好。下面装 4 个轮子，就是粗的树枝——树上面的枝一小节一小节剪下来，不就是圆的吗？然后把轮子粘在灯上面，它就好拖。

还有端午节，五月初五包粽子；立夏的时候我们吃蛋，家长都煮好鸭蛋鸡蛋，放在自己编的网袋里，给小孩挂在胸口，小孩跑来跑去，过得很高兴；中秋，我还记得会在"大鼻子"家的楼上，赏月、吃月饼、谈天……

新 1 弄："邻居间老好了"

1958 年 [①]，第一次搬家是因为十九棉厂给我爸爸妈妈分了房子。

我的爸爸妈妈一个是南通人，一个是海门人。我爸爸呢，从小在农村里面管理能力、观察能力、组织能力比较强，抗日战争时期，他就尽量帮新四军送送情报、打打掩护。等日本人到了我们农村，我父亲做乡村的伪村长，假装帮他们做事，却在传递情报，后来被日本人怀疑。抗战胜利前，1943 年，我父亲知道日本人要抓他，就逃到上海来，一开始住在吴淞路，后来到了公大纱厂当厨师。

1946 年之后，我妈妈、我姐姐、我哥哥都从乡下到这里来了，和我爸爸一起搬到平凉路，住在厂对面自己搭的隔棚（草棚）里。我一个人留在乡下要好

[①] 关于从西 9 弄至新 1 弄的搬家时间，陆锦云的记忆一开始比较模糊，后依据好友刘长根的搬家时间推断出自身约在 1958 年初搬家。刘长根搬到新 1 弄在 1957 年冬天，他的弟弟于 1958 年初在新房子出生，而陆锦云表示，他和刘长根差不多时间搬家，搬家应该比刘长根稍晚一些。

的邻居家里面，由老奶奶带我。上海解放初，户口要进行改革①，我再不过来的话，户口就迁不进来。所以1951年我也来到了上海，过来的时候我们就已经住到西9弄了。

在西9弄，我们家里住房条件其实真的很困难。那个时候住房"困难户"主要是看人口和住房面积，根据人均住房面积来分配房子。我们一开始，6个人住不到9平方米的房子，平均每个人只有1个多平方米，算是困难户，厂里就给我们增加了几平方米，从西9弄的9平方米增加到新1弄的15.8平方米。

房子是单位分的，都是福利分房，不用钞票。分了个大的（房子）之后，原来的房子不能空着，就给原先没有房子的人住，（面积分房）是"一层一层"上去的。比如人均是1.5平方米的我们搬走了，1.5平方米不到的人家搬进来住在我们这个9平方米不到的老房子里面，如果家里只有三个人那就很好住了。老早住房老困难了，国家也老困难了，我们国家是逐步上升的，我们也是1个多平方米、2平方米、3平方米、4平方米这样上来的。

新1弄在西9弄靠西边一点，现在有5层，独门独户，老早是三层②，房间一排朝南，一排朝北，七户人每家一间房，我们住在302，最东边，朝南。

一开始我们家里6个人住。大概1959年，姐姐结婚就搬到福建去了，妹妹跟着姐姐一起过去。1969年，母亲去世，一年后，哥哥结婚，也搬出了新1弄。父亲是1976年走的，也是在那年，人家介绍我和毛毛认识，同一年父亲走了之后我们才结婚，先结婚后谈恋爱。1977年，我就有了女儿，后来一家三口就一直在新1弄，直到1986年再次搬家。

一层楼总共有两个灶披间、两个卫生间。我们家和另外三家人拼东边的卫

---

① 指解放初期户口大整顿，上海市人民政府采取了一系列有效措施，废除旧的户口管理制度，逐步建立适应社会主义建设的城乡户口管理制度。从1949年3月起，上海户口登记已陷于停顿状态，这种情况一直持续了5个多月，1949年12月，上海市人民政府发布《上海市户籍校正办法》和《上海市户口异动登记暂行规定》训令，从12月20日开始分组划段，在全市范围开展了户口查对校正工作，至1950年1月8日，完成户籍校正工作。
② "因为住房条件紧，所以三楼改成五楼，又可以解决好多困难户了。而且公用的灶披间和卫生间都改成了独立的。"这是陆锦云的解释，但具体修建时间不确定。

生间和灶披间，最多的时候一共 20 多个人一起用——301 有 5 个人住，我们家有 6 个人，303 也有 5 个人，304 有 7 个人。

灶披间大概 8 平方米。搬到新 1 弄后，我们用的是管道煤气①，不是煤球炉。四个灶台，用煤气灶，刚搬进去就有了，三个放一排，另一边还有一个。付钱会发单子，每隔一个月得去银行里缴，煤气和电费、水费分开来，一个月三块五块差不多，烧得多，花得多——那时候一个月工资有三四十块钱。

卫生间也就两平方米多，80 多厘米宽，3 米多长，狭小空间里面只有一个抽水马桶，宽度大概 60 厘米。别的比如镜子、水龙头等都没有，所以洗手要去灶披间，卫生间也不好洗澡，而且白天走路的地方很小。这么多人用，早上上厕所还要排队，所以尽管有马桶，男的会自己很主动地去公共厕所，因为男的方便。

搬到新 1 弄之后邻里关系没有发生什么大的变化。大家作息都差不多，洗脸刷牙是会有时间冲突的，但大家都很谦让，也没有什么争争吵吵。一般都是这边说"我好了"，然后那边就过来了。

大家一起买菜、捡菜，"侬那个菜几块一斤，我这个啥地方买的嘎"，聊家常。灶披间里，煤气灶一家人一个，先前在西 9 弄用煤球炉也是一家一个，炉子跟炉子相贴在一起。一起洗菜，一起烧菜，我烧好的东西给他一碗，他家烧好的给我们一碗。但没有聚餐，没有说每家人烧几个菜一起拼着吃，都是各管各的。以前不懂得 AA 制，除了有的时候哪家老人生日，吃面条，送碗面给邻居，其他都是各归各。不过小孩有时候会去东家西家吃饭。我女儿小的时候就去后面人家吃饭，人家招呼她"来来来……吃饭"。小孩都认为人家的饭菜好吃，自己家里不好吃。

邻居间老好了，好得不得了。天热时睡觉，家家人家房门都是开住（着）的，

---

① 关于新 1 弄刚建起时是否有煤气管道，陆锦云夫妇和好友刘长根有所分歧。陆锦云与邱沪雁表示新 1 弄比南工房铺设煤气管道更早，"刚进去（新 1 弄）就有煤气，煤气、抽水马桶都有"，而刘长根觉得"刚进去那时候还没有煤气概念"。

南北通起来。譬如我住在这边,他们睡在北面,我们睡觉就把房门打开,房门通的,两家人就是这样。

我们楼层301的条件最差,朝北,也是最小的一间房子。我们上班,家里没有人也把门打开,因为他们朝北的人家房间里太阳晒不进,我们就让他们来晒衣服晒被子,没开门,就把钥匙借给他们家,有时候钥匙也就放在对面301。

邻居就像一家人一样的。那个时候我们小孩没有尿不湿,尿布是用床单拆开,洗了以后是要晒的。我去上课,毛毛上早班去了,家里没人,隔壁住着一个十九棉厂医务室的医生还会帮我们把尿布拿到他们朝南的房间去晒,晒干了再交回来。

改革开放后:从未搬离

1986年我们换了一次房子,从新1弄搬出。住了一年,在1987年、1988年、1990年又各搬了一次家。

1986年我们搬到十九棉社区平凉路2767弄30号602,还是十九棉厂的分房组分的,调剂一下,新房子比我们新1弄的房屋大一点,十七八平方米,不过也只有一个房间,没有客厅,只有很小的吃饭的地方,但是煤卫独立。那个时候福利分房,房屋可以调来调去。在六楼住了一年多之后,我们1987年又搬到了长阳路隆昌路路口。那边是搭的新工房,房子是人家给我调整的,房屋之间调换一下,我们住在底楼,一室一厅,新房子稍微大一点,30平方米不到,有小的厅。

后来,因为这个长阳路一楼,有个垃圾桶就在窗口旁边,所以1988年我们又跟人家调房,调到现在平四小学操场旁边,平凉路2767弄大门口,即现在的面馆楼上(通过面馆后门上楼,今平凉路2767弄3号)。

到了1990年,我们最终搬到纺平大楼,这背后还有一个故事。纺平大楼是1986年开始建的,1988年建成,刘长根就是1988年10月第一批搬进去的。

中國·上海少年足球代表團

訪問日本東京

紀念中日邦交正常化二十周年

1992

10.31—11.4

領　队

陆锦云

男　41.4生

上海市平凉路第四小学

校长

1992年陆锦云作为校长带队去日本参加足球友谊赛。图为纪念册封面及陆锦云介绍。
（陆锦云　提供）

20世纪90年代房改工作①开始时，我还住在面馆楼上。教育局根据我的贡献，还有家里的情况分配了一间房子，在南京西路国际饭店旁边，一个亭子间，14平方米。纺平大楼本来应该是纺织局系统的人住的，跟我们教育局不搭界，但我现在住的纺平大楼的这套房子原来是可蒙化妆品公司（现该公司已关闭）的房子，因为一些原因空出来了。通过分房组，我用南京西路和面馆楼上的两间房子交换，拿到了这套房子，是最后一套。那时候选择搬到纺平大楼，一个是因为离学校近，工作方便，二是因为当时它是杨浦区的第一幢高楼，而且我们换来的是两室一厅，面积有66平方米。

　　2009年，爱国二村拆迁，我丈母娘家里只有24平方米，但是分了7套房子，我们也拿了2套。所以我们最开始在西9弄4号后楼，9平方米不到的地方住6

---

① 20世纪90年代上海市开展"百万居民大动迁"，杨浦区1991年做好房改方案出台工作，1992年完成房产总登记工作。

个人，人均 1.5 平方米不到，到现在一共三套房子，家里人均 50 平方米，翻了好几倍。

喏，从我们的经历来讲，我一辈子在这里过得也很好，长在这里，工作也在这里。1961 年 9 月入职平四小学当体育老师，1967 年当学校革命委员会副主任，1979 年任命为副校长，再到 1990 年做校长，2001 年退休，返聘后又干了六年。做老师、校长的时候，虽然身份变了，但在社区里和邻居之间相处还是一样，相互照顾，能为人做的就把事情办好。下班后我不会因为是老师就干涉别人家里怎么管小孩，讲讲小孩怎么样不好，有的家长可能要生气，所以一般在社区里打打招呼就行了。不过孩子在弄堂里看到我了，都是有点敬畏的，很有礼貌，叫一声"校长好""老师好"。

20 世纪 90 年代开始有 10 年，学校足球队到各省市比赛都是我带队，譬如大连、青岛、长沙、苏州、宁波，我都去过，1992 年和 1998 年还去了日本。但我从来没有搬离十九棉，1951 年过来，到现在正好 70 年。

这一次，政府大手笔，定海路街道没有抽水马桶的房子拆掉好多，十九棉的房子在这里留下多少历史，这一次要拆掉了，实在是可惜。更舍不得的是老邻居和朋友，五个要好的朋友里面，四个人还健在，几个老头子，大半辈子就在这边过的。社区里人家搬走以后，搓麻将的地方没得了，老朋友没得了，以后怎么办？

再聚，也有点难咯。

田野手记　关于相遇和唤醒　陈　杨　×

从国营上海第十九棉纺织厂前身日商公大纱厂建厂说起，到 2021 年底十九棉社区动迁，正好是 100 年时间。张力奋老师曾经说过一句话，关于我们在做什么。他说："We are collecting facts of memories."

这篇手记就从这展开吧。

"Collecting"

收集，动态的过程关乎各种各样的联结。

我们介入十九棉社区这个社会单元中，做口述史、收集实物和老照片、做系列街拍，也尝试去理解我们所见证的种种。不同阶层、身份的个体在职弄中怎样生存，而不同生存方式背后又包含着人与人之间怎样的联结？如果不是走进社区，接触社群，我没办法真正有所体会。

我的口述史访谈对象是平四小学退休校长陆老师，他10岁来到十九棉，后来的70年里，搬了五次家、住过六个地方，却从未远离这里。陆老师和我聊读书时代的趣事，回忆老工房的居住空间和邻里关系，也和我提过当了老师之后和社区的联结。20世纪五六十年代亲密的邻里关系，是符合现在大多数人关于那个时代想象的，而令我惊讶的地方在于当时人和人产生联结的时候似乎还天然有一条"干预的边界"——对于"搭界"和"不搭界"，判断得很清楚。

20世纪50年代，陆老师家里6个人住在西9弄一个9平方米不到的后楼，一个门洞一共住了四户人家，都是木隔板和木地板，隔音效果非常差，邻居"放个屁都听得到"，但没有人在乎，因为家家户户都一样，"隐私的观念是没有的"。我以为，友好相处、互帮互助的氛围中，当时的家庭在教育孩子方面会有沟通，邻居如果吵架、小孩被追着打骂应该也会积极劝说吧？结果陆老师告诉我，这些事情和自己"不搭界"，就一般不会去干预，除非是特别热心的人家。作为一个校长生活在职弄里，对于陆老师来说差别也没有特别大，因为工作和生活分明，他也不爱掺和别人家的教育，"身份不同，相处还是一样"，反而让他受到社区中许多居民的尊敬。

这是通过田野访谈了解到的历史上人们联结方式的一个小截面。当我在收集各种各样的记忆时，我也在和这个地点产生联结，和社会单元中生活着的许多人产生联结。

城市在一定的空间阶序基础上包含一层层的网络交叠，但总有一张幕布覆盖在上面，或者说，城市就被当成生活的背景、幕布，我们常常身处其中，对于城市网络的机理无所察觉，对于我们的"附近""周边"，对于不同区域的形态、样貌以及这些区域当中或者区域之间人与人勾连在一起的方式缺乏关注。

在当下，媒介是液态的，能够帮助我们渗透各种基础设施，提供在线上就能越过城市的各种空间界线的可能性。可是我觉得这不够，至少对我而言，亲身去感受城市空间中的实体存在还有个体与个体之间的关系更加直观。

用双脚去丈量一片区域，这片区域的边界又是不断延展收缩的，富有弹性，就像可以自由驰骋的疆界。扩展个人行动版图和新的城市空间产生联结还会伴随着时空的"错置感"，从现代都市一下子到100年前建成的安静里弄，有时在这里甚至能听见午后酣睡声、看到居民伸出窗台晾衣，似梦幻又清醒。由此，我们很自然地重新去检视城市空间中不同区域网络的特点。

我曾听到过一种说法，城市可以被理解成相遇的场所，是相遇、联结、别离发生的空间网络，这个想法非常浪漫。我认为，通过田野实践漫步城市中的不同空间也是如此，充满着浪漫和生命力——因为双脚的丈量，更因为无数的相遇、各种形式的相遇。

有计划好的相遇，我一直记得第一次见到陆老师时，他穿着一身马甲，头发几乎都白了，两条灰白的粗眉横在眼睛上方，笑起来一弯，很有精神；有"莫名其妙"的相遇，一位阿姨在自家窗台上晾拖把，伸出头就能和在楼底下弄堂里的我侃大山；有些相遇好像很有缘分，比如在面馆第一次遇见"大鼻子"张老师，后来知道他是和陆老师同年生的好朋友；再比如，经常走着走着就能碰到喜欢对着镜头比剪刀手的爷爷老李，以及一个来十九棉务工、戴着黄色安全帽、穿着红外套的外来者叔叔——每一次他碰见我就咧开嘴笑，说："你怎么又来了？"

你永远不知道下一秒你会遇见谁、你和遇见的这个人会产生怎样的联结，也没办法预知，你们遇见之后是否有机会再见到彼此。

"Facts"

作为一个年轻的新闻系学生，我经常处理不好所呈现文本的情感价值与信息增量，以前也没有特别强烈的关注文本中"硬"消息的意识。在田野课上，原先根深蒂固的惯性被一再撼动。怎么平衡情感价值和信息增量？什么是应该被记录下来的事实？这值得我们去思考。

9 月 25 日，张力奋老师第一次组织大家去十九棉实地走访，我自告奋勇地做"reporter"，课程结束之后给出一篇关于我们和十九棉"初见"的文本。

老师先前并没有提到关于这篇文本的具体要求，我就理解成了"自由发挥"。写完时倒觉得，尽管语言比较偏散文，有些随意，但包含了很多能够触动我的观察和感知，以及同学们在课后的各种想法，总体还是比较有意思的。

然而在老师的启发下，我自己又反复阅读了几遍，发现若刨去观察、体验式以及情感性的内容，这篇文本的硬性事实和信息增量所剩无几。事实上，感知是主观、个性的，却也是模糊的，更加硬性的时间、地点、人物、事件相关的信息和事实，才能够弥补这种模糊性，让整篇文本的内容变得更加清晰和精确，对于历史来说，这点尤为重要，能够为后来的史学研究省去不少功夫。

我最初就根本没有把这篇关于"初见"的文本当作潜在的历史文本对待，这种意识，对我们这一学期田野课程中的口述史实践极为关键，也恰恰是我们要慢慢学习的。

还有一件事情让我印象非常深刻。课上分享街拍的时候，我的照片中有一张几个居民在搬橱柜的图，看上去整体画面效果不错，紧接着，张老师却向我作出系列"灵魂发问"，大意是：这些人是谁，生于哪个年代，是什么身份？原先住在社区的哪里，住了多久？他们在干什么，是要搬家把橱柜带走还是舍弃？这个橱柜对于他们有什么特殊的意义吗？……

必须承认，对此我毫无所知，拍摄的时候只是觉得画面很有动感、能体现出动迁时社区里人们的状态，就很直接地定格了下来。潜意识里，我想当然地认为他们是在搬家，也没有细问对方的具体背景信息，没有意识去问，也缺乏勇气。别的同学展示自己拍摄的照片，同样会遭遇一连串类似的"灵魂发问"，譬如，有个同学拍了五位居民的合影，老师就会询问这些人的基本信息、他们的相互关系——谁认识谁最早、五个人是怎么走在一起的、谁居住时间长等。

如果没有在现场上前询问信息和事实的勇气，若干年后想起，就很难去查证当年照片都在诉说些什么。这些人是谁，他们又究竟处于什么样的时代，以怎样的方式和身边的人产生联结？错过这些，就算只过去了三个月，再想起恐怕也会后悔吧。

"Memories"

为什么有的人选择忘记，有的人选择记忆？关于同一件事情，为什么有人记得，有人忘记？

我们要记得吗？我们该记得吗？

要不要捡起记忆碎片？我们怎样去还原记忆？

这些问题使人着迷。

口述历史如同拼图游戏，靠一个个记忆链形成，过程就像在画圆。

我们需要通过提问引导对方回忆特定年代的场景，尽量调动多感官的记忆，挖掘具有社会学人类学意义的细节。让采访对象与邻里朋友对话，认真倾听他们的自我袒露也挺有效。记得抑或是不记得，本身能够体现人的特殊性，他们认知中什么是重要的东西，引导则是在帮助对方梳理自己的记忆，甚至挖掘出一些记忆被忽略的价值——田野走访、口述采访中经常会遇见采访对象觉得自己作为个体的经历无关紧要，就要让 TA 知道为什么那些东西重要，以及，we care。

帮居民重新拼凑记忆是一方面，我也慢慢生成了属于我自己的十九棉记忆。

接近田野的尾声，有个画面印象很深刻，在我脑海里久久不去。

2021 年 12 月中下旬，街角开面馆的叔叔阿姨搬行李夜归苏北的那天，除了大件的贵重家具，还带着一些在我看来挺特别的东西。有两幅画——其中一幅是前几天叔叔花 80 块钱淘回来的毛主席画像；还有一个鸟笼，他们过去曾经养过鸟，我想回老家之后他们可能会接着养；以及一些植物——譬如一盆三角梅，还有昙花，昙花一现的昙花。

那一刻，昙花将我"击中"。昙花的花期是短暂的，正如记忆也可能是易碎的，但我们在做的事情，便是小心翼翼地发掘、保存这些记忆，让鲜活的人、事、物在历史上不只是昙花一现，也有属于他们的位置。

"Everyone matters"

第一次正式采访的时候，口述史采访对象陆老师曾经非常认真地跟我说，"小陈啊，你可以多写写平四小学，比如它的足球特色传统是怎么培养的，还有……"他建议我把笔墨重点放在平四小学——这所他深爱的学校的发展上，当听到我说想聊他自己的经历和故事的时候，一开始，陆老师是有点错愕的——个人的经历和学校、和社区整体相比，似乎是多么微不足道！

但我一直觉得，其实陆老师个体的回忆，一旦串联起来，远比单纯的宏大叙事丰富。

随着田野的展开，我越发认为，记录的目的不是完全地从功利主义的角度说，要留下多少对以后有用的东西，它可能成为史料或者非常有社会学研究价值。我眼中，记录最单纯也最首要的意义在于，在某时某刻，通过这个联结创立的过程，想办法说服被拍摄者，你很重要，所有生活的柴米油盐都很重要。我们要做的就是记录你们作为个体的生活：

You matter, and everyone makes a difference.

坦诚地说，这也是田野课最最最触动我的地方。

面馆的徐叔叔面对镜头的时候总是很害羞，有时候用带有浓重苏北口音的普通话说："我们有什么好拍的？"后来我把他和王阿姨的照片洗出来送给他们，他却拿着照片看了又看，告诉我说其实当初他和阿姨结婚的时候连婚纱照都没有拍。我猜想，叔叔阿姨心里，总还是有点开心的吧？那一刻我忽然感受到了记录是有价值的。

但记录的过程并不容易，我曾有很多顾虑。摄影批评家苏珊·桑塔格在《论摄影》里曾经批判摄影容易把个体经验奇观化，我害怕个体故事的拍摄是在把叔叔阿姨的生活当成"奇观"，同时，也担心，我的拍摄是不是在贸然侵犯他们的私领域？我好像过不去这个坎。

不过回过头来发现，其实我花了好长一段时间去走进面馆，都是在和叔叔阿姨甚至是他们的家人磨合。我每次都去面馆吃面、和他们闲聊，搬离前一些特殊的时间节点也脸皮厚得像跟屁虫一样跑过去蹲边上看，最后，我们之间慢慢熟悉起来，这时其实也差不多要分别了。基于熟悉感而产生的更加深度的联结与敞开，可能是最终达到的一个比较好的状态，或许我也在其中慢慢释然吧。忘记拍摄者和被拍摄者的身份，他们对我而言更像是这两个月新认识的可爱的叔叔阿姨，我们去沟通，去互相治愈。

　　我用的词是"互相"治愈，是想说，这种记录不单单是告诉被拍摄者，你很重要，记录经常也治愈了我自己，即所谓的"拍摄者"。

　　我经常遇见推着自行车在社区到处闲逛的爷爷老李，一用相机对向他，老李总会马上举起双手，一边比出"Yeah"的剪刀手造型，一边用日语说谢谢；单独在西8弄、西9弄闲逛时，福根叔叔热情地端出小板凳摆在弄堂里主动讲故事给我听；第一次见面，福根叔叔隔壁家的奶奶就从家里给我拿来汤圆，让阿姨煮给我吃……重新去体会人和人相处的信任，信任本身就足够予人慰藉，张起支持你的网络。

　　对我而言，还有一个层面的治愈。

　　社区是可以尽情探索的田野，能够很充分地满足好奇心，同时，一些人与人相处的质朴感情常常使我觉得温暖，然而，疲惫也会经常浮现。我好像很难做到在学业和工作、理论和实践中达到平衡，内心经常充斥着矛盾感。

　　有一段时间，我觉得自己好像快失控了，我的生活、我的空间都是留给外界，用来处理各种各样关系的，联系田野访谈对象、课程小组协作与组员沟通……我呢？我自己思考和自处的余地呢？

　　某天和朋友漫谈的时候，我突然意识到这是一个围城。跑田野的在懊悔没有读书和思考的空间，而读文献的可能又在羡慕能跑田野的人。我之所以觉得焦虑、不适应是因为田野直接把我们拉到理论视域之外的广阔世界当中去了，我原先就不够成熟的自我，可能一时还没办法适应非常高程度的外部世界实践的渗透。疲惫感是必然的，是阵痛期的体现。我想，有一天总会学会慢慢去平衡，慢慢去适应。

这是田野课带给我的新领悟。

出去跑田野、做实践，这种生活方式的介入让我跌入焦虑和疲惫的阵痛期，可也是这门课，总在恰到好处的时机重新去治愈我。因为大三的压力处于情绪低谷的时候，有好多次，张老师上课说的一些话，突然就重新点燃了我心中的小火苗，那种对于记忆的尊重，对于人本身的尊重，使我觉得自己好像也被拥抱了。我也很重要，为什么不珍视自己的小情绪呢？有小情绪怎么了，为什么要困于那么多外界的"关系"呢？

这种感觉很奇妙。

结尾

最后再回到这篇手记的标题。何谓相遇，何为唤醒？

这是我的解释：

相遇，在城市空间中和社区相遇，揭开幕布、跨越空间、打破区隔，去探索隐秘的、如果不是认真寻找可能我永远也不会接触到的角落。相遇，是介入一个社会单元中，与许许多多的人相遇，你永远也不知道下一秒会遇见谁，会不会有惊喜，也永远不会知道今后与对方会不会再见——于是，你学着怎样"把每一次见面都当作是告别"。当然，相遇也是，你慢慢发现，能够激发生命力的东西究竟是什么，在发现惊喜、陷入疲惫、感到治愈的过程中，和自己相遇。

唤醒呢？唤醒所遇见的这些人特定时空下关于时代、社区、家庭和个体的记忆；唤醒求知的好奇心，像前面所说的，唤醒激发生命力的东西；最后，又回到自己身上，在唤醒别人记忆的时候深切感受到回归故里唤醒家人和自己记忆的迫切性，去复苏心目中的故乡和根。

谢谢这一学期所有的相遇和唤醒。

十九棉民兵连战备往事 × 张国鑫

张国鑫

男，1948 年生于上海，上海纺织工业职工大学政治学大专学历。1965 年起在海南当兵 4 年，退伍后担任十九棉厂武装保卫组干事，1978 年 11 月任十九棉厂武装部副部长，1983 年起攻读中专、大专，1985 年任十九棉厂劳资科科长。

口述：张国鑫

采访 / 撰述：李大武

时间：2021 年冬

1969 年 3 月，我从海南岛海军航空兵部队退伍，按照当时的退伍军人"从哪里来回哪里去"的安置政策，我回到了上海第十九棉纺织厂，在机动车间学车工。因为自己的出身，我经受了好些磨难，回来后只想好好学点技术。

1971 年 3 月，厂里"整团建团"后，我被选为设备车间二连（铜匠间）的团支部书记，几乎同时我被调到刚成立不久的厂武装保卫组，搞厂民兵团的筹建工作。虽然我当过兵，可我对搞民兵工作的兴趣并不高。我曾经向车间领导表示想回到生产岗位去，车间总支书记也去向党委要过我，但是党委书记没有同意。没有多久，厂民兵团成立了。

十九棉厂民兵团草创

《杨浦区志》记载，1958 年 9 月，区内各工厂、企业、机关、学校等单位先后建立民兵组织。普通民兵实际上是挂个名，万一国家遇到战争，就转为战时征兵的状态。

"文革"前，杨浦区大的工厂就有民兵组织，由上级的上海市各区、南京军区领导。但在"文革"期间一度被冲垮了。1970 年党中央提出要整顿党组织后，厂里的党委恢复了。

武装部划在党组织之下，和党委办公室都挂着红牌子，其他办公室都是黑牌子。民兵团的领导都由党政机关的领导兼任，不过当时的组织还比较松散，也没有一个固定的章程。

厂里面把保卫科和武装部并在一起，成立了武装保卫组。一个组长负责保卫工作，一个副组长负责基层民兵的工作，我刚进去相当于一个现在的干事，但具体的工作都是我在做。每次要野营拉练或打靶训练，我们定好民兵连连长、指挥员等岗位，上报工厂党委同意，再由负责的同志成立临时党支部，处理各种事务。

1970年11月24日，毛主席对北京卫戍区部队进行千里战备野营拉练的总结报告做出批示，野营拉练活动也要在工人、学生中开展。野营拉练本来是军队进行训练的内容，但是在"文革"中却变成了全民活动。按照批示，每年抽出四分之一的工人参加野营拉练，我们厂是两千人左右，抽到后面，车间都叫苦连天——工人们很乐意到外面去拉练，但是生产就耽搁了。慢慢地普通工人就不参加了，组织了正式的基干民兵连，工人的拉练也逐步变成了基干民兵的武装野营拉练。

基干民兵的选拔主要靠车间推荐和我们武装保卫组干部的挑选。车间自然也不会推荐处在关键岗位的骨干工人，我们就从相对可替换的岗位里，按照政治思想端正、做事认真负责的标准挑选出第一批50人的基干民兵名单，用红榜张贴出去。第一批基干民兵连里，组成了四个男子班、四个女子班，算是定海路街道周边工厂里女民兵占比最多的了。

几乎每次基干民兵的拉练我都带队参加。开始时我们厂每批要组织一个连的基干民兵出去，后来减为一个排。基干民兵都带着枪出去，在野营拉练的过程中，同时要进行军事训练，还要组织一次实弹射击打靶。

毛主席在1962年6月提出民兵工作"三落实"——组织落实、政治落实、军事落实。所以基干民兵的训练工作也比较复杂，包括轻机枪、重机枪、手榴弹、炸药包等武器训练，反坦克等战术训练。除了各厂内部的日常训练学习，每年都会有区级大型的实战训练，危险性确实是有的，我曾亲眼见到几个年轻的小伙子不慎受伤。夜间，民兵会有政治学习、重要文件学习。不过政治学习主要由厂政治部主任来负责，除了临战动员外，交给我们武装部干部的不多。

在结束每次实战训练后，我会给基干民兵们一张调休单。这张单子对他们来说很重要，家里有什么事情，可以拿出这张单子休息一天。我的目的还是为了补偿一下他们，连续十来天的实战训练，等于少了一周的休息时间。为这件事情，车间很有意见。参与训练的工人能随意调休，他们就无法控制出勤率了。但对军事命令，他们也没什么办法。

那时候我们厂武装部主要装备的轻武器是口径 7.62 毫米的五六式半自动步枪，以后又增加了六二式全自动步枪，还有五四式冲锋枪、五三式重机枪等，发满了一个连队标准的武器装备，数量最多的时候有近百支，存放在厂武装部的备战弹药也有好几箱，厂里为此还设立了专门的武器仓库。保管的武器仓库是双人双锁，两个管不同钥匙的人同时到场才能打开。

全员参与的野营拉练

那时候所有工厂每年都要安排四分之一的工人参加野营拉练，所以几乎每一个工人都曾经参加过。有哪个人一直没轮到，心里面还会有点不高兴。工厂的野营拉练由当时的杨浦区民兵指挥部统一组织，按照部队的团、营、连、排、班编制，组织工人到郊区进行拉练，开始的时候我们厂一次要出去一个营，后来是两个连、一个连，三十几人的规模。整支拉练大队包括多个工厂，都是从生产岗位上抽来的工人，近三千人脱产十多天，在现在看来那简直是不可思议的事情。

我既是野营拉练的参加者，又是组织者。每批野营拉练的组织工作十分繁杂，从吃饭用的炊事用具到医生要带的卫生用品，从铺在地上的塑料布到当雨衣用的浆纱车间装 CMC 浆料的透明塑料袋，从宣传用的电喇叭到油印小报的蜡纸、铁板，从通讯员的自行车到司务长的黄鱼车，样样都要准备妥当。

野营拉练是在上海的郊区进行的，南线要走到川沙、南汇、奉贤，北线要到宝山、嘉定等地。队伍出发和回厂的时候，厂里都要敲锣打鼓夹道迎送，真的是轰轰烈烈。马路上，大家靠边走，一般四个人并排，队伍可以拉到很长很长。每天大家要背着被子打成的背包行军数十公里。为了解闷，路上还组织起了小分队，专门负责队伍的娱乐。我老婆之前就曾加入过小分队，给路上拉练的工人们加油鼓劲，滴笃滴笃地打起竹板。可能技术不是很好，但词都是现想的，"练好脚底板，打击帝修反"，有时还会宣扬拉练时帮忙背行李的好人好事。

那时工人没有这么娇贵，例如我们纺织厂的挡车工走路本来就是家常便饭，所以对她们来说行军不在话下。虽然一天近50公里的行军下来，工人们都很累了，不少人脚上还打了泡，但大家还是有说有笑，非常开心，因为之前从来没有这样的机会，让大家一起到郊区走走。

夜里，我们就宿营在农民的家里或者生产队的仓库里，确实是比较简陋，大部分工人就在杂物库里腾出一个小角落，睡在铺着稻草的泥地上。有一次几个女工被分配到存放过农药的仓库旁边，气味非常刺鼻，她们因此把我教训了一顿。我建议跟住在老百姓家里的队员们换换，但她们后来想想，还是算了，这一夜就凑合过去了。

在每一个拉练点上，炊事班要先行到达，然后买菜、烧水、做饭，有时候还要组织夜行军尽可能地体验部队野营行军的生活。供销科、卫生科的同志还会抱怨，每次他们参加拉练，都被拉到"火头军"去，不大乐意接着留在营地烧饭了。我只好跟他们强调强调炊事班后勤保障的重要性，他们也就慢慢明白了。

1979年，一次拉练的夜行军碰上下雨，非常难受，走农村没有路灯的路，路况也不好，大家相互搀扶着，一滑就滑倒了好几个，全身上下沾满泥水，一塌糊涂。这时留在营地的后勤发挥了作用，他们烧好开水，大半夜跑到村民家里去，一户一户敲门讨要几块姜，做成了"百家姜汤"。参与夜行军的工人们都很感动。

到现在，我已经记不清总共带队参加过几次野营拉练了。我虽然当过几年兵，

1974年夏，张国鑫（右一）在宝山区参加上海警备区教导大队武装干部专职培训（张国鑫　提供）

当武装干部还是嫩了点，更没有一点带基干民兵出去拉练的经验。可是我能亲近人，虽然在年轻人里我显得有些老气横秋，但我很喜欢与他们在一起。

有一次，区里要求我们参加由附近几家单位联合组成的基干民兵步兵连，实施武装拉练，由我当连长，指导员是外单位的。我们厂有一个排、近三十名基干民兵参加。纺织厂女工占大半，基干民兵里也有不少女青年，连里唯一的女子班就在我们厂。

走出厂门到郊区野外拉练，对女孩子来说确实有些不便，我也不太明白应该为她们做些什么。女子班的班长是布机车间的小琴，小琴是她们这些同龄人中的大姐。我跟她说，好多你们的事情我不懂。她笑着对我说，你就别管了，放心好了。这以后十多天的行军、宿营、训练、打靶，女子班没有一次拉连里后腿的，我呢，也没有去特别地关心过她们，说心里话，在姑娘们面前我不仅腼腆，而且还有些难为情和不好意思。

一天晚上刚下过雨，通讯员跟我说，女子班捎话来要我过去一下，我这才想起，已经出来好多天，换了好几个地方，可每天晚上的查铺我都推脱不太方便，没有去过她们的宿营点。这次，看来我不去不行了，我便拉着指导员一起去。

　　女子班的宿营点在生产队的一个堆杂物的仓库里，或许她们知道我一定会过来，所以大门半掩着，没有锁上，我在门板上敲了几下，大声问，我可以进来吗？小琴班长俏皮地说，张连长当然可以进来咯。我推开门踏了进去，里面黑黑的，她们故意把灯给关了，还说找不到开关。我知道这是她们在故意戏弄我，我顺手在大门旁找到了拉线开关，灯光下，墙边席地一溜花花绿绿的被子，女民兵们一个个都靠在墙上坐在被窝里。班长看我是带着指导员一起来的，话到了嘴边好像有些犹豫，可她还是忍不住说开了：这么多天了，你为什么一次都不过来关心关心，我让你别管了，你还真不管啦？

　　我无言以对，很尴尬。指导员见状代我说了些"不太方便"之类的理由。这下可好，姑娘们叽叽喳喳的都冲着我来了，这个说你怕什么呀，那个说连长是老封建呀……我知道，这一切肯定都是她们预谋的，可我也只好投降认输了，我信誓旦旦地向她们保证，以后一定一视同仁。可事情还没有完，小芳嘟着嘴说，这么冷的天，我们都没多带衣服，你看小梅都肚子痛了，你看怎么办吧。又有人接上来说，连长穿着羊毛衫当然不冷了。再后来，她们一起嚷嚷着，要我解开外衣，让她们看看那件我母亲给我新买的黑色羊毛衫。看样子她们早就已经观察到我的动向了。

　　我被她们的不依不饶弄得狼狈不堪，只好乖乖地解开了上衣，指导员站在那里抿着嘴直笑。接着又是一阵提问、评议，她们问谁买的呀，说很好看……我刚要扣上外衣，小琴突然说，小梅肚子痛你就不管啦，我说要不要叫卫生员来一下，她们都笑出声了，一起齐声说，是冷了，要加羊毛衫。

　　我明白将要发生的结果了，班长顺势说，你把羊毛衫脱了，给小梅穿上就是了。我的脸一下子红到了脖子。无可奈何，我只好举手缴械，那小梅还真的嬉嬉哈哈地将我的羊毛衫穿到了她的身上。到这时候班长才对我们说，没事了，你们回去吧。出了门，指导员就寻我开心说，张连长不得了，有女人缘啊。我对着他大声说，去你的吧，别胡说八道。都走好远了，还听得见姑娘们爽朗的笑声。

可利用率不高的防空洞

为了应对可能发生的战争，厂里还组织基干民兵和其他工人们一起挖防空洞。厂里许多老同事都有过下班以后到开挖工地劳动的记忆，也有的被轮换或者长期调来参加人防专业队伍的劳动。

1960 年 1 月，原杨浦、榆林人民防控指挥部合并为杨浦区人民防空指挥部（简称"人防指挥部"）。1965 年 4 月，人防指挥部改称杨浦区人防委员会，规划整个杨浦区的防空设施、掩体建设。20 世纪 70 年代，厂里接到命令，发动全厂职工先后在我们政工办公楼的东南面、食堂南面花园以及准备车间和前纺精梳车间等地方开挖防空洞。但总体规划相当仓促、粗糙，没有什么设计图可以用作参考，我和其他几位防空洞的建筑设计师只能凭自己的想象画画草图。

后来，武装部负责这项工作实在忙不过来了，于是党委决定从准备车间调了董德才出来专门负责人防工作。经费都开了口子。只要我们有需要，厂里都会提供资金支持，各项施工器材、设备也都一一到位。到现在，我们修建防空洞究竟花了多少钱，我不清楚，也从来没有人找我要预算和工作报告。

但当时遇到的困难是，有些材料不是买不起，而是买不到。因为全国、全市都在深挖洞，所以水泥、黄沙、石子等建筑材料奇缺。1971 年底，我老婆到徐州探亲，她知道妹妹认识徐州市里的军代表，于是她们一起去军管会，请求帮忙弄点水泥。

没想到这件事很顺利，得到同意以后，厂里立即派武装部嵇维年和供销科奚经纬一起去徐州办理手续，军代表以国防工程用的名义，硬是给我们搞到了50 吨水泥，还以军用物资的名义，运送到了离我们厂最近的杨浦火车站。提货的时候，车站的工作人员都感到非常奇怪，因为这里从来也没有到过水泥这样的货物。

50 吨的水泥，怎么装卸呢？我们没有设置专门的队伍，就靠人工把它一袋一袋背下来。背得腰酸背痛，还要考虑堆放的问题。露天堆放，一旦下雨就全部坏掉了，也没人给我出主意，我想来想去，决定把它放到大礼堂里。我把大礼堂后面的椅子全部拆掉，几个员工出来劝我，我也有点生气：你们还好意思说，没人管我这些事情，50 吨水泥，我能放到哪里去？这么一想，我做的工作好像都是在夹缝之中。

解决材料问题后，1972 年，我们在厂部办公室东南面开挖防空洞。浇水泥的工作则安排干部来做，那时厂里每周都有一天是干部劳动的时间，大多固定在周四，我们发动厂里干部来给防空洞运沙子、搅拌水泥。工作量很大，每次几乎都要从清晨干到晚上。如果凑巧挖到地下水，我们得抓紧时间铺上水泥、打好封顶，否则会有很大的塌方风险。挖单个防空洞的工作不能有太多停滞，遇上下雨就更麻烦了，要不断地把水抽上去。

好多年里，我们风里雨里挖土方、拌水泥、捣混凝土，费了大量的人力、物力和财力，建造了这些防空洞，可是按照战备要求，能够派上用场的不多。准备车间那里的防空洞曾经用作女工浴室，后来因为从地底下将污水回抽上来不方便而放弃了。食堂南边的防空洞曾经用作会议室，门口下去对面墙上红色的"地下会场"四个字还是我的手迹，可利用率也不高，一到黄梅雨季，地下会议室就彻底霉掉了。

这些坚固的防空洞，以后都成了地块开发施工的障碍，拆除也很费劲。厂部办公室后面的这个曾经是地下会场的防空洞，或许还遗留在新建的中环和润苑小区的地下，因为这里现在是小区里可以停车的空地。

在厂部办公室东南面的防空洞里，有一条通向西球场的通道挖到了托儿所的旁边，由于开挖面距离托儿所太近，结果托儿所南面的墙体出现了裂缝。防空通道竣工复土以后，托儿所不得不重新砌了新墙。食堂南面的花园被挖掉后，我们请厂里的植木组种上了四棵手臂粗的樟树。因为这里的朝向关系，西边的两棵先后枯死了，而东边的那两棵樟树却长得根深叶茂，如今已成参天大树。

21世纪前10年，厂医务室（即原来的政工办公楼）和托儿所连同东球场土地出让后造商品房，考虑到迁移成本，开发商决定保留这两棵大树，并且围绕樟树建了一个中心花园，小区也被命名为"樟树缘"，售楼海报上称小区内有两棵百年古樟。

也有人说这两棵樟树是十九棉厂前身日商公大纱厂1921年建厂时种下的纪念树，其实好多人都不知道这樟树的来历。日本人开厂时倒确有种树的做法，但是他们当时种下的是一棵雪松，这棵雪松在厂外宾接待室的南边。在我1964年进厂时，就有人告诉过我这棵雪松的来历，雪松也确实长得高大。然而，这棵历尽沧桑的大树结局有些凄凉，在老厂地块整体出让开发中，已经寿终正寝了。

"高射炮就在单身宿舍边上"

1975年初，上海民兵一下子装备了许多高射炮，我们厂也配置了八门57毫米的高射炮（简称"五七高射炮"），附近的民兵单位还有十七棉厂、十二棉厂、二印厂、沪东造船厂、中华造船厂、鱼品加工厂等都装备了高射炮。

我们厂的高射炮阵地就设在单身宿舍东边的空地上。排列整齐、炮身高昂、模样威严的五七高射炮曾经让不少人感到惊奇。除了八门高射炮外，随炮装备的备份炮管、备胎、班用和连用的工具箱、价值好几万元的测距机、指挥仪以及象限仪、电缆、教练弹等器材，堆满了好大一个仓库。

高射炮下发的当年，我们就要参加民兵高射炮训练和实弹射击，所以在高射炮到厂前，我就带了几个基干民兵参加了区民兵指挥部在四平路平昌街训练基地组织的五七高射炮小教员训练。十来天的时间，从高射炮的结构原理到分解结合，从各炮手的操作到班长、连长的指挥，从对空测距到通信联络等战术知识，我们统统都要学习掌握。

以前我们对高射炮还一窍不通，要在这么短的时间里将民兵拉出去参加实弹射击确实也前所未有。关键在于我这个连长怎么指挥大家。一门炮最少得设置6个人，5个炮手和1个负责指挥的班长。别人可以只学一个炮兵点位，我得什么点位都看一看，简直是焦头烂额。

我在民兵连里，挑出几个比较机灵的民兵，要求他们专门整理各种炮兵点位的要点，回厂后又组织大家一起整理出了一份简易的《五七高射炮射击教程》，请当时在厂工会的张佩华打字，十六开的纸面，双面打印，整本有十五六页。在后续的训练中，我给每个班各发了一本作为辅助，起到了很大的作用。

1975年10月，第一次实弹射击训练要开始了。杨浦区民兵指挥部为我们联系，把高射炮拉到浦东高桥的解放军五七高射炮连去，进行为期十天的训练，再到靶场打靶。我当连长，副连长是孙承海。正副指导员是陈锦华和钱凤妹，文书和通信员是顾正平和徐友根，司务长是戴世忠。

从生产岗位上抽人是件非常困难的事情，抽出来的人还大多数是女民兵，八个炮班中有四个女民兵班，电话员是女民兵，卫生员也是女民兵，我预料到这次炮训和打靶肯定是非常艰难了。民兵们当然又好奇又高兴，然而万事都得由我来安排，而我自己怎么去指挥这个炮连却没有人教我，只能赶鸭子上架。

从道理上讲，五七高射炮要女民兵来操作是不现实的，尤其是负责装填炮弹的五炮手，要将一夹四发八九十斤重的炮弹搬上输弹槽，还要用更大劲把炮栓打开，没有几个女民兵能够胜任，可是没有办法，我们纺织厂女工多，只能让女民兵硬上了。

这十天的炮训经历，我一辈子也不会忘记。进靶场必需的东西我们几乎一无所有，所以除了训练外我还要到处联系去借宿营的帐篷、烧柴油的炉灶、水箱等，把我累得连吃饭、睡觉都顾不上。因为是在海边的营地训练，得额外准备一个大罐子做水箱，用卡车运载到指定地点。这位置离营地很远，打回来的水基本都用来做饭，洗脸洗澡是谈不上了。煮饭也是个难事，海边没有柴火，得借船厂特制的灶具烧柴油。厂里对我们的支持力度也很大，各种材料都"开了绿灯"，后来我带着厂里会制图的工程师，借了炉灶之后依样画葫芦，在厂里复制出了两份。再配上两个大锅，一个做饭一个做菜。

1975年2月，十九棉炮班在平昌路五七高射炮骨干培训点合影，右一为张国鑫。（张国鑫　提供）

　　第一次训练的时候，厂里的民兵都穿着自己的衣服，花花绿绿，像游击队一样。我们看到几个重工业厂有专门的制服，其实心里还有些羡慕。毛主席逝世的那一年，各个单位都设了灵堂，民兵在两侧站岗。我们的民兵手里拿着枪，站在岗位上还挺像样的，但衣服不统一，确实有点难看。为此，我们厂里去买了100套灰绿色的衣服，都是用很粗的再生布做的，不值钱。我开心死了，正好基干民兵连一人两套能做轮换。衣服背面是原来就有的"安全生产"四个字，我们把"上海民兵"写在布上，再缝在衣服前胸的位置上，作为我们基干民兵的标识。

　　第一次高射炮训练实在难忘。当时我的儿子才出生不到三个月，我确实将家庭、儿子全都放在脑后了。在部队训练到最后几天的时候我又拉肚子、发了高烧，我真的担心自己坚持不下去了，可是我无论如何也要挺下去。

进入靶场就是战时占领阵地

出发前我们杨浦区民兵团在大礼堂开了动员大会，对基干民兵进行临战动员。大会上宣布了来自南京军区的命令：组建高射炮民兵团，于某日某时某分占领阵地。完全是一套军事化的命令，一点没有讨价还价的余地，谁也不敢违抗命令。

凌晨我们从高桥部队的营地出发了，8辆从纺织运输大队借来的6吨大卡车牵引着我们的火炮在轰隆隆的引擎声中浩浩荡荡地向靶场驰去。那时候郊区的公路还没有现在这么好，60多公里的机械化行军路程也要半天多时间。

中午，我们的车队在南汇航头休息半个小时吃午饭。我们都带着干粮，没想到机动车间炮班的一帮小伙子憋不住嘴馋，竟跑到镇上的一家小饭店喝起酒来了，他们以为只要把握好时间，不会有人知道。继续出发行军的哨声响了，我发现少了几个人，有人提醒我，他们可能是到镇上吃饭去了，我生气极了，到饭店果然看到了他们。居然还悠闲地抽着烟。我大声喊，你们在干什么？他

1979年3月，高射炮民兵连在十九棉厂高射炮阵地临战训练（张国鑫　提供）

们完全明白事情糟了，一个个赶快奔回车队。我当时想着到时候真要好好收拾他们。

不过有时坏事确实能够变成好事，在车队进入靶场阵地时，全连民兵都知道连长发了火，于是人人都非常卖力，认真按照我布置的预案，四个男炮班在将自己的火炮牵引到位以后，分别先派人支援一个女炮班牵引火炮到位，然后再进行火炮规正水平、方位标定等阵地作业。因为一门炮有5吨多重，女子班根本推不动。我们就做了简单的分工，占领阵地的时候，男子班全部去帮忙牵引高射炮，女子班负责扎营、战地布置等工作。

每个连队设置了一到两名通讯员，在阵地里布置好两根电话线。一根叫命令线，只有指挥部下达命令才能接通；另一根叫通信线，让不同连队之间进行沟通。全连的测距机手也得趁早做好方位标定。靶场会在远处设定一个站标，比如在某个制高点上摆放一面旗帜，指挥部把这个站标对应的垂直方向角度通知给所有连队，让每门炮对准这一站标，统一校准高射炮的高低角。测距员主要掌控高射炮的望远镜和测距器，针对射击目标做各种水平角、高低角的计算与转移。这个过程有专门的一套训练体系和要求，但我们当时也没得选，只能挑了几个眼神比较好的同志。

进入靶场就是战时占领阵地，时间就是生命，为了这一点，我再三强调兵、班、连的协同。在靶场从进入阵地开始，就有解放军在掐着秒表记录各连成绩，我们十九棉厂五七高射炮连完成战前准备比规定的时间大大提前，完全出乎他们的意料。

高射炮实弹射击考核的是炮连群体协同的能力，每一门火炮首先必须用精密的象限仪校正水平，同时向靶场指挥部指定的目标进行方位角标定，保证炮群能够按照指挥部的指挥准确统一动作。我们民兵进行的是班协同和连协同第一练习实弹射击，打靶用的炮弹都是曳光弹，由解放军战士用指挥镜（大镜头高倍望远镜）观察曳光弹弹迹与目标的距离，评定优秀、良好、及格或不及格的成绩。

首先是用训练预热好的外膛枪打气球。我们在高射炮的炮身上架设自动步枪，调整枪膛与炮身成平行，将枪的扳机用钢丝连接到炮的击发机上，这样就可以用炮的瞄准具来控制外膛枪打低空气球了。机动车间炮班旗开得胜，第一梭子弹就打下了一只气球。解放军的一个参谋对我说："好样的，不错，加把劲争取实弹射击把拖靶打下来。"

但打飞机拖靶比打气球要困难得多，即使一、二炮手瞄得再准，如果四炮手目测装定的飞机航向、航路有误差，或者三炮手将飞机的距离、速度搞错了，都打不到拖靶。另外，高射炮实弹射击的关键看首发，因为火炮水平在第一发炮弹打响以后就被强大的后坐力破坏了，以后打出去的炮弹就不可能很准确，所以每打完一个协同以后，炮班就必须马上重新进行火炮的水平作业，准备下

1979年3月，十九棉厂五七高射炮连临战训练中，电话班正在认真演练。左起：郝霞、许桢娟、谢红、朱美华。（张国鑫 提供）

一个实弹射击。

牵引拖靶的飞机是"轰 – 五"型轰炸机，飞机到拖靶的牵引钢缆有近 1000 米长，拖靶是帆布做的，与战斗机机身差不多大。靶机从江湾机场起飞，靶场的雷达捕捉到飞机以后，指挥部就拉响一级战备的警报，这时候，整个靶场上几乎所有的人立刻停下手中动作，大声高喊着"就定位——"（这是炮手们占领高射炮炮位的专用口令），然后快速奔向自己的火炮。各个炮手坐上位置之后，向班长汇报"一炮手好""二炮手好"，各班班长再向我汇报。

当一个个班长举起手旗、大声喊出"×班——好"的时候，当解放军战士来到一门门火炮前仔细检查、向我点头示意的时候，一种欣慰喜悦、神圣庄严、肃然起敬的感觉油然而生。我站在炮群中央的连指挥员位置上，激动地举起手旗大声向靶场指挥部报告："上棉十九厂民兵五七高炮连——好——"而在民兵团各连全部就位之后，整个靶场就没有声音了。大家都在等待。

炮声震耳欲聋

靶机的一个航次不是所有的炮连都进行实弹射击，而是在炮连之间跳开进行的，但靶场所有的高射炮都指向目标进行瞄准。凡是这一航次进行打靶的火炮，都有一名解放军战士进行安全检查：看火炮的射角限制器是否正确安装，否则在炮身角度太低的时候开炮很容易打到靶机；看五炮手是否正确完成开栓和炮弹的装填，如果没有到位就协助完成；看拖靶是否真正进入了一炮手的瞄准镜，防止将靶机当拖靶瞄准；在看到靶机到达航路捷径，即靶机的垂直投影到阵地时，立即抓住一炮手方向机转轮并制止火炮再向目标瞄准和射击，防止追尾射击误伤靶机。

每个班的班长站在火炮前，我站在八门炮的中间正前方。我手中拿着两杆旗子，一杆红色命令旗，放下就代表开始射击，一杆绿色指挥旗，指示不同的瞄准射击方向。我和班长都戴着耳机，即使这样，在震耳欲聋的炮声里，我仍然要拼命喊出各种指令。

测距机手在接到我传达的指挥部雷达测到的目标靶机方位以后，就要用测距机搜索飞机，当发现飞机以后立即测量飞机的速度和距离，然后不间断地报告飞机的距离变化，由我向炮班班长复述传递。

班协同实弹射击每门火炮打六发炮弹，其中打两个单发，再打一到两个点射，第一次打靶大家心里多少都有一些紧张，靶场静得好像能够听到自己的心跳声。突然，我们听到了最前面的炮连测距机手在大声报告"110——3000——2500——2000——"，110是飞机的速度110米/秒，后面报的是飞机接近阵地的距离。

没有多久，我们的测距机手也开始报告了，一、二炮手全力捕捉目标，三、四炮手不断修正航路、速度和距离，这时候还是有解放军战士在一炮手的瞄准具上检查，当目标确实进入瞄准镜的时候，一、二炮手立即向班长报告"目标捕到"并继续跟踪目标，等待班长"点射一放"的命令。前面的炮连打响了，靶场简易公路的路面扬起高达数米的尘土，远处废弃的建筑物屋顶上的瓦片震得上下翻动，像跳舞一样。在轰鸣的炮声中，每一个炮手都有种豁出去了的感觉。

终于轮到我们了。我们经历了一次从未有过的考验，但还算顺利，打完班协同后大家都异常激动、兴奋，那极具震撼力的巨大声响使每个人的耳朵都好长时间听不到声音，大家大声谈论着几乎相同的感受：过瘾。三七高射炮的炮声与我们的五七高射炮远不能相比，高射机枪的声音也变得有点像炒豆子了。

成绩下来了，有两个班优秀，三个班良好，两个班及格，一个班不及格，对一个第一次参加打靶的炮连来说，这样的成绩是完全正常的。迎接下一个连协同打靶时，我们都暗暗下决心争取打下拖靶。

连协同是全连八门高射炮一起协同射击，每门炮也是六发炮弹，打两个单发、一到两个点射，全连听连长指挥，集中火力向目标射击。连协同更加考验射击前的预案，得给每门炮根据不同位置设定不同的射击点位。

其中最关键的是首发射击的时间，如果太早，目标距离远，不容易打到，等距离太近了，虽然命中的可能性大了，但是飞机一旦进入航路捷径，就失去了打完炮弹的机会。我在要成绩和打完炮弹中平衡，采取了折中的方案，在目标距离2000米至1500米间适时开火。首发必须听我的命令，以后的射击由班长决定，要尽快打完炮弹，甚至可以踩下击发机不放用长点射打完。

　　毕竟是第一次打靶，没有经验，在我挥下红色命令旗、喊出"放"的命令时，全连的火炮并没有能够齐发齐射，首发有些凌乱，而后的炮弹就打得更加不尽人意了，有一个班还留下了一发炮弹没有打出去。

　　事实上，打下拖靶是非常了不起的事情。解放军告诉我们，如果谁打下了拖靶，靶机就会摇摆机身向靶场上的战友致敬，并且低空放下牵引钢缆和拖靶，如同在战场击落敌机，整个靶场会沸腾欢呼，甚至会将连长托起来抛向空中，而被击落的拖靶将被该炮连永久收藏纪念。没有久经沙场的经验，别说打下拖靶，

1979年3月，临战训练中的机动车间炮班正在瞄准目标。左起：孔云霆、郁礼姬、钱赵、张善良。
（张国鑫　提供）

能将炮弹全部打出去就已经很不错了。不管怎么说，我们第一次打连协同还是打出了良好的成绩，我们仍然是胜利者。

靶场里除了民兵的炮连，还有解放军的火炮在这里打靶，分100毫米、57毫米、37毫米和高射机枪前后四个层次，沿海堤直线平行排列，一眼望不到边。那一次打靶，我们还有幸见识了解放军100毫米高射炮地空训练和夜间打靶的壮观情景。解放军打的靶机是战斗机。靶场上空不时出现空军的强击机，它从云端里突然向靶场阵地俯冲下来，才一刹那，就已经到了我们的头顶，低得几乎举手可及。看到飞机时，还一点声音也没有，一瞬间后飞机消失得无影无踪，阵地上才响起震耳欲聋的引擎声，强大的热气浪几乎可以把人推倒。

我们的57毫米高射炮与解放军100毫米高射炮的巨大炮声相比，又真的是小巫见大巫了。他们用仪器指挥打靶，完全能够做到齐发齐射，那强大的后坐力和雷鸣般的炮声如地动山摇，弹头飞出炮身时的金蓝色闪光将靶场照得如同白昼，曳光弹的弧线弹迹映出光彩绚丽的玫瑰红，弹头在夜空中炸出的火球，以及弹片绽落时的光串，远比节日的烟火礼花更加壮丽漂亮。

东海边原本人迹罕至的靶场，一时间如同欢庆节日的广场，人们纷纷走出营帐，抬头仰望夜空惊艳的美丽，掩耳欣赏隆隆炮声的震撼，亲历荡气回肠的弥漫硝烟，感受一回现代战场厮杀的模拟情景。

训练前后的坎坷

按最初规定，从1975年起，我们每年都要进行一次高射炮打靶训练。1976年，打靶训练因"文革"彻底结束而没有进行。到1977年，又恢复了打靶，这一次是由厂武装部副部长嵇维年带队当连长，实际由副连长李阮德负责指挥。

这次训练是我组织在厂里的高射炮阵地进行的。有了一次实弹射击的经验后，我安排了一批有较高素质的民兵骨干当小教员。参加训练的民兵积极性很高，一致要求搭起区武装部下发的帐篷，住厂训练。民兵中各种技术工种都有，大家一起动手在全厂收集废钢管，切割焊接成简易的床架，做成大通铺，当天就全部住了下来，开展了为期十天的训练。

结束训练，就要到靶场进行实战，我没有带队。这次牵引火炮到靶场的是解放军派来的八辆法国进口的"戴高乐"牵引车，出发时更加壮观。可这一次高射炮打靶却不太顺利，进靶场后天气一直不好，飞机无法起飞，他们在靶场等待了半个多月仍然不见天晴，有的人生活用品用完了，只能放部分民兵回来一趟，再返回靶场。后来他们在靶场又待了半个月，才完成了实弹射击的任务。

如果说在靶场的不顺是天灾，回厂以后的那一场火灾就是人祸了。打靶的队伍回厂后，经过休整，我带队出发去江湾靶场进行轻武器实弹射击。再回来，才知道我们的高射炮器材仓库已经被一场大火烧得屋顶都见了天。

经过现场勘察，发现在被烧毁的棉被附近有烟蒂——大家都明白了，这是在晒棉被和收棉被的时候，将烟蒂带进了仓库。当然，没法弄清是哪支烟惹的祸了。

万幸的是，因为火灾抢救得及时，损失不算很大，贵重的测距机、指挥仪等都被先抢了出来。当时不少人还以为十来个炮弹箱里装的是实弹，但因为火势太旺，铁箱子温度太高抬不出来，只能作罢。后来知道是教练弹才松了口气，虚惊一场。火灾损失主要是一些棉衣和棉被，因此杨浦区武装部和厂里都没有继续追查责任，也就不了了之了。

1978年4月，我参加了上海警备区在浦东大楼召开的民兵高射炮打靶会议。按照南京军区和上海警备区的命令，我们厂的民兵五七高射炮连将于5月实施实弹射击考核。

因为厂里生产任务繁重，在抽人的问题上比前两次更加受阻，厂长要我去向区武装部提出能不能这一年不参加打靶的要求。我知道，要推掉打靶就如战前退却一样，不挨批评才怪呢。我直接找到党委书记，我说这是南京军区的命令，如果要打报告的话那就打到警备区、南京军区和总参谋部去吧，但是后果要考虑好。这是死命令，不是布置什么工作，就算下雪、下铁你也得去。我再也不往下说了。

书记支持了我。为帮助我动员大家，他在当天的干部会上讲了这件事情：5000多人的大厂，抽出五六十个人训练怎么不行？我自己也做了让步，这次打靶为了减轻负担，改变了过去滞留靶场打靶的做法，已经改为当天打完回来，所以我只要求党委再配一个指导员，别的职务都可以由我兼任，但厂里要及时派车将午饭送到靶场来。按照规定，打靶前的训练时间还是十天，具体打靶事宜要看天气情况，等待警备区和区武装部的通知。

"满堂红"的喜悦

1978年5月2日，全连59名民兵指战员在厂里的阵地上支起了帐篷安营扎寨，开始训练。5月11日，下了一夜的倾盆大雨，真让人揪心，早晨起来雨还是没有停，风还越刮越大了，女子炮班的一个帐篷位于地势低洼处，进水有近一尺深。厂里有些好心人对我说，不如向单身宿舍借两间房间住几天算了，我不同意，这算什么练兵？别说给人家当笑话，我们自己也是自打耳光。

有水就排，整整一个上午全连动手，挖排水沟排水的战斗一刻不停。雨还是下得很凶，像是存心在与我们挑战，一个上午的战绩到中午又给淹了。有人建议重新搭一个帐篷，说干就干，我们决定把帐篷换到更高处去，只用了20分钟时间，又一顶帐篷平地而起，才勉强算解决了问题。

5月12日晚上，我们接到了次日凌晨出发的命令。在全连的誓师大会上，我以"人是应该要有点好胜性"为主题作战前动员，博得了大家的一致赞同：我们只有一次比一次打得更好，我们的目标就是打胜仗。

5月13日0点40分，我们炮连的摩托化行军开始了。牵引火炮的汽车是从四面八方借来的，没有车棚。为了安全考虑，牵引车上都必须有人，5月的子夜仍然寒气逼人，但大家都争先恐后地要求去受这个苦。抵达后，只花了一个小时，我们就占领了五号阵地。

上午8点，战斗打响了。按照靶场指挥部的部署，我们连的一班和二班分别在第一和第二航次射击。我们这次打的是无线电遥控的航模拖靶，速度为

20—25 米／秒，比较慢，捕捉目标并不困难。全连指战员的精神都高度集中在一班的打靶上，这第一炮将起到先导的作用。

问题出现了——只听见了五响，还有一发炮弹没声了。保安员大声喊叫："故障，不要动！"原来由于抓弹钩意外断裂，最后一发炮弹在输弹途中卡住了，弹头前的引信都被撞瘪了一部分，炸膛的话后果不堪设想。

这无疑是一个非常危险的意外事故，大家都有些震惊。第一个开火的班就发生了火炮故障，这盆冷水是够受的了。这不能责怪新兵有惊吓和恐惧的情绪，谁不爱惜自己的生命呢？那颗没有射出的炮弹拆出后被放到了阵地后面，当二班的火炮打响时，好多在旁边看热闹的人都以为是这颗炸弹炸响了，连随炮连一起来靶场的汤啸医生也惊吓不小。

意外之后，我们没有议论的时间和回旋的余地。第二个航次又打上了，二班没有因先前的事故惊慌失措，后来一个班比一个班打得好，甚至打得拖靶都转了起来。宋海波任班长的四班（前纺车间男子班）和孙劲蕾任班长的八班（布机车间女子班），班协同实弹射击弹迹都是 100% 命中。

中午在靶场采访的解放军记者们来到我们连，我们连部、小教员们与他们一起拍照留念。大家沉浸在无比的欢乐和兴奋之中，我这个连长更不例外，我将自己带来的十多个苹果一下子全分给了周围的战友。全连集合筹备连协同打靶预案的时候，真的是大家一起"嗷嗷叫"。解放军观察员们也高兴极了，杨浦区武装部作训科的邬参谋几次来到我们这里鼓劲，希望我们能够在下午的连协同实弹射击中打出更好的成绩。

下午第一个航次就是我们连射击。已经快 12 点了，可厂里送饭的车子还是没有影子，直到 12 点 10 分饭才送到。12 点半就要开打，没有任何办法了，大家才吃了一点点饭，警报铃骤响。我喊出"就定位"的命令，他们扔下了饭碗，飞一样地向火炮奔去。

打靶如打仗，在靶场上什么样的情况都有可能发生。没想到下午的连协同实弹射击改打大型航模拖靶，飞机速度是 50 米／秒，比上午要快一倍。航模飞了三四个航次就要轮到我们。我想原定 900 米的开火距离看来不行了，临时决定改为 1000 米。

当航模距离接近 1400 米时，我们阵地东边的一个连打响了，一时间炮声大作。班长们难以听清耳机里我下达的指挥口令，八班突然开火了，他们是第一次来靶场训练，听到东边的炮声，紧张之下以为到了我们连队。这一炮打乱了整个炮连的集火射击预案，各班在混乱中各自开了火，不可能再形成 1000 米距离的首发齐射。之后的点射就更加乱，有的班为打完炮弹，在航模到航路捷径的时候还要继续射击，惹得保安员也有点发火了，一把抓住了按捺不住的炮手。

航模拖靶每一个航次的时间很短，间隔也很短，要打出水平确实比较困难，相对可以接受，而班协同能够打出好成绩，说明我们连的训练水平还不错。特别是 100% 的命中率，无论哪个炮手有失误，都不可能出现这样好的弹迹。

在颁布成绩时，我没想到我们这次能够打得这么好。八个班的成绩卡"满堂红"，全部优秀，我们的成绩也受到杨浦区武装部领导的一致赞扬。内行都清楚班协同成绩是硬功夫，我知道有许多人向我们投来了羡慕的眼光。我们简直乐疯了，大家嚷嚷着连长要庆贺、要有所表示，我去买了糖果，让兴高采烈的战友们分享这难以想象的喜悦。

结束训练，离开

归途中，战友们在隆隆的汽车马达声中，大声说笑着。炮连在下午 5 点顺利返回了厂里。没有一个人擅自脱离队伍自由行动，这是我最满意的地方，铁的纪律是我们成功的首要保证。后两天的善后工作也很顺利，文书顾正平还设计了一个考核证书，虽然不很精致，但也是一份记录与纪念。

在炮训结束的总结会上，我没有想到全连指战员会齐声高呼出一个发自大家心底的心愿："下次再来！"有人对我说，好多人是愿意与你下次再来，我很感动。炮训结束以后大家都说要搞一次活动，有人提议到连长家里去，我知道这是大伙对我的敬重，这也是对我最大的安慰。

1979年末，先进民兵在厂部办公室合影。前排左起：丁懋良、陈怀林、王晓明、钱赵；后排左起：孔云霆、段福民、黄长明、田永江、丁德明。（张国鑫 提供）

　　那天还真的来了不少人，我们还去了杨浦公园，因为上班没有赶上来我家的两批战友，后来也改日过来，特别是细纱六班女子班的六个姑娘在班长郝霞的带领下，大热天专程来了一趟，还给我的儿子买了玩具望远镜和手枪，说爸爸当连长，儿子长大也要当连长。

　　1978 年 11 月，我被提任为厂武装部副部长，后来的很长一段时间里，武装部只有我一个"光杆司令"。在我的不懈努力下，1980 年，十九棉厂被区武装部评为民兵工作"三落实"（组织落实、政治落实、军事落实）先进单位，民兵五七高射炮连被评为"三落实"先进连队，厂武装部被评为区先进武装部，我自己也被评为杨浦区的先进民兵工作者。

　　时过境迁，1979 年 5 月，正当我们进行高射炮换油保养时，传来了工厂民兵组织的武器装备要进行大调整的消息。十九棉厂、十二棉厂和上海鱼品加工厂的五七高射炮将被调去东北的大庆油田。说实在的，我们都感到非常懊丧和留恋，谁都希望以后再换来三七高射炮或者高射机枪。然而这一切一去再也不复返了，完成了移交准备工作后，6月23日上午，我们把四年朝夕相处的八门五七高射炮以及大量的备附件按时送到了上海火车站。

从此以后我们的高射炮民兵连改为基干民兵步兵连，厂里的轻武器部门又装备了几挺重机枪，民兵训练也从各厂的自训逐步过渡到由民兵协作块组织的训练。我们定海地区的协作块由新华无线电厂、二印厂、梅林罐头食品厂、海洋渔业公司、鱼品加工厂和东海水产研究所等单位组成，新华无线电厂和十九棉厂为组长单位，20世纪80年代初在上海水产大学（现划入上海理工大学）校园中开展训练。

1983年，工厂有了组织干部学习的机会，全脱产两年进入沪西职工大学主办的政治学专业的中专班。我本就有想进一步学习的愿望，于是抓住这次机会考取了这个班，也因此离开了厂武装部。虽然编制还在，但人已经全心扑在学习之上了。后来，基干民兵也逐渐转为征兵预备役，进入正式的军队体系中，工人与民兵也分开了。

我加入民兵工作整整十二年。特殊的年代、特殊的境遇，给了我们如此波澜壮阔的回忆。每次训练过后我都曾有要把这难忘的战斗生活写下来的愿望，如果能够写成短篇小说，那该多有意义啊，这部想象中的小说或者诗歌首先应该献给光荣的高射炮民兵战士，献给英勇的五炮手和机智的高射炮班长。

纺织女工到幼儿园

孙敏华 ×

孙敏华

女，1950 年 5 月生，祖籍山东昌邑，中专文化。1968—1981 年，在十九棉厂前纺车间工作。1981—1998 年，在十九棉厂幼儿园任教。1988 年至今，住在纺平大楼。

口述：孙敏华

采访 / 撰述：张艺严

时间：2021 年 11 月

"纺织女工不要太幸福"

我是 1968 年被分到十九棉厂的前纺车间当纺织女工的。1957 年我到龙江路小学念书,6 年后考到上海市十五中学,1966 年从中学毕业。那一年"文化大革命"刚开始,学校全部停下来,也不分配毕业生了。两年以后才开始重新分配工作,所以我是 1968 年进厂的。那时毛主席号召知识青年上山下乡,据说政策是:如果你是家里的老大,下面还有好几个孩子,你就必须到外地去插队,去生产建设兵团、去农场。如果家里有人在外地,比如说父母亲在外地,或者可能考虑你身体不好,那么就不会叫你到外地去了,会让你留在上海。因为我爸爸那时候在外地工作,家里的孩子就只有我们姊妹两人,我姐姐是残疾人,所以我是"硬工矿"[①]。1968 年以后,哪怕你爸爸妈妈、哥哥姐姐在外地都没用,全部要到外地插队落户。如果是 1969 届的,你就赶上了。

我在前纺车间做的是纺粗纱的工序。前纺是棉纺织的第一道工序,清花是

[①] 当时上海流行"硬工矿""软工矿"的小道说法:"硬工矿"指仪表局、机电局、轻工局等工业局所辖的工厂,这些岗位技术性强,工作比较轻松;"软工矿"指纺织局、建工局、冶金局等工业局所辖的工厂,这些岗位大多没什么技术,工作又脏又累;更"软"的是商业局所辖单位(见汤庆成:《软工矿》,张立宪主编:《读库 1706》,新星出版社 2017 年版,第 96 页。)。"硬工矿"有时也指留在上海的工作,此处应如此理解。

前纺中的第一道工序，就是把刚进来的棉花清理好，清花后棉花经过钢丝压薄，把它卷起来，再用棉卷纺成粗的棉条，然后再把它拉细，放到锭子上纺成粗纱。我们当时拿的学徒工资大概是 13 元，后来满师有 36 元。我在厂里从 1968 年干到 1981 年，拿了 13 年 36 元工资。36 元的工资是很低的，但是足够作为我一个月的生活费了。举个例子，我结婚的时候请一桌喜酒是 30 元到 36 元，等于我一个月工资，可以请一桌酒席，放到现在一个月工资只有这么多就不行了。

我们十九棉厂是个大厂，从棉花进去一直到布匹出来，经过前纺、细纱、捻线、织布等工序，是很完整的"一条龙"。我们厂最多的时候有六七千名职工，分三班倒。我们进来的时候先做大夜班，一个礼拜上夜班，从晚上 10 点到第二天早上 6 点，连上六天，中间没有休息。六天之后再休息一天，然后开始做六天中班，从下午 2 点到晚上 10 点，休息一天后再做六天早班，从早上 6 点到下午 2 点。"文革"的时候，大夜班出来以后要组织我们开会，最起码一个礼拜要开一次。6 点下班，洗澡收拾完，7 点到食堂开会，一个小组一个小组地开。开会的时候说生产的事情，还有政治形势，或者学习领导下发的文件，有时候要开到 8 点才回家。那个时候干劲特别足。

我之前住在大桥街道，为了搞好自己的身体，也为了有精神上班，所以上大夜班的一个礼拜里就住在厂子旁边的单身宿舍。我听说这个房子好像是以前日本人建造好，给工人住的房子。解放之后再修修补补当作宿舍，绿化各方面还是比较好的。宿舍楼有七排，前面五排是女宿舍，后两排是男宿舍。我上夜班的时候就住在宿舍里，房间是四人间，里面有两张双层的钢丝床。宿舍楼里有卫生间，但没有灶台。我一般早饭吃得多，在厂里的食堂吃好了以后一觉睡到下午，晚上再去食堂吃饭，有的人住在附近，可能会回家吃晚饭。之后再睡一觉，睡到晚上八九点就准备去上班了。宿舍里住的大部分是上海人，厂里大多数也是上海本地人，有的是顶替父母上班。以前有个政策，父母到了退休年龄，可以有一个子女顶替他们进厂上班，顶替的人不一定在上海，可能是在小三线或者其他地方插队落户的人。有些父母为了让子女早点回到上海，会提前退休，

20 世纪 40 年代中纺十九厂纺织流水线组图（上海图书馆藏）

抓棉

开清棉

让他们顶替自己的工作。在单身宿舍里睡的都是和我一样上夜班的小姑娘，因为家里住房困难，或者家里孩子多，在厂里睡比较安静。我们每天睡觉的床位、一同睡觉的人都不一样，是厂里安排的，其他三个人在其他车间，都不认识。床上有草席、有枕头，床单和被子是我们自己带过去的，在宿舍里睡一个礼拜，再把它们都带回来。

我谈对象的时候，对象跟我说："你们纺织厂老辛苦。"我说："不辛苦，纺织女工不要太幸福！以前操作挡车需要很用力地让铁棍子一开一关，现在我们只要轻轻点一下按钮就开车了，很方便的。现在我们纺织女工比过去幸福多了。"我这人心态蛮好的。

从小就喜欢文艺

到车间做纺织工作是我的心愿。因为在中学里我喜欢跳舞，纺织女工"噔噔"操作机器，就好像很优美地拨动七根琴弦，那时候我也很单纯，觉得当纺织女工好。中学时我还喜欢唱江姐的歌，那个时候看《洪湖赤卫队》，唱"洪湖水，浪打浪"，我比较喜欢跟着他们学，学得蛮像，至少人家听着蛮顺耳的。所以在文艺方面，我还有点天赋。

梳棉

并条

　　我出生在 1950 年 5 月 15 日，姐姐比我大 3 岁。家住杭州路 322 弄，对面有座天主教堂，叫圣心教堂。我家祖籍在山东昌邑，爸妈解放前几年来到了上海。

　　上小学的时候，班上有和我一样喜欢、擅长朗诵和讲故事的学生，学校有时需要编排节目让我们演出，老师会带我们到宁国路的少年宫去学习，有什么好的资料也问他们要一点。我能把一个故事朗诵得绘声绘色，在普通话比赛、讲故事比赛里都拿过奖。因为我是山东人，山东人普通话比较好。虽然我在家里讲山东话，但是在外面跟人讲上海话。到了十九棉，这里讲苏北话的人多，所以我遇到讲苏北话的人就说苏北话。

　　"文革"时，记得有次我在大礼堂给厂里新招来的一批年轻工人讲雷锋的故事，讲的是雷锋妈妈临死的那一段。我说，妈妈临死前想想自己一会儿就要离开雷锋了，就给孩子拉拉衣襟，摸摸他的脸。讲到这里，我自己一面说一面哭，台下很多女孩子也跟着哭。因为她们哭的声音老响，外面人都来问了："怎么这么多人在哭？"跟他们说是在讲故事，又问："听什么故事？雷锋的故事噢，雷锋的故事有什么好哭的？"可能因为我在上面边讲边哭，她们都受感染了。

　　20 世纪 70 年代初，八大样板戏之一的《红灯记》男女老少都会唱。厂里组织我们文艺小分队演《红灯记》的第 5 场"痛说革命家史"。我演主角李玉和的女儿李铁梅，东国嫏演李奶奶，她跟我是中学里的同班同学，张瑞发演李玉和，王维乃演特务。小分队里还有乐队，有拉二胡的，有拉京胡的，还有扬琴、琵琶、笛子。有些乐器是厂里的，有些是从自己家里带的。厂里专门批准我们离开工作岗位去排练，我们那时只有台词，没有剧本，为了演好就跑到大光明剧院去看，看了一场又一场，自己看自己的动作，自己看自己的台词，然后去模仿人家的动作和语气，回来的路上大家都在议论剧怎么样，也蛮有劲的。

我们为这次演出排练了一两个月，正式演出在大礼堂。大礼堂靠军工路，北面是厂长办公室和消防队，以前是厂里的发电厂，后来改成了礼堂。2000年军工路扩建的时候，大礼堂也被拆掉了。厂子里要开重大会议，举办活动或者演出，都在大礼堂里。它从外面看像一个大的厂房，但里面布置成礼堂，上面是舞台，下面是一排排的木质座椅，最多大概能坐下一千人。礼堂只有一层，里面很高、很宽敞，窗户是高窗，没有窗帘，采光特别好。舞台背景是拉下来的丝绒布，有时是红色的，有时是藏青色的，喜庆的场合用鲜艳的颜色，严肃的场合用深颜色。舞台前的大柱子上有灯光，厂里有专门的电工负责灯光。

我其实不太像李铁梅，因为我那时候好瘦，只有八九十斤，在舞台上看起来太小。他们借了一个大棉背心给我穿，外面套上李铁梅的衣服。大家对待演出都比较认真，没有一个人想混日子。就像以前的配音演员一样，通过声音把整个人的形象非常丰满地展现出来，我们也是这样，很投入的。演出的时候，几乎场场台子底下都坐满了。我们演了很多场，演了一个多月，我估计整个十九棉厂的职工，起码有一半人看过。现在我已经这么大岁数了，走在弄堂里，很多人见到我依然喊我"小铁梅"，虽然他们可能不知道我的名字，但都知道我演过李铁梅。

与幼儿园结缘

十九棉以前很大，配套的设施很完整，专门有消防，我们吃、住、行都能在里面解决。包括看小病也是，我们有医务室，里面有中医，可以拔火罐、推拿、针灸，也有西医。看大病的话就去附近的上海市纺织第二医院（简称"纺二医院"，即今上海市东医院），或者上海市杨浦区中心医院。我们这里还有游泳池、小花园。20世纪80年代，放暑假时我经常带儿子来游泳，一张票要8到10块钱。小花园里有亭台楼阁，很漂亮。还有一座图书馆，厂子给你办一张图书卡，借书不要钱的。我借了好多书，过去都是革命题材的书，比如《野火春风斗古城》《红岩》之类的。十九棉就像一个小社会一样，人在里面根本不用出去。厂门口有门卫，外人进来都要问他找谁。

厂里有专门的托儿所。女工生小孩以后有56天产假，上班之后小孩怎么办？那么点大的小孩很柔弱的，所以上班的时候就把他们放在第一托儿所，托儿所里有阿姨照顾他们，到了两岁以后就放到第二托儿所。第一托儿所离厂房更近一些，在厂区里面，方便女工从车间到托儿所给小孩喂奶，我们前纺车间离得最远，走过去需要七八分钟。冬天的时候我们走得很快，因为车间暖和，外面一段路很冷，走得快的话五分钟就到了。孩子小的时候一天允许喂两次奶，大一点就一次。每次喂奶的时间只有半个多小时，来回路上还需要一点时间，但总归一个小时不到。喂奶没有固定的时间，比方说工作8个小时中，你有两次可以去喂奶。小孩到了4岁以后，厂里有幼儿园，到读小学的时候有子弟小学、平四小学①。这部分的教育也是很完整的"一条龙"。

怀孕六个月以后的女工，厂里允许她们在工作中休息一个小时，我们没地方休息，就把车间里的箱子垫起来当作床，自己拿点衣服、报纸之类的铺在上面，车间还是比较恒温的。我怀孕的时候，挺着个大肚子，躺在那也睡不着，但总归算是休息一阵。1977年，年三十的前一天我正好上晚班，我的预产期就在第二天。我挺着大肚子上了一晚上夜班，好累好累，跑到家里休息好之后，晚上到医院就开始准备养孩子了。医生跟我讲："哟你这么厉害，产门都开了七八厘米你才跑到医院来。要是人家早就过来了，你胆子这么大。"我一个小姑娘，

---

① 1974年，子弟小学停办，并入平四小学。

根本不懂这些。我在纺织挡车前面工作到预产期前一天，又一晚上没停地挺着个大肚子走啊走，所以我生孩子生得很快，晚上七八点进的医院，到十点多钟就把孩子生下来了，是个男孩。

1981年，十九棉厂下属的幼儿园缺老师，在全厂贴布告公开招聘老师。我们车间的值班长俞文龙跟我说："孙敏华，你又会跳又能唱，为什么不去考幼儿园老师？"我说我不知道这件事。因为纺织女工进厂之后，工作8个小时里，只有半个小时吃饭时间，匆匆到食堂去吃饭，然后从食堂里赶到工作岗位上，根本不抬头东张西望的。那个通知贴在食堂外面的墙上，我跟几个小姐妹说说笑笑就进去了，根本没注意。值班长又跟我说："今天是最后一天，你再不去，报名就结束了。"我一听这个消息挺好的，因为我喜欢蹦蹦跳跳，也喜欢跟孩子在一起。

我是最后一个报名的。下午2点我下了早班，身上粘的都是棉花，去淋浴间洗完澡以后就到总务科报名。报名的时候按正常要交两张一寸照片，我之前也根本没想到要报名。他们跟我要照片，我说没带，他们说你先写个名字登记上，结果我就去参加考试了。据说大约有150个女工都想进幼儿园，因为幼儿园的作息很规律，不用像做纺织女工那样三班倒，可以有时间照顾家里。大家都想做常日班，有固定的上班时间，做一些厂里的辅助工作。

幼儿园老师的考核首先是体检，在厂里的医务室测身高、体重、血压，还要验血等，如果身体不好是不能接触小朋友的。之后就是笔试，考语文和算术。语文要写篇文章，题目要求我记不清了。我写的是少年宫发生的一件事：外国友人来参观少年宫的时候，耳朵上的金耳环不见了，这个金耳环是她的传家宝。就在她万分焦急的时候，从门口进来了一个小值日生，手里拿着一个小东西问，是谁丢的金耳环？外国朋友看到后非常感激，问他："小朋友，你叫什么名字？"小朋友就说："你不要记住我的名字，你只要记住我是一个中国的孩子，是一名少先队员。"这个故事是以前少年宫发下来的一篇朗诵词，我把它改写成一个故事。他们都觉得这篇文章写得好。

20世纪80年代孙敏华的
幼儿园工作证
（孙敏华　提供）

　　最后是面试。面试时要朗诵诗歌、念儿歌，还要唱歌、跳舞、画画，最后用钢琴弹一首歌。幼儿园老师必须有的技能几乎都考到了。我弹琴不灵的，快要考试了，我到同事家对面的老教师家里，老教师姓王，他家里有一架木钢琴，我临时抱佛脚练了一个礼拜。

　　幼儿园本来只计划招收两个老师，但最后收了三个，我是被破格收的。第一，老师的年龄需要在30岁以下，但是那年我已经31岁了；第二，老师不能结婚；第三，老师不能有孩子，当然，不能结婚肯定就不会有孩子。我那时候不仅结婚了，而且还有孩子，孩子也在幼儿园。厂里规定老师不能结婚，可能是认为如果你结了婚，又有了孩子，家务事杂事就多，怕你分心，但其实一点也不搭界。后来院长、老师还有工会里的干部讨论下来，觉得我当幼儿园教师好像蛮合格的，因为他们觉得我说话、朗诵、讲故事的语气和声调都很适合小朋友，年龄也只大了一点点，就破例把我收了。我也很感激，所以我在幼儿园工作也非常认真。

我当幼儿园老师

　　幼儿园在东球场的西南角，原来是小礼堂。以前我们厂里大都是女工，缺少男工怎么办？就邀请沪东造船厂的男工，每个礼拜六请10到20个男孩子，来跟我们这边女孩子联谊，在小礼堂跳舞唱歌。小礼堂里有钢琴，跳舞的时候有管乐队伴奏。大概 20 世纪 70 年代的时候，小礼堂改成了幼儿园。1981 年，我刚进幼儿园时，一进门右手边有一排东西走向的房子，是门卫室、厨房、小朋友们的洗手池，还有一间教室。东侧是一排南北走向的平房，有三间教室，最靠北的那间是办公室。小朋友吃饭都是在教室外面的走廊里，一排排坐着吃饭。两排平房之间就是一片大草坪，上面放着木质的攀登架。

幼儿园属于教育科，老师是干部编制，归厂里的后勤部门管理，在纺织厂属于第三线。纺织车间是第一生产线，像翻纱这样的辅助车间属于第二线，幼儿园属于第三线，离生产线最远，所以我们的工资是不高的。因为第一线的工人要三班倒，很辛苦，而我们做常日班，又只是带孩子，相对来说比他们要舒服好多了。之前在车间，我的工资一直是 36 元，进了幼儿园之后比原先高了些，

1981 年，孙敏华（三排左二）第一批学生毕业合影，四排左七为园长孙芝娟。（孙敏华　提供）

有 40 多元。后来再慢慢地调整、增加，我们那时候加半档工资大概是 5 元，一档是七八元。

最开始幼儿园只面向十九棉招生，大部分小孩都住在职弄里。幼儿园里班级也不太多，只有四个班，每个班有 20 多个孩子，我的班里有 25 个。一个班有两个老师，一个教语文、音乐、常识，另一个教代数、图画、体育。我是语文老师，就是讲故事、念儿歌、教唱歌，还会给他们讲常识，比如跟他们讲什么是冬青树，什么是迎春花，教小朋友认识这些花花草草。整个幼儿园除了老院长孙芝娟之外，一共有 8 个老师，有两个小姑娘是和我一样从厂里招进去的，还有些老师是从子弟小学并过来的。幼儿园有一个保健老师，小朋友早上入园的第一关就是体检，保健老师坐在幼儿园门口的椅子上，小朋友进来时会检查他们的指甲，看看小手帕带了没有，衣装是不是整齐。有的父母很着急的，送孩子的时候跟我讲："孙老师啊，阿拉（上海话，我的）小孩头发没有梳，侬帮她梳梳小辫子噢。"厨房里还有 3 个阿姨，每天会给小朋友烧不同的菜，一个星期几天吃米、几天吃面，她们都会安排好。

1981 年时，幼儿园只有中班和大班，小朋友一共在幼儿园上四个学期。早上 7 点入园，8 点做广播操，9 点开始上课。一天上三节课，上午两节，下午一节，每节课大概半个小时，因为小朋友也坐不住，当中休息差不多 10 分钟，让他们上上厕所，喝喝水。中午 11 点半吃饭，大概一个小时后开始睡觉。2 点左右小朋友就醒了，要给他们穿衣服，整理教室，再带他们出去到操场上走走，清醒清醒。但不是每个班都这样，像我比较喜欢活动，现在来看是有点危险的——吃完饭我偶尔会带他们去外面散步，要穿过马路到内江公园。现在回想还是蛮害怕的，幸好也没有发生过意外。小朋友们的自我保护能力很强，他们跟得很紧，过马路的时候我等到没车了，叫他们过去到对面等着我。接着下午 2 点半上课，下课后让他们自由活动，等家长来接。平常休息的时候，会让小朋友玩玩积木，看看小人书。他们也会自己叠手绢玩，有时候会带自己的玩具来玩。

幼儿园的课程是由园长安排好的，教案写出来也需要园长检查。我记得自己刚进幼儿园，有一次在大草坪上备课，讲故事，正好我们两个厂长到幼儿园来，看到我一个人在那很有表情地自说自话，就过来问我在干什么，我说我在备课，他们就说："哦，备课，你备吧！"我们上课不可以拿着本子，要像讲故事一样，小朋友就很有亲切感，很乐意听。上课时园长会看老师有没有准备教具，没有教具要扣分的。比方说"小蝌蚪找妈妈"这节课，幼儿园里有现成的教具，纸上会画着小蝌蚪游到哪里，见到的妈妈是什么样子。但有小部分课没有教具，需要我们把讲课的内容画出来，这就考验我们的绘画功底了。画的时候用毛笔，有彩色颜料，要自己调色。做教具的纸很硬，我们画好之后要把它用磁铁吸在白板上。一个老师每天只教半天课，没课的时候我们会把桌子搬到外面去做教具，因为外面的光线比较好。做不动的教具只用画一张画就好，比如教他们认识小白兔，只需要画一张小白兔，但做画面要变动的教具就更难了，比如画类似"小蝌蚪找妈妈"这样的故事。所以晚上我们要留在办公室做教具，有时候要做到晚上七八点钟，很辛苦的，而且没有加班费，班上几个老师都是自愿留下来，没准备好教具，自己也愿留下来做。

"妈妈，妈妈"

20 世纪 80 年代，幼儿园很看重出勤率，出勤率高，孩子受教育就多。上课总比在家里好，小朋友每天上不一样的课程，我们每天教的儿歌、画的画也不一样的，我们当然希望孩子都来上课。如果小孩子没有来，我们会去做家访。一个班有两个老师，如果你今天下午没课，就去做家访。到工房里，家长看到你会很热情地招呼你进去。有时候邻居看到我来了，会跟旁边人家说"你家小孩班上的孙老师来了"。进到小朋友的家里问大人，这个小朋友今天怎么没去上学，大人可能说生病了，或者带到外婆家了，或者去做衣服了。工房里的人都认识，哪家小孩病了，有时家长会让邻居送孩子的时候带话。小朋友生病的时候，我也会买点东西去看看他，跟他说说话，告诉他要注意喝水，要听爸爸妈妈的话，没事情的时候帮爸爸妈妈做事情，帮爸爸拿拖鞋，帮妈妈拿勺子。

1983 年，孙敏华（左四）等在幼儿园草坪做教具，左侧为攀登架，背景为平房教室。（孙敏华 提供）

孩子会觉得这事情蛮好的，我能做到，不是很难，他有时候也会做。所以家长跟我说："孙老师，你上次家访以后，我们小青改变咧，什么事情都愿意做咧。"

对新生做家访的时候，我们先认识他的家长，了解一下家里的情况，比如跟谁住在一起，有的小朋友是单亲，有的跟爷爷奶奶一起住。知道了以后，就跟家长了解这个小孩平时在家里吃饭怎么样，生活怎么样，有什么脾气。住在职弄的小孩好像要文静一点，住在工房的小孩更咋咋呼呼一点。了解小朋友的脾性以后，我平时就会注意这些方面，在处理问题上有的放矢一些。

来接孩子的家长，大部分都是爷爷奶奶，或者外公外婆，如果爸爸妈妈不是夜班的话就会来接孩子。幼儿园和工房隔了一条大道，家长接孩子很方便。虽然家离得近，但那么小的孩子还是得有人来领，工房里每一家看起来都大同小异，走错一条路，前面后面的屋子是分不清楚的，我有时候进去也会摸不清方向。家长等孩子的时候会聊天，但我不去参与，我只要关心我的孩子不要给人家领错了。我们对来领的人管得蛮严的，比如有的时候他们住在楼上楼下，家长跟我说，我把小丽丽带去好吧，她就住在我们楼下。如果我知道确实是住在楼下，就跟她讲，好的你可以带回去。如果跟她不住在一块或者住得比较远的，大人跟我说要带孩子回去，我是不一定同意的。有些家长很聪明，周一、周三、

20世纪90年代初，幼儿园全体教师在新楼前合影，一排右一为孙敏华。（孙敏华　提供）

周五我来接送，周二、周四你来，反正都是认识的，大家都省事了。

每年家长会来打听新班是哪个老师来带，想让孩子到我的班上，因为可能我年龄大，对孩子态度比较和蔼，而且我自己也有孩子，不可能对孩子不好的。我班级里的小朋友身体都比较好，班级出勤率还是蛮高的。所以有许多孩子家长来跟我说，"在托儿所孩子有气管炎哮喘什么的，到了你班上没有，因为你平时比较关心他们"。有的小孩睡觉的时候是"蒸笼头"，满头大汗。我就会在他的小枕头上面铺个小毛巾。没有小毛巾的时候，枕头全部湿掉了怎么办？下雨天我就把它放在幼儿园的锅炉上烤干。以前幼儿园有一个专门用煤气烧开水的锅炉，小朋友喝水也可以从里面接。天气好的时候，我会把枕头放在太阳底下晒。活动前我给爱出汗的小朋友身子前面贴上一个小毛巾，后面也贴上小毛巾。等他们蹦蹦跳跳好了，进教室一身汗，我就把毛巾给他们抽掉，小朋友身上还是干干的，所以他们很舒服。

我这个人也容易动感情。大班毕业的时候，孩子会主动凑上来跟我说："孙老师，我们叫你妈妈好吗？"我说好，他们都凑上来喊"妈妈，妈妈"。我很喜欢小孩子，跟孩子在一起很愉快。我现在已经71岁了，别人跟我说孙老师你一点都不显老。我说是的，因为我一直跟孩子们打交道，跟小朋友打交道永远年轻。

尾声

从20世纪90年代开始，厂子就不景气了。锭子的数量减少，很多工人下岗，纺织厂职工的孩子少了，幼儿园招的孩子也就少了，所以就向社会扩招。向社会开放之后，很多家长都想把孩子送到我们幼儿园来，因为我们园的教育质量比较好。我们在幼儿园已经给小朋友打好基础，平四小学的老师非常喜欢我们幼儿园的小朋友，比方说问小朋友"4+7等于几"，他们很快就能回答出来，其他小朋友可能还要掰手指头算，当然反应就慢了。而且我们课上经常有杨浦区幼儿师范学院的实习生听课，三四个人都拿着笔记本记我上课说什么，我给他们示范怎么教小朋友。后来我们的老院长调到总工会幼儿园去了，就叫我当代理院长，由于工作出色，还被加了半级工资5元。幼儿园最多的时候有十一二个班级，原来的大草坪上也建起了新的三层教学楼。

1998年厂子停产（实为压锭），厂领导要求关闭幼儿园，所以幼儿园也停了，我就跟着提前两年退休，退休工资是592块钱。我在上棉十九厂30年，工作中一以贯之，勤勤恳恳，任劳任怨。在组织和领导的培养下，我光荣地加入了中国共产党。

我家搬过好几次，最后一次搬家是从宁国路的欧尚超市附近，搬到了纺平大楼。我们是1988年第一批搬进去的。厂里分房子给我，因为我们家小，才20平方米，有四代人同堂。我和儿子住在前屋，我爸妈住后屋，然后上面隔了一个阁楼，爷爷奶奶来了睡下面，我爸和我妈就睡到阁楼里。正好十九棉厂造好了纺平大楼，两栋房子好像是一半给公司的领导干部，一半给我们厂里的中层干部。可能我确实是困难，厂里就帮我解决问题，给我一个66平方米的小房型，有两室一厅。

从 1921 年建厂到 2021 年，刚好是一百年。原来的厂房在 2008 年就被移平，盖起了新的安置房。2021 年这次动迁，纺平大楼是不拆的，职弄里大部分工房都要被拆掉了。但动迁也是一件好事，现在工房的条件太差，搬出去就可以住更好的房子了。

田野手记

记录的价值

张艺严 ×

　　当我第一次来到十九棉时，一位爷叔推着自行车从我们一行人身边经过，兴许是瞧着我们面孔陌生，聚在一起又惹眼，便询问我们的来意。很快有同伴率先解释道，我们是复旦大学的学生，是为了记录这片即将动迁的社区而来。

　　爷叔看起来很意外，也有几分不解，说道："这里有什么好记录的？穷人才住在这里。"

　　我们一行人愣住了，不知该如何回答，爷叔也没有停下脚步继续闲聊的意思，推着车消失在十九棉的窄巷中，留下原地呆滞的我们。

　　当时的我还没有完全意识到，在自己踏入十九棉的第一天，就已经有人将最重要的问题以如此直白而尖锐的方式向我提了出来——记录的价值是什么？

在之后记录的过程中，我一直在追问着自己问题的答案，但似乎越是了解十九棉，这个问题就变得愈加复杂，愈加难以回答。是因为这里即将面临动迁？是因为这里的建筑仍有历史纪念意义？抑或是这里承载了太多人们的记忆？

然而对十九棉和居住在这里的人来说，这种怀念的氛围却并没有外人想当然地那么纯粹和浓厚。那时的十九棉，混乱、不安、焦灼、难舍、留恋，种种情绪皆混杂在一起。墙上四处可见的政府宣传标语，身着西装立于广告旁的房屋中介，都在充分显示着，这片老社区即将动迁。有的人惆怅于百年老屋的倾颓，有的人却忙于处理家事，来不及打包散落的记忆。就连那些记忆本身的载体，也并非可以轻易地一并带走。

职弄里有棵 40 多年的银杏树，我仍记得第一次看到它时的那个阳光明媚的下午，在蓝天的映衬下，满树的叶子像是燃起了一团团金色的火焰。旁边的阿姨告诉我们，她的爷爷当年为了纪念她开始工作，与她一起栽下了这棵树。一

职 2 弄 2 幢 10 号晾衣绳前的银杏树（欧柯男　摄）

晃眼 40 多年，爷爷也早已故去。如今她要搬走了，最留恋的不是房子，而是这棵树。

因为疫情的影响，十九棉的老屋尚未拆掉，银杏树还在原地，阿姨也一直等待着园林局的回复。倘若这棵树有幸被保留，以后经过它的路人，还能得知谁栽下了它，背后又有什么故事吗？

人走了，屋空了，记忆就消散了。消失的不仅仅是这一处建筑，更是居住在其中的社群的联系，以及他们所经历的故事。这些小人物的命运不仅与老杨浦区的命运相连，更与这百年间整个中国的时代变迁息息相关。

所以，记录可以建立起记忆的锚点，当后人再次触碰这段历史，他们不仅仅只看到一些档案中的数字，一些大致的描述，而且会看到活生生的人们，看到鲜活的故事细节。

但遗憾的是，记录同样是永远无法触及真实的，其中不可避免地掺杂了记录者本身的价值判断，受到了众多因素的影响，被安上了特定视角的透镜，折射出了某些方面的内容。记录对十九棉的价值是什么？对读者的价值是什么？记录的价值是什么，这个问题我仍然难以回答。

但我想，记录的价值也许就在其本身。毕竟，正如德布雷所说，人们只传递能够保存的东西。我们的工作如果能在将来某个不经意的瞬间，给后来者创造小小的意义，那便足够了。

『妈妈鼓励女孩子踢足球』 × 常协五

常协五

女，小名协宝，1950年10月生于上海，祖籍江苏泰兴，初中文化。家住平凉路2767弄职5弄4号。初中毕业后，去上海郊区农场，后回城进厂工作。父亲为工程师。

口述：常协五

采访/撰述：张力奋

时间：2023年3月

1950年10月，我出生在十九棉厂职员宿舍，职5弄4号。4号是日式连体排屋，两层楼，因为我家人多，4号楼上下两层都是我家。我的名字有些特别，1950年，全国政协开过好几次重要会议。我名字中的"协"就是纪念协商会议的意思，"五"当然指排行老五。1953年国家颁布第一部宪法，弟弟出生，父亲就给他取名"拥宪"，一看就知道是哪个年代的。我父亲常望之，老家在江苏泰兴，出生在一个地主家庭。中学毕业后，他考取了大学，这所学校是近代著名实业家、教育家张謇创办的，当时叫南通纺织专门学校。父亲入学后专攻纺织技术。1945年，陈毅领导的新四军部队在苏北驻扎下来。父亲戴着近视眼镜参加新四军，成为教员，开展宣传教育工作。他喜爱文艺，会唱歌，在部队很活跃。1946年，经组织同意，他去了上海。经大学老师介绍，进入纺织厂（十九棉厂前身）工作。解放前夕，在中国共产党的领导下，他作为厂里职员，积极参加护厂斗争立了功；后来成为劳资科科长。厂里给他分的宿舍，就是我出生时的职5弄4号。家里兄弟，一直住在那里，直到动迁，长达60余年。

　　我母亲徐帼芳，是父亲的同乡，他们是小学同学。他们上的小学是我外公创办的。妈妈中学毕业后，考取了县师范学校，一心想当老师。父亲到新四军后，母亲就在当地小学教书。后来爸爸到了上海，寻到工作，就把母亲从泰兴乡下接出来，当时已有了两个孩子。我大哥比我年长10岁，大姐比我大6岁。到上海工作后，母亲虽说又生了6个孩子，但她以师范毕业生的文凭，没有间断过工作。她很快在十九棉厂职员宿舍内的平凉路第四小学当了老师，一直工作到退休。

说到职员宿舍，我最早的记忆是房间里有日式的榻榻米，有日式的百叶窗、玻璃窗和纱窗。楼上有两间卧室，一大一小，中间有移门连接。楼下也是两间，用作日常起居。楼上还有壁橱，共两格，又宽又深，可睡人。女孩子睡在床上。家中人口多了，一开始，家里请了个保姆，帮着照看孩子。后来，外公的妹妹，我们的姑奶奶，因丈夫不幸过世，又未生孩子，就到上海来找工作。当她看到我家孩子多，我爸爸妈妈又要工作，干脆放弃在外面找工作，帮我妈妈承担了家务活。她说，自家孩子自己人带更好。家里幸亏有姑奶奶操劳家务，我们全家人一辈子都感激她。

我记得，当时家里的家具都是厂里配给的，有六格抽屉大橱，还有五斗橱。写字台有两张，父母各用一张，父亲有时要回家办公，母亲要批改学生作业，紧靠窗户位置。吃饭时，大人用大桌，小孩子都在小桌，坐小椅子，配对的，椅子用完可以折叠。楼下有一个洗手间，是蹲坑。厨房是日式的灶头，刷了石灰，白白的，烧了火，烟从直立的烟囱冒出去。上海人不喜欢这种灶头，不好用，后来改用煤球炉了。每天一早，姑奶奶就起床生煤炉，做早餐，挺辛苦的。父母对姑奶奶十分敬重，也从身体上、经济上对她予以关心。

我还记得，父亲给我小时候留下的印象是很和蔼，几乎不打孩子。他工作忙，没什么时间管我们，每天早出晚归的。其实厂门离家只是几分钟的路，家里也很少见到他。他穿着得体，注意仪表，喜欢文艺，爱看书买书。家里书不少，有他的纺织专业书，也有不少小说名著，比如《红岩》《红楼梦》等。他用的书架是用竹藤编制的，楼上楼下都有书架。楼下的书架，多半是小孩的课外读物，比如我订阅的《少年文艺》。

父母都属高工资。父亲月薪150元，母亲96元，全家十一口人，生活仍过

20世纪20年代公大纱厂花园、其日亭、水池（朝日新闻大阪本社富士仓库藏）

得蛮舒适的。我们小区里有游泳池，每到暑假，大人就给8个孩子每人买一张游泳池的暑假季票，每张3元，这在当时是不少的钱。我们几乎每天都去游泳。母亲读过师范，她特别注重培养我们体育与音乐方面的爱好，鼓励我们多出去玩，多运动。她给我们买了手风琴、小提琴，在家里教我们。孩子们最喜欢在家里打乒乓，家里没有乒乓桌，就从壁橱上卸下一块门板，搁在两张凳子上，上面再搭上两块砖头，支个竹竿或木棒，算是球网，就开打了。母亲鼓励每个孩子有一技之长，以后更容易谋生。

十九棉厂职员宿舍很漂亮的，回头看，很难想象在当时上海的工业老区大杨浦，有这样一个有花园的居民区，小区里有草坪、喷泉、假山，有猴子与老鹰的小动物园，有大花园、秋千、游泳池、可跳舞的俱乐部和足球场，足球场还常有棉纺厂等厂际之间的足球赛。此外，小区里还有合作社小店、储蓄所、理发店。

我们十九棉的孩子一般是不外出的，学校就在门口，平凉路大门进来，似乎什么都有了。我家比较大，放学后学习小组有时就放在我家，小朋友一起做功课，然后玩捉迷藏。每到夏天，壁橱里热得很，男孩子就睡在地板上。大热天，睡不着，我们就先在房前的小花园乘风凉聊天，叫大人讲故事。记得暑假时，厂里常在足球场放映露天电影，很多是战争片，打仗的。大家早早地去那里占位子，有的人家索性就把凉席铺在那里，有的坐小凳子，边看电影边纳凉。厂里有时还组织职工演出队进行文艺演出，记得父亲还上台扭过秧歌。

我母亲对8个孩子的管教方式，主要以表扬、鼓励为主。平时要我们多晒太阳，多运动。父亲对女孩子偏心，从来不打她们，但他对儿子就严厉得多。我们8个孩子都相对自觉，家务也都有分工。我大哥很爱干净，每每拖地板、扫地都由他承担，擦玻璃窗也由他负责，他带了一个好头。此外，女孩子的衣服都得自己动手洗，但姑奶奶对男孩子偏心，帮他们洗衣裳。每逢春节前大扫除，我们都听大哥调派，每个小孩都得出力。

我从小体育很好，除了游泳、乒乓，还特别喜欢足球。那时，小女孩踢足球的几乎没有，但是母亲鼓励我去踢，我就去足球场找男孩子踢。我考初中时，体育老师表示推荐我上五十六中学体校，但母亲不同意，她说体育可以作为爱好，但读书更好，一定要我考重点中学。后来我考进孝和中学，是区重点，后改名为建设中学。小学里，我读书很卖力。清晨一早，我就起来跑到花园里朗读课文，有时还要与弟弟在院子里抢地盘，看谁起得早。

家里8个小孩，父母亲力求摆平，至少在物质条件上是公平的。8个孩子，总是一起买新鞋子，一起做新衣裳。我每个月零用钱是5毛钱。我用来买零食，买盐金枣、橄榄，5分钱可以买一包。我订《少年文艺》杂志，是父母另给钱，不花我零用钱。上中学后，记得零用钱也涨了，每个月1元钱，不过我挺节约的，上学放学，都靠走路，不乘公交车的。

记得小时候，父母亲每年都要带全家到大世界玩一次，照照哈哈镜。除了大世界，就游览人民公园，有时从西藏路走到南京路，上饭店吃一顿，不吃西餐，吃中餐。杨浦是上海"下只角"，每回去市中心，很兴奋的。在饭店吃饭时，父亲会让儿子们咪点老酒，女孩子不允许的。我的二姐，从小身体虚弱，走路很慢，好几次我们走在前面，把她弄丢了，再回头去找她，只听得警察在大喇叭里喊，有小女孩走失，要大人去领回来。

兄弟姊妹里，我是最早上正规幼儿园的，而且不在家附近，是在静安区的愚园路上，好像是上海教育工会机关幼儿园，因为母亲当时在学校表现优秀，有资格申请这家全托幼儿园。每逢周一，父母坐公交车送我去幼儿园，每周六下午，往往是我大哥接我回家。

记得小时候，我们家里玩的游戏有跳橡皮筋、打弹子、下军棋，还在水泥地上玩过"叮"橄榄核。橄榄肉吃完后，我们把橄榄核留下来，洗干净，晒干，在地上用粉笔画个方块，甲方用自己的橄榄核，垂直瞄准乙方方块里的橄榄核，落下时，把它顶出方块则赢。我从小比较野，母亲鼓励我多运动，我更喜欢与男孩子玩，刮刮片、跳房子，最喜欢乒乓、游泳，有时玩打弹子，明明我赢，弟弟赖皮，我们就会吵相骂。

我和大哥的感情最深，还有二阿姐。大哥上大学住校后，他把拖地打扫的家务移交给二阿姐，但她体质弱，常生病，发烧，吊盐水，我就接下了拖地板的任务。我人小，上下楼拎不动水，就半桶半桶水拎上去，楼梯上，一格一格拖上去。把地板拖得干干净净的。因为我从小在家里做打扫清洁工作，很辛苦，所以特别看重别人是否尊重我的劳动成果。比如叫家里人别扔东西，要保持家里整洁。

夏天我们喜欢拿根竹竿去粘树上的知了。我们小区里有花园，树多，知了也多，一粘就是一只。然后用砖头搭个土灶，烤知了，主要吃背脊上那块肉，很香很好吃的。有时也跟着大哥二哥，深夜溜出去到大花园里捉蟋蟀，我是小跟班，一只手拿蜡线织的小网兜，一只手拿手电筒。听到有蟋蟀叫，就悄悄过去，蹲下身，打开手电筒，搬开砖头。电筒一照，蟋蟀花了眼，就不动了，慢慢用网兜套上去，就抓住了。回家放在蟋蟀盆里，再拿到弄堂里斗蟋蟀。暑假里，作业并不多，我们就养小鸭子，在门前小花园里挖一个小小池塘，让小鸭子在里面游来游去。我还养过小鸡、小兔子。我二哥手很巧，给兔子做了个木头的小笼子，每天给它汰浴，再清洁笼子，弄得很舒服的，我喜欢跟着两个阿哥玩。

说到过年，印象最深刻的是在家炒花生、炒南瓜子。1958年家里已装了煤气，烧东西更方便。炒好后，大家分配，报纸撕成几份，用来包花生瓜子，一人一份，公平分配。20世纪60年代起，上海日常用品配给，按每家人头配给供应，都要用购物票证，买肉有肉票，鱼有鱼票，豆制品有豆制品票，粮糖油烟都要票证，过年时有专门的年货配给，父母忙于工作，采购年货的任务就由我们小孩包干了。离家最近的菜场在爱国二村，从平凉路定海路往北走，就到了。为了能买到热门的年货，往往半夜爬起来去菜场排队，我们家孩子多，就轮流排队，排上半夜、下半夜，把鸡、鸭、鱼、黄鱼、带鱼、豆制品一一买到手。家里一日三餐，都由姑奶奶下厨，我们喜欢她做的菜，淮扬菜，又有本帮菜的甜味，她做的茄子塞肉很好吃。她很会做面食，比如馒头、春卷、面条。大米供应少，我们就多吃面食。除夕之夜，我们家里有守夜的习惯，吃好年夜饭，我们先去洗碗，这时我们不让姑奶奶洗碗，她已辛苦了一年，让她休息。临睡前，父母给我们发压岁钱，一人一份，好像是一人5元，像发牌一样。年初一，我们穿上新衣裳，要去隔壁邻居家拜年。他们会拿出糖果、点心，我们拿几个，就和他们告别了。父亲是知识分子，加上爱好文艺，家里有电唱机，听听京戏和歌曲。

1958年，"大跃进"，我已经8岁，上小学了。记得居委会到各家各户收铁锅子、烧坏的铁家什，原来我们弄堂房前的小花园都有木栅栏围着，栅栏头上都有个三角，很漂亮的。"大跃进"时，很多栅栏都被拆走，当柴烧了，也可能有些木头已有点烂了，看上去破烂相，从此栅栏就没了。

生活在小区里，我们从小就觉得很安全，平凉路上有十九棉大门，两边还有石凳子，门房很气派的，足有20多平方米，里面有办公室，还有会客室，进出都管得很严、很规矩的。

"大跃进"时，我们十九棉里弄也办起居民食堂，是厂里派人来的，在足球场边上建了一个食堂，很大，里头可以坐下来吃，也可买走回家里吃，早中晚一日三餐，都有供应，可买饭菜票。早饭有粥，放在一个很大的钢精圆桶里，还有馒头，中午和晚上有很多小菜。我们常常去买，图个方便。食堂持续了两三年，就关闭了。那时居委会干部也很忙，她们是专职的，忙着调解里弄家庭的纠纷，传达政府各项政策。

进入20世纪60年代，三年困难时期，我在上小学。我们家好像并没有受太大的影响，特别是日常食品方面，不记得饿过肚皮。苏北老家常常有亲戚到上海来，住在我家里，总会带些乡下的土特产，一只活鸡、一些鸡蛋，家里常年都有花生米吃。大米配给少了，姑奶奶就多做馒头、面条。她做煎饼时，我们都等在煤气灶旁边，一出锅就把煎饼扯开，抢着吃，很香。夏天，我们就把餐桌搬到小花园里。

1958年，已是工程师的父亲被厂里派到广西南宁支援创建纺织厂。1966年，"文化大革命"开始了，我正在建设中学念初二，6月，学校停课闹革命不上课了，我与同学也参加了"大串联"。

"大串联"后，在家里闲了一年多，到了1968年上山下乡，我被分配去崇明前进农场。我分到一连，进了大田班，就是种庄稼的连队，很苦，早出晚归。其他季节还好，最苦的是冬天，每年1月，我们的任务是开河。因为冬天农闲，就派我们知青去很远的地方开河。所谓"开河"，就是人工挖河泥，拓宽河道。凌晨4点，就要起床梳洗，吃早餐，准备好工具，半小时后出发。因为很远，每天卡车把我们送过去。到工地，已是清晨6点，即拿着铁锹下河了，冬天寒冷刺骨，冻得不得了。工地上，拉着灯，天一黑，就挑灯夜战，晚上6点多才歇工。卡车送我们回到连队，已近8点，人已经瘫倒了。开河时，我们一般是穿套鞋、雨靴下河，但河泥挖得越深，雨鞋就会不断陷入河泥中，拔都拔不出来。无奈之下，我们索性脱了鞋，赤脚在河里挖泥，都冻麻木了。记得当年在农场的工资是每月18元，如果表现好，好像还有3元奖金补贴。每年春节前，除了值班的干部，农场里就空了，我们都从崇明坐船回上海城里过年了，前后可待满两个礼拜，过完元宵才回农场。

在农场时，我因为劳累过度，加上营养不良，肾脏出了状况，小便经常带血，多次住进场部医院。虽说我也需要用钱，但那时父母工资没有全额发放，家中开销发生了问题。我得知后，即对母亲说："我有工资，可以支持家里的。"每个月一发工资，我留下饭钱、日用品要花的钱后，就把其余工资寄回家里。场部离连队坐车也要20分钟，每月寄钱时，我同时再寄一封家信。母亲收到信，就再回一封。这样做竟养成了"习惯"，后来我调回市区工作，一直到我结婚前，

1975 年冬，常协五与家人在职弄合影
（常协五　提供）

我的工资收入除留下生活费外，都交给了母亲。

1974 年，农场领导觉得我的病情拖不起，决定让我上调，回上海市区，安排的单位是上海市轻工业局修建队，办公地点在南京西路的美丽园，我从平凉路坐 25 路电车到外滩，再转 71 路到美丽园，每天来回交通至少 3 小时。虽然是坐办公室，但疾病在身，还是吃不消，申请先看病诊断，同时要求换一个离家稍近的单位，父亲托朋友帮忙，调到离家附近的上海自行车三厂。我的病经杨浦区中心区院一位主任医师诊断为肾结核，并积极针对病情进行抗结核治疗。经过一年多的诊治，病情缓解。1976 年光景，我的病基本治愈了。其间，在厂里关心下，我病休了整一年。1978 年，我结了婚，还生了儿子，从此离开了十九棉厂职工宿舍。

现在，经过几十年的改革开放，我和兄弟姐妹的生活都得到了很大的改善，家家都住上了煤卫独用的房子，其中有福利性质的售后房，有新开发的动迁小区房，也有价值不菲的商品房。十九棉厂职员宿舍职 5 弄 4 号的生活，还会永久地留在我们的记忆里，那里留有父母和姑奶奶的恩泽，有兄弟姐妹的亲情，还有众多发小、同学的友情和我们成长难以忘怀的往事。

陈宝龙 × 『我生在一号英式洋房』

陈宝龙

男，1951年生于上海，初中文化。1971年赴安徽芜湖插队，在安徽工作近20年，后返沪，回到职弄居住至今。住址平凉路2767弄职1弄1号英式洋房，属保护建筑，不拆迁。

口述：陈宝龙

采访/撰述：李大武

时间：2021年11月

房子

当年的十九棉职弄，是大家都很羡慕的住所，要公园有公园，要游泳池有游泳池，要大球场有大球场，各种配套生活设施都有，当时其他地方哪有这里这么好的条件？

1951年，我生在职1弄1号英式洋房里，和另外四户家庭住一起。我家住在一楼靠西边的房间，其他户人家分别住在一楼靠东边和二楼的房间。我父母住在西边大一些的房间里，我住在大房间西南边的小房间。两个房间夹着的地方，我们拿来做公用厨房。不过除了在公用厨房做饭，我们几户家庭见面的次数也不算多。当时其他家庭没有同龄人，跟我玩得好的都住在对门。20世纪70年代往后，我到安徽芜湖插队，他们也陆陆续续地搬走了。这里住进来新租客，跟我们的接触就更少了。

这间英式洋房，是解放以后共产党分给我们几户人家的。我父母都是十九棉厂纺纱车间的职工，20世纪40年代就到工厂里工作了。那时干部和群众真的是打成一片，谁家里住房困难，打个申请，厂里的干部就给谁分配房子。我估计很多户家庭也没有申请，反正空房子多，日本人跑掉了，国民党也跑掉了，留下来的都是劳苦大众，随便找间空房子就住下去了。

日本人造的房子很讲究。我睡在房子里，有种冬暖夏凉的感觉，通风也很好，夏天晚上站在楼梯上，能感觉到风往身上涌。日本人最初装修时，墙头都是一颗颗圆润光滑的鹅卵石，小石子嵌在水泥上面，那是真的好看啊。

20世纪六七十年代人口膨胀，居民家里小孩多了、长大了。十几平方米的地方，住了好几个长大的孩子，没地方睡，能怎么办？大家就拆掉家里的花园，自己造违章建筑。

1990年左右，我家也把花园给拆掉，造了违章建筑。家里原来的花园，没人种花，早就变成荒废的平地。建新房花了半个月。我把空地清理平整，砌墙头，最后再浇个水泥屋顶。

那时父母亲早都退休了，在上海弄不到钢筋、水泥这些建材。这些材料不贵，但当时各个生产单位都有固定配额，个人弄不到，得所属单位打报告，计划委员会批准才能购买。

这就得我来想办法。20世纪70年代我在安徽芜湖插队后，分配到运输队工作，开了好几十年的车。运输队的领导很关照我，给我开了绿灯，特批了5吨钢筋、水泥。他当时跟我说，你开车带一车料回去吧，我们只能帮到这个程度了。后来工友们开玩笑，我这个房子造的真是"代价太大"。

拿到材料后，我从安徽开着解放牌载重5吨的卡车回到上海。380多公里，要开12个小时左右。以前没有高速公路，路况不好。以前的车也都是汽油发动机，遇到点坡度就开不太动，得慢慢爬。车里没有空调，全靠打开车窗的挡风玻璃来散热。发动机的热量正好往里吹，整个热气都灌在身体里，一天开下来，脸都冒油了。那个时候年纪轻，没怎么感觉累。其实插队后经常从安徽开车到上海送货，也习惯了。

2010年挖军工路隧道的时候，房子出现沉降，底部出了一些裂缝，最长的缝将近有30厘米。我只好搞点水泥倒进去，搭个脚手架，涂点红油漆，上海人叫"红药水"，说涂个"红药水"好看一点。这种做法肯定不能从根本上解决问题，但修修补补也就算了。现在到以后，我还要接着在这里住下去。

十九棉职弄英式洋房组图

透视图

俯拍图

老树

我屋子里这棵广玉兰树也快 100 多年了，跟着这间房子存活到现在。原来职弄最少有几十棵广玉兰，现在就剩下这一棵。人口膨胀的时候，晚上有人偷偷给花园的树倒点硝镪水。这是工业用品，腐蚀性很强。还有人倒硫酸，没过两天树就死掉了。硝镪水、硫酸这些东西厂里都有工业需要，不难拿到。树死了，再砍掉，就给新房子腾出空间来了。确实那时大家都有困难，我不说这种做法对不对，反正自己问心无愧就行。

职弄里的树倒没有受过什么虫害。家里院子大的，很多都种广玉兰。院子小的，就种一些花草或小型植物，如月季花、小冬青树，春天来了，花草发芽，也很好看。我家花园跟其他户差不多，月季花、菊花都有。大人们偶尔除下杂草，不用费多大的心思，我们小孩子就更不会对这些感兴趣了。后来人口膨胀，住房紧张，花园也渐渐被大家拆掉，装个棚，盖个顶，在里面烧烧饭洗洗澡，类似的违章建筑也就越来越多。

管事人

职弄旁边有块湿地，叫白洋淀。它其实是日本人造陆军指挥司令部时挖出来的空地，时间长了，自然形成了一个泥水塘。小时候我们偶尔会到那边游泳、钓鱼。白洋淀靠近西球场，在它边上有个垃圾堆，集中堆放工厂的工业垃圾、废料。这里设置了一个站岗的人，我们私下里叫他"小郎"。这个"郎"呢，我们也说不清楚是哪个字。

小郎管得很严，从不让我们进去，也从不会跟我们说笑，整天一个人守在那里。不让人随意进出，是因为工业废料有污染。

他比我年长十几岁，我们这群小孩子看到他有些发怵：他敢一个人夜里在那边值班。晚上那边静悄悄、黑黢黢，像坟地一样，他不怕，我们怕。放学后我们到那边玩，看到他就得绕开。

还有另一个我印象比较深的人，她是 50 年代给小花园开门的职工，广东人，当时 20 多岁，很年轻，我们小孩子跟着厂里的大人一起，叫她"小广东"。小花园晚上 6 点到 9 点开放，她负责开关门，摇摇铃铛提醒大家。小花园开放时，门一开，我们就跑到里面乘风凉，拿草席往草地上一铺就能睡觉。那时没有电风扇、空调，我们躺着，随便说些什么。那里没有蚊虫，躺在那里慢慢地就睡着了。小花园不开放时，她要打扫落叶、清理垃圾，把小花园弄弄干净。我记忆里一直是她在管理，偶尔有两三个员工过来听她指挥，搞清洁。

小花园的围墙，其实就是一圈不算很高的竹篱笆。上面有几个固定毛竹的硬块，我们踩着就能翻进去。在里面偷偷玩的小孩给"小广东"发现逮住了，她就会拿手掐小孩的虎口，酸溜溜的。实际上她不会真的伤害我们，看到我们偷偷溜进去玩了，她就装出一副凶样，吓唬我们，在远处喊上几声。我们听到就飞快跑掉，她不会深追，把我们赶走就算了。

足球

我们小时候没什么娱乐，就踢踢足球。这里出了很多踢足球的人，不少人踢出了名堂。厂里很重视足球赛，专门请国家队、上海市队退役的球员到厂里车间工作。他们的工资跟正常员工差不多，但会被安排到比较空闲的岗位，工作很舒服，想做就做，不想做就不做。他们会加入厂里的球队，或者给球队当教练，带球队打比赛。杨浦区工厂间的球队比赛，我们厂队拿冠军是常有的事。

上海市队经常到我们这来打比赛，就在东球场。小时候我们经常拿个小凳子，到场边坐下来观赛。有时候没凳子得蹲着看，看个三四十分钟，也不累。看到有人进球，大家会欢呼几下，不过没有现在这么多口号。

市队来打比赛前，还有人会专门写宣传广告，大红纸上用黑字写着"几月几号下午几点，上海市队对十九棉厂队"。等 25 路公交车开到这边，他把广告用浆糊粘一粘，贴在汽车后屁股的防风玻璃下面。其他人看到 25 路公交车，也看到了宣传广告。

足球绝对是当时附近大部分工人的爱好。20 世纪 70 年代，有个十七棉厂的

冬季的游泳池（上海图书馆藏）

1963年，十九棉的小姐妹们在游泳池合影（吴关乃　提供）

工人是死忠球迷。那天他到虹口去看十七棉厂队的比赛，看了一会儿，另一个人急急忙忙跑过来告诉他，你爸走了（去世了），你赶紧回去。他讲，走就走了，球看完了我再回去。早回晚回几个小时区别大吗？大家的想法不太一样。好多人都觉得不好，但最后也没有多说什么。

我们小孩子当然也很喜欢足球。小学时，我们这一批玩得好的同龄人，只有一个人有一个小橡皮球。他家里条件比我家困难好多，球应该是别人送给他的。当时谁家里有球，我们就跟着谁玩。我们得哄他高兴，给他说说好话——他不拿出球，我们玩不了。有了球，两个人能踢，三个人也能踢。

长大一点，十几岁的时候，周末会和朋友到人民广场踢踢野球，纯粹是为了娱乐和开心。那个时候踢的球就正规一点，四号足球，比赛用五号足球。人民广场的场地不比我们的好。大家玩笑娱乐，好多人连球都控不住，踢上二三十分钟就结束了。我们过去呢，实际上就是为了展示自己——"你们这个球技实在太臭了"——我们职弄的一群人，基本上赢多输少。

游泳池

除了足球之外，游泳是我小时候最喜欢也最经常玩的。游泳池开放给工厂的职工们，他们只需要办张游泳池的卡，这个流程很快。

考虑到健康的问题，还得先到医院去办一张健康证，做一个简单的体检，看看有没有什么皮肤病、心脏病。体检花不了多长时间，拿到医院盖章的健康证后，就可以到俱乐部办卡。

办卡时需要带张自己的照片。照片是为了避免有人冒充，否则只要有一张卡谁都能进去。其实都是厂里的员工，大家都认得出来，想冒充也冒充不了。交1块5毛钱，在游泳卡上把照片粘贴上去，再盖个章，凭着这张卡，就能在游泳池里随便玩耍。不过以前花1块5毛钱办卡也不得了，算奢侈的事。大饼、油条加糯米饭团的早餐三样只需要1毛钱，猪肉7毛几分钱1斤，青菜也就1毛钱1斤。

游泳池有早中晚三场，早上八九点到中午 12 点，下午 2 点到 4 点，晚上 6 点到 8 点。夏天没地方去，又热，不如待在游泳池里。露天泳池里，下雨倒是影响不大，大家可以就着雨水游泳，只是夏天打雷时会被叫停。

游泳池里的深度是渐进提高的。浅水区高度不超过 1.2 米，中浅水区不超过 1.5 米，深水区不超过 2.1 米。我呢，就在里面瞎游，浅水区里跑跑跳跳，慢慢就有些悟性，能在水里浮起来了。小时候没事，天天在里面泡着，两三天就不会沉下去了。姿势嘛，可以后面慢慢纠正，游得怎么开心怎么来。

游泳池里有专门的救生员。1967 年的时候，有一个小伙子差点淹死在游泳池里，在水中闷了好久，救生员赶紧跳下去拉起他，把他倒过来做按压。家里人着急得要命，还好总算救过来了，没死人。

游泳池里不分男女，不过当时也不怎么时尚，大家都穿着相似的泳衣泳裤。游泳池规定三天换一次清水，再加点含氯的消毒剂，水质很好。游泳池大约有 25 米长，10 米宽，一口气游过整个泳池，在我们小孩子里算不错的。长大之后再看，就太小了。

吃食

我家里的条件虽然不算突出，但在三年困难时期时也没特别饿着，算可以的了。我家父母都在厂里工作，情况好些，最困难的时候也能保证每天都有一顿饭。职弄里有几家条件差点，父母有一方不在厂里干活，吃食有点紧张，月底总是有四五天没口粮。

有一家人，每月 20 号之后，口粮没了，得撑到 25 号才能凭票去买米。他们只好搞点菜叶煮烂，放点面粉一调，就吃这个。不顶饱，小孩子吃完一下就饿了，而且肚子里净是蛔虫，脸色不好看。那时学校里经常发蛔虫糖，给他吃了糖后，屙出来八十几条蛔虫。

那个时候得有购粮证、粮票两样东西才能买米，家里几口人吃多少大米，都是规定的，不能乱动。买其他东西，也都要票证。现在看来可能像天方夜谭，觉得很奇怪，但当时计划经济就是这样。到了每月 24 号，街道给每户人家按人头发放票据，糖票、肉票、鱼票、蛋票、香烟票、糕点票、肥皂票、自行车票，什么都有。

熬过这几年，厂里的吃食也很好了。小时候觉得，到厂里吃食堂是一种奢侈，要肉有肉、要鱼有鱼。食堂发一张代价券，其实也就是粮票一样的东西，拿钱换券，再凭券买食品。一砂锅的肉丝汤面，大概 1 毛 2 分钱，吃到撑。食堂里的座椅都是木板凳，以前木料紧张，板凳上就用三到四根木条钉住，中间还有空隙，坐不断就行了。

会议

1972 年，毛主席说"深挖洞、广积粮、不称霸"，厂里面开始挖防空洞，组织有空的工人义务劳动，去帮忙烧砖胚。我年纪轻，也没去做过，只知道有厂里的工人一直在做。到我去插队的时候，这项工作还继续着。

我爸妈当时也很忙，经常要开各种会议。我很希望爸妈早点回来，想跟爸妈在一起。到了下班时间，他们还没回来，我就在职弄外面等他们，路上厂里下班的人陆陆续续回来，就问问他们怎么回事——喔，还在开会。

后来我渐渐习惯了，厂里开会是很正常的事。工厂分早中晚三班，一般是早班、晚班后开会，中班结束已经晚上了，也没人愿意留下来开会。早班下午 2 点下班，有时会开到下午四五点，晚班早上 6 点左右下班，也要开上一两个小时。晚上我家一般 11 点睡觉，到 10 点爸妈还没回来，我睡不着，就到厂门口去等。有时提前跟他们说回来的时候带点吃的，他们就从厂里食堂买点大饼、面条。2 分钱一块大饼，晚上吃得真香。我们小孩子不关心会议讲些什么，大人也不会告诉我们，只是留下了等待的感觉。

自行车

我十五六岁时，家里买了自行车。当时的自行车 200 块钱，贵得很。以前算奢侈品，单纯只为了代步，绝对不会有人家买。也不是你想要就能有的，计划经济，得凭单位发放的自行车券购买。计划供应很紧张，就多了一些票贩子，他们拿着票证去卖——想要自行车，可以，30块钱给一张券。

像这些奢侈品票，每个企业都有不一样的分票规定。有的厂里或者工会、车间下单打报告，审批通过就能拿到票。有的人住得远，上班不方便，加上对厂里贡献比较大，也会优先受到考虑，不是张三李四去申请都有的。企业内部会制定规定，符合标准，就给你，不符合标准，就不给你，你也不要去吵闹。

我家里的自行车票怎么来的，我到现在都不知道。有车就行了，谁还管这些事情呢。对自行车，我们很稀奇，也很爱惜。没事的时候我就把它擦得干干净净。先用抹布擦干，再给自行车上油，用缝纫机机油在自行车的钢圈和车链上涂一层，让它不容易生锈，也避免刹车让钢圈磨损太多。

我们这群玩得好的同龄人，就六七户家里有自行车。工作日父母骑去上班，到了休息日，我们就能骑出去玩。到人民广场乘公交要1毛钱，来去就2毛钱了，我们舍不得，就用自行车载着其他人一起过去。我们从小路走，在大路上遇到警察会被拦住教育，"你们这不可以载人啊，赶紧下来啊"。六七辆自行车，凑一凑也够我们一群人出发。

我骑自行车出行最远的一次，是从职弄到奉贤区的五四农场。先到闵行，再往南边奉贤走，单程接近80公里，五六个小时。我载着我好朋友的姐姐，和好朋友一起，三个人骑着两辆车。去的时候差点出事情，骑之前，前轮的螺丝已经松了，我估计没发现，接着骑，轮子都要飞出来了。后来赶紧骑到朋友家里，用扳手把所有螺丝拧紧才上路，幸好当时只是螺丝的问题。我们早上5点出发，晚上11点回到家里，骑车到家时整条腿都像要断掉一样，不过第二天就没事了，年纪轻，恢复快，生龙活虎。

俱乐部

1972年，大礼堂失火了。它是厂里职工娱乐的地方。我还是习惯把它叫成"俱乐部"，这是日本人在的时候就一直流行的叫法。

这场火灾似乎是有人在旁边烤红薯，点着了边上堆着的建材引起的。但到最后失火的原因也没确切查出来，也没听说过抓住了哪个纵火犯，反正也没死人。其实蓄水池就在旁边，当时叫"消防池"，很长。火灾发现得早，但"文革"时社区没人管，烧得还是蛮厉害的。我们十几岁的小孩子在家里，没出去。家里好像都感觉到火烧起来的热量。我印象最深的是，当时大家都打开了消防栓，没出水。有两个女的一直在哭。

这场火灾万幸没出人命，但俱乐部还是毁掉了，太可惜了。原来的俱乐部两层楼，全是木质地板，墙很厚，大概有45厘米，里面没有水泥，主要是秸秆和着泥巴，也不容易脱落。不过这样燃烧起来基本上留不住。后来重修过，二楼搞成了平顶，跟现在的平房差不多。

在我的记忆里，20世纪50年代俱乐部里还常常有人跳交谊舞。我们小时候会趴在窗上看一会儿职工们跳舞。跳舞的职工可不是一般的工人，办公室职员比较多，也有很多高级职员。他们有点文化水平，懂跳交谊舞，但也不会教给别人。

约1956年、1957年，有苏联专家过来考察交流，就会在里面开舞会。有时候还可以在里面看见两个印度人，头上戴着白布、红布。他们在定海路的华光啤酒厂当保安，我们有时候没事，就跑去那边看看他们。其中有一个找了个中国女人，在南工房这里住了很久，他会讲普通话，天天喝得醉醺醺的。不过后来也没怎么看见了。

1958年左右，俱乐部添置了黑白电视，专门播放新闻栏目。晚上7点左右，管俱乐部的员工会下楼打开电视。电视机就放在俱乐部一楼大厅的正中央，进门往左拐，走一段路就能直接看见。大厅空间不小，一两百个人看没问题。虽然只能在电视里听听新闻，但我们仍然觉得很神奇，一个活人可以在"盒子"里面说话、播新闻。

收音机

1966 年，我家买了一台收音机。这台机器有两种功能，既是收音机也是电唱机，我看中了它能够播放唱片，一机两用。它分两层，下层是收音机，有两个旋钮调频，上层打开就能当电唱机使用。像留声机一样，用插头的一个小针顶在唱片上，唱片的螺纹和针尖摩擦，通过听筒放出音乐。唱片是单独买的，很贵，一张胶木唱片得好几块钱，塑料的便宜些，几毛钱就可以买到，但磨损得会快，音质也不好，最多用个三四年。当时新华书店也有专卖唱片的区域，有时候得空，我就到那边去挑挑拣拣。

这台机器花了 166 块钱。我拿着爸妈给的钱，自己到城隍庙去买，坐 25 路公交车，40 分钟左右直达。买它的想法是我提出来的，爸妈每天上下班回来就想睡觉，很累很累，哪有空去听唱片、听收音机。

我的小房间大概 8 平方米，半边放张床，另外半边摆个小茶几，收音机就放在上面。没事干的时候，我和几个朋友就坐在床上，听听唱片，很舒服。

"文革"开始后，学校停课，我每天没啥事情干，就去找点乐子开心开心。当时还和朋友一起去看过芭蕾舞，在上海市政府大礼堂，大礼堂又高又宽敞，加上现场两个小时的舞蹈表演，太震撼了，与收音机里听到的音乐完全是两回事。

我年轻时最喜欢听的就是《刘三姐》这样的歌曲，原唱真的很美。除了听听音乐，我也欢喜听新闻，我一直开着收音机，天天要听新闻。这个习惯一直到现在都没改。

婚礼

我是 1979 年 10 月 1 日结的婚。

特意选国庆节，是因为那几天放假，日子算算也不错，比较方便。大概 9月 20 日我就赶回来了，婚前有好多琐事要准备。一桌酒席二三十块钱，最后办了三桌，也没请多少人。准备家具花了 300 块左右，买了两个五斗橱和其他家具，请弄堂里的木匠打了三个箱子。这些事情都是父母提前帮忙办好的。

结婚时，我们借对门的房子摆酒席，他们把房间腾出来，摆个圆桌面，安排大家吃饭。帮你做什么事情，不要你一分钱，你给点汤汤水水、给点烟就行了。人情味很足。

　　有两位六七十岁的老前辈帮我们做菜，提前几天就讲好了要配点什么菜、买点什么东西。有大砂锅里的汤，上海人叫"全家福"，里面肉圆、鱼丸、冬笋什么都有。其他的都是荤菜，鸡鸭鱼肉都要配齐，离不开肉类。

　　结婚时我还在安徽插队，关系远一点的都不知道我要结婚，只请了两三桌的人。当时婚礼流程很简单，就是用轿车把新娘接过来，吃顿酒席就行了。一辆轿车在当时算是很时尚了。叫车是根据跑的公里数算钱，跟现在出租车差不多。从新娘那一边到我这里大概13公里，婚礼这一趟车得15块钱。我的工资每月也就50块钱，一下子三分之一就没了。

1979 年 9 月陈宝龙结婚照，摄于蓝天路照相馆
（陈宝龙　提供）

那个时候也不会穿老式的婚礼服，我们到蓝天路照相馆去拍了照。西装不能租，我便买回来，准备留到之后用。西装也是奢侈品，想不起具体价格了，但我肯定，我一个月工资也拿不下来一套。

交流工具

20世纪50年代，厂里就有公用电话了，用起来很麻烦。厂里的电话间先收到打进来的电话，员工得到厂里喊，几号电话来了快过去。人过去了，先交3分钱，才能开始接电话。收费1分钟4分钱，算是贵的。这个公用电话也只能接上海市内打进来的电话。打长途电话就更受罪了，得跑到宁国路或者提篮桥去，价格也贵得多了，得几毛钱一分钟，这要时间久一点就太吓人了。

1971年我到安徽插队后，我和家里一般都是写信交流，报个平安，一来一回要一个星期。普通信件8分，挂号信2毛。这算是当时最普遍最便宜的交流方式了。

电报的收费标准是一个字3分钱，标点符号也算钱，所以大家惜字如金，尽量往少了写。用到电报的时候都是大事。尤其在职弄里，收发电报的人都是开250号摩托车的，发动机咚咚咚，声音多响。他开到职弄门口再叫，谁谁谁的电报到了。阵仗太大了，整条职弄基本都知道有人拿到了电报。拿到电报，家里面的人还没看就很紧张，因为往往都是着急的大事。

电视机

1980年我们家买了一台9英寸黑白电视机，是职弄里第一个买电视机的家庭。职弄里有个邻居更早就有电视机，他从小和我一起玩，但他的电视机不是买的，而是自己组装了一台。这个人是个人才，太聪明了，十五六岁就学会自己组装电视机。他到南京路的电子市场去，用工业显示屏加上后面大的电机零件就组装成功了。当时的电视机也没有现在这么精细，把零件组装起来就好，虽然不正规，但是能看清画面。

1983 年末，陈宝龙妻儿家中合影，右边是黑白
电视机（陈宝龙　提供）

　　我当时在安徽县城，买电视机不凭票，但是得单位开支票购买，现金买不了。安徽规定个人不能开支票，我找了家关系不错的单位，请他们帮忙将 299 块换成支票，才买回电视机。我是乘火车赶回家里的，9 个多小时。原装的电视机的纸箱十几二十斤，感觉不太重。我把它放在座位的支架上，心情很好，只想赶紧拿回家去。

　　我把电视机拿回家的时候，楼上楼下的邻居们都过来看看。当时确实还算是个稀奇物。我在电视机上面插根天线，用两个可乐罐做信号接收器，信号不好了就转转方向，这样就差不多能用了。这台电视机能收到三四个台，有中央电视台和上海的其他几个频道。

　　弄堂里其实也有公用电视机，每晚五六点钟，大家都拿着凳子去抢位置。那一年我儿子出生了，爸妈帮忙带带孩子。我就想买台电视机回来，他们也不要去跟人家抢位置了。我买回来三四年后，职弄里的居民也差不多都有电视机了。到现在，谁还把电视机当宝贝呢？时代确实一直在发展。

田野手记

李大武 × 让我印象深刻的声音

在复旦大学学习的前几年里，我还从未如此深入地探索过上海本地社区。进入十九棉职弄后，最强烈的观感就是听不懂的方言。

除了在流行作品中常常使用的"侬"之外，我对上海话以及周边的吴语等一窍不通。因而在采访、走访中，面对居民与熟人偶有的交谈，有些抓心挠肺，随时可能错过某些有趣的信息——且这些信息大多本就只在母语中自然流露，我只能望洋兴叹。

职弄十字路口的粮油铺老板杨叔是安徽阜阳人，他是近几年才搬来职弄，对上海话也颇不熟悉。好笑的是，我和杨叔交流时也常需要停下，确认双方所说的字句。杨叔跟我感叹：职弄拆迁后，他虽然已在近处租到另一个房子，但或许不再能听到这么地道的上海话了。

虽不懂上海话，但可以从别的角度探看一二。得到杨叔的"提醒"，我开始关注十九棉社区最后一个月的声音。虽然我的乐理和上海话一样糟糕，但市井气、烟火气本是各地共通，我从普通外地人的角度听听本地社区的声音，或可聊作纪念。以下记录我印象深刻的声音：

2021年12月4日19时16分，我路过职弄北部住宅，天色早暗，平静的夜里，忽然传来一阵萨克斯乐声。对我这个音痴来说，乐声虽偶有卡顿，但已算悠扬。听音寻路，发现楼内只有一楼还有亮光。敲门，无人回应。我在门前驻足十余分钟，一位老人路过，询问后得知这是一位保安的临时住宅。我想请这位老先生帮忙联系，他摆摆手，"我们与这些外来人不熟"，只好作罢。乐声多为两至三分钟的练习，近半小时后，声音渐无。再敲门，仍未回应。

从乐声所在地遗憾离去后，我又在回到职弄路口的路上听到歌声。这回是《月半小夜曲》，一首极其经典的粤语歌曲。职弄偏中部的房屋界限明晰，我很快就找到乐声传出之处。隔着窗户，我看见一个人影似乎在舞蹈。房门紧闭，但其上有流通空气的气窗口，我用力一跳，勉强能看见一台老式收音机。敲门，同样未回应。等待许久，再没有旁人路过，最后离去。

第二天再探访职弄。晚8时，听见一位稚嫩的男孩发问："你们搬去哪里呀？"邻居孩子说不清楚，正搬迁中的大人未作回应。

12月12日凌晨4时，与金叔聊天。他即将离开家族四代居住的职弄，回忆往事，金叔红了眼眶，声音也变得有些沙哑。6时，金叔约的搬家货车已至。金叔透露，职弄人家多选择在这段时间内搬迁，本应平静的清晨已成为车声最旺的时刻。

同日早晨，听见常在杨叔店前树旁下棋的爷叔哼唱《东方红》。

12月15日早晨，与一位同龄的保安小哥聊天。他前年从深圳来到上海谋生，刚被调到职弄帮忙"镇场"。我们站定在职弄东路口，纵论天下，从沪深房价聊至为人处世。得知我是新闻系学生，他劝诫我多走动、机灵些，我欣然应允。

职员宿舍门前的自行车

老式木马桶和小木板凳

　　我有两位深度采访的对象，二位的话语叙述同样有其显著的气质。

　　一位是住在职1弄1号英式洋房的陈宝龙老人。他与其家族在此居住已百年。他声调和缓，在我的不断追问下始终保持平静，有些记忆、历史的细节被他一带而过，倏忽而逝。他比较内敛，叙述不多，常令我绞尽脑汁应对诸多沉默——在断断续续的沉默里，在茫茫多的问题中，我尝试一点点勾勒出各式事物的轮廓：粮油票，职弄的第一台电视机，电唱机与40块钱的芭蕾舞演出票。每当我想继续深入挖掘时，总是能感到记忆流失的障碍。在他的叙述里，职弄是沉静平和的。

　　另一位采访对象，张国鑫老人是十九棉厂20世纪70年代的武装部副部长，曾组织十九棉厂的战备工作。他精神矍铄，中气十足，十分健谈。张老有记录生活的习惯，自行编撰了自己的回忆录，家里还留存着以前工厂的老物件、旧照片。每次与他的谈话，总能从某个有趣的细节匆匆窥见过去波澜壮阔的历史景象，一个话头就能引出许多，我渐渐无法阻止回忆的蔓延——枝节旁逸斜出，有无数充满诱惑的细节：驻地热土，夜空中红玫瑰般的高炮散射，庙里的伟人塑像，推平厂房后阁楼上"像打了败仗一样"漫天纷飞的档案。他的叙述里，70 年代的职弄与工厂，大开大合、声调高扬。

　　尽管已过去一年有余，但我仍遗憾于没能以上海话为抓手介入社区之中。当然，总归不是毫无所获，声音、当下情境、历史片段、记忆瞬间……无论是亲身所见所闻还是交谈对话所得，想起这些或隐或显的景象，我感到充盈而满足。

戴家的三张全家福

戴留根 ×

戴留根

男，1951年生于上海，祖籍江苏，中共党员，大专文化。出生时住平凉路2767弄职8弄11号，1970—2002年在江西余干、河南焦作插队、工作。2002年回沪，户口迁回职8弄11号，组织关系转到十九棉居委会，参加党组织活动，直到动迁。

口述：戴留根

采访/撰述：吴昊，张力奋

时间：2021年11月，2023年9月

我们家有兄妹四个：大哥戴财根、弟弟戴保根、妹妹戴根芳，我排行老二。

　　这是我们家很早的一张全家福，纸板背后写着"1958年12月5日　全家"。那时父亲33岁，母亲32岁，哥哥10岁，我6岁，弟弟4岁，妹妹2岁。

　　我父亲戴永华1945年加入中国共产党，上海解放时因保护十九棉厂，被立为特等功臣，1989年病故。母亲许令珍为十九棉厂职工，2017年去世。妹妹戴根芳现在是十九棉厂退休职工。

1958年12月5日，戴家在上海拍摄的全家福。前排左起：戴根芳（妹妹）；后排左起：戴留根、许令珍（母亲）、戴保根（弟弟）、戴永华（父亲）、戴财根（哥哥）。（戴留根　提供）

1984年戴家在上海拍摄的全家福。前排左起：戴昂（戴保根儿子）、许令珍、戴黎黎（戴财根女儿）、戴永华、戴云（戴留根女儿）；后排左起：徐止兰（弟媳妇）、戴保根、戴财根、戴留根、陈瑞瑜（妹夫）、戴根芳。（戴留根 提供）

　　这张全家福，大约是 1984 年我从河南到上海出差，碰巧哥哥也回上海出差时拍下的。1970 年，我和弟弟一道去江西插队，离开了职弄。1976 年，我调到了河南焦作，被分配到中州炭素厂。后经过自己的不懈努力，被提拔到企业管理层，1986 年 4 月加入中国共产党，1993 年 7 月被评聘为经济师，直到 2002 年回沪。插队离家后，我告别了平凉路 2767 弄，却仍向往这片培育我的土地，这儿有我的亲情和儿时的记忆，于是有机会就利用出差或探亲的机会回家看看。

2021 年 12 月 5 日，戴家在职 8 弄 11 号老屋前拍摄全家福。一排左起：戴留根孙女、李自萍（嫂子）；二排左起：陈黛婷（戴根芳女儿）、戴根芳、刘炎（女婿）、戴云、徐止兰、戴黎黎、李玲莉（戴留根爱人）；三排左起：陈瑞瑜、刘为民（陈黛婷爱人）、戴昂、戴伦（戴财根儿子）、戴财根、戴留根。（戴留根　提供）

　　2021 年底，职弄即将拆迁。在正式封门前，12 月 5 日那天，我们戴家全体老小又齐聚在老屋，做了一场"法事"，作为最后告别。职 8 弄 11 号的老屋，不仅有我儿时的记忆，还有我父母与亲人们的魂。聚会时，我和哥哥、妹妹携子女小辈们都来了。考虑到要"做法事"，不太方便，没让几个孙辈过来。即便如此，到场的也有十五人之多。我们摆上老照片，插上香烛，烧上锡箔。等锡箔的烟散去，老照片也已化作灰烬。我们就此与老屋了断，一道到楼下，靠着门牌号，全家留下这张合影，作为留念。

记录，在记忆消散之前 × 吴昊

田野手记

　　人生充满了告别，城市的发展也充满了告别。上海这座城市在飞速向前发展的同时，正在不断蜕去自己的过往。很多有意思的人、事、物可能说起来太"俗"，因此便也如风吹落叶般被人遗忘。但我总以为，我们的过去蕴含着当下与未来，因此它值得被记住。如果告别是无可避免的定局，那么至少我们应该去记录下这一切。

　　在研究十九棉社区的建筑与历史的过程中，我曾广泛地搜索文献资料，但让我感到意外的是，鲜有中国学者发表相关文章，仅有的文献研究是日本学者做出的，且发表在日本学术刊物上。日本学者的研究角度是聚焦于"一战"前到"二战"日本战败这段历史时期中，日本在华投资的纺织企业，这其中隐含的是日本对中国的侵略历史。日本学者的历史研究思路并不足为奇，这是由他们的立场决定的，但是让我感到惊讶的是，除此之外鲜有中国学者以中国的视角对此做出研究。在这百年社区消亡后，如果关于它的学术性的记载只能见诸日本学者的研究，我想这是非常可悲的，因为这意味着我们选择放弃、遗忘我们城市与民族的一部分记忆，并把这部分记忆的定义权让于他人。我认为，张力奋老师带队的"都市、田野调查与记录"项目是对中国学界在这一领域的空白的一种补充。为了还原20世纪50年代十九棉的社区生活，我多次前往社区进行田野调查，与一位老居民进行了深度的访谈，在田野调查的过程中搜集到的老照片与听到的故事弥足珍贵。同时，我们建筑组的研究也从建筑史的角度对这一学术空白有所补充。

于我个人而言，这次田野调查也是一次回溯家族记忆之旅。小时候，爷爷奶奶家住在肇周路老弄堂里，那块地方被称为"下只角"，如今已被拆迁。在我的记忆里，只留存了一些关于弄堂生活的模糊记忆。这次田野调查，我走入了同样被称为"下只角"的十九棉社区。这里相似的建筑物与生活方式不断地刺激着我儿时的弄堂记忆，让我时时思考自己的祖辈曾经如何生活。很遗憾的是，在祖屋被拆迁前，家族内并没有人有意识去拍照片或写文章以记录曾经的弄堂生活，那些曾经的记忆也随着墙垣的倒塌而逐渐消散。但是这一次，通过观察他人的生活，我又渐渐追回了些许关于"下只角"生活的私人记忆。

回到课程的名字上来——"documentary"一词源自"document"，有"文档"之意，因此"documentary"一词本身就具有"像文档一般保存资料"的含义。无论是口述史还是建筑调研，都是取"document"之意，意图在十九棉这一工业社群解散之前保存其历史与现状，对这份即将消散的记忆进行存档。我希望我们的田野调查与记录能在某种程度上保存、还原并传达某种"人类生存状态的真相"，同时也为未来学者研究上海工业社区或者上海工业殖民史时提供影像、文字资料。

『我欢喜看阿尔巴尼亚画报』 × 刘必芳

刘必芳 ①

女，1952 年 11 月生于上海，祖籍江苏阜宁，初中文化。出生时住址为平凉路 2767 弄职 3 弄 7 号。
1969 年初中毕业，1970 年赴黑龙江农场，1978 年回沪，在集体制单位就业。父亲为高级技术工人出身的工程师。

口述：刘必芳

采访/撰述：张力奋

时间：2023 年 3 月

---

① 图为 20 世纪 70 年代刘必芳（右一）与妹妹合影。

隐约记得父母提起过，我是在十九棉职员宿舍职 3 弄家里出生的，应该是接生婆接生的，是 1952 年 11 月 16 日。我父母是抗战胜利后从工人宿舍区——北工房搬到职 3 弄的。日本人建宿舍时有严格的等级，职弄是给工程师、职员家庭的。他能从北工房搬到一步之遥的职员宿舍，应该是因为他的技术。他是保全班的工人，那时已被提拔为日厂体系的"三等工"，有点像高级技工。父亲是 20 世纪 10 年代生人，是从苏北阜宁到上海谋生的。他到纱厂时，（纱厂）还在日本人手里，叫公大纱厂。他的动手能力强，性格内向，话很少，但肯动脑筋，学得很快。干了几年，有了些积蓄，就回苏北乡下买了几块地。解放后，乡下搞"土改"，要给他家戴上地主帽子，他要求改划富农。我母亲比父亲小了不少，年龄相差 6 岁，进公大纱厂时还是个童工。听说是弄堂里进进出出、同住在宿舍区的外公外婆看中了我父亲，觉得他不错，就让人撮合，父母就这样成亲了。其实，父亲之前还结过一次婚，有个儿子，但是他老婆年纪轻轻就患病去世了。我母亲起先有点犹豫，觉得他结过婚，还要带个孩子过来。可她父母看中这门亲了，不在乎，就结婚了。

　　上海纺织厂很多，特别需要年轻女工。苏北乡下，只要有人在上海纺织厂打工，就会源源不断地带亲友、同乡、远亲近邻出来，特别是小女孩，到上海纱厂当童工,大多数找到工作就留在上海了。也有少数吃不了苦,又回苏北的。我外公外婆就带了很多亲戚出来。

我最早的职员宿舍记忆,是自家屋里。我们全家住在二楼,从小花园进去是独门,上楼,共有三个房间,有50多平方米,房票簿上是这样写的。主间会客室,是全明的落地窗,房子是砖木结构的,原木地板,天花板很高,上面有(阁)楼,可置放杂物。楼上没有独立的厨房和厕所,得与楼下人家合用。烧饭、上厕所,我们得跑下去。印象中,家里的结构还保留着当年的日式风格,比如可以移动的日式纱门。其实上面糊的是纸。记得纸门破了,我父亲专门去了附近的纸品文具店,买来纸,又把门补好。家具基本上都是母亲的陪嫁,成套的。大橱、梳妆台、五斗柜。有一对很漂亮的花瓶,上面有"花好月圆"四字。还

20世纪50年代,上棉十九厂幼儿园大班毕业合影。二排左九为刘必芳;一排左五为达世德,本书另一位口述史受访者。(刘必芳 提供)

有一只老式的锡壶，应该是用来温酒的。楼梯口，父亲动手装了半扇木门，有个小机关控制，为了避免小孩子从楼上跌落、滚下来。

论收入水平，我们家在职员宿舍里可能算是比较高的。我父亲月薪142元，母亲119元，当时都属于高薪了。我和我哥几个出生后，因为母亲在厂里细纱车间当车间主任，早出晚归，根本顾不上家，每个孩子都有一个自己的奶妈，一直到断奶为止。家里还有一个持家、做饭的保姆，是扬州来的，每月工资20元，生活是很舒适的。我妈妈姓张，叫彩英，没受过什么教育，最多上了小学，识字，但她是个"能人""女强人"，她脾气好，气量大、包容，一个车间900多个职工，她每个人都认识，叫得出名字，知道人家家里的状况，里弄里邻居都叫她张主任，人缘很好。她是一个天生的管理人，把车间里管得服服帖帖的。后来厂里来了大学生，给她指派了一位，当车间副主任，配合她。

与母亲相比，我的父亲老实、本分，性格内向，平时不怎么说话。他动手能力强，学什么都很快，动脑筋，所以在厂里升迁很快，属于高级技工。他对孩子的父爱和感情从不放在嘴上，他也说不出来，（以前）他会定期给我们剪指甲，帮我们洗头，他自己从小丧父，缺少父爱，他就用心让我们感受到父爱。

我们一家七口人，父母加上五个子女。父母的卧室在朝北的房间，冬天冷，有个日式的百叶窗，光线最好，男孩子都睡在朝南的大房间的壁橱里。女孩子睡的是床，最小的房间是奶奶住，她头顶上有个阁楼，给保姆睡。20世纪80年代初，两个兄弟结婚后，外面无房，只能将朝南的大房间一隔为二，做了他们的新房。我们楼下邻居也是十九棉厂里的，男人做技术员，女人是工人，一家五口人。做饭是保姆（的事），不记得邻居间发生过矛盾和纠纷。

那个年头食品供应都靠配给，量很少，自己吃都不够，邻居之间很少分享。进门出门，大人之间若碰头，会礼貌地点头打招呼，仅此而已。我小辰光会到楼下人家串门，大了点就不去了，两家的孩子则会在小花园里玩耍，非常开心。厕所、厨房等公共地方的清洁，楼下人家会做得多一点。职员宿舍的人家平时很少有串门的习惯，小时候，我们都在弄堂里玩耍，几乎见不到其他人，每条弄堂都很深、很宽。

楼下邻居家有个女儿，比我小 8 岁。她会经常上楼到我家玩，有时正好碰上我家午饭开饭，桌子上有热汤热菜，甚至还有刚出锅的红烧肉，她在一旁看得嘴馋，我母亲会夹一块红烧肉给她吃。

我父亲有点偏爱我。以前他每天早上给我 5 分钱零用钱，我可以买零食吃，几乎从不忘记。他还帮我买皮鞋、灯芯绒衣裳，我们几个孩子都穿得不错。妈妈一心在厂里的工作上，很少做家务，但她会织各种图案的毛衣。妈妈是很有格局的，特别是作为一个女人。父亲就比较小农经济一些，他只关心（如何）把家里的孩子照顾好，有安定的生活条件，他喜欢读中国的（老）书，繁体字的，有些还是线装本。他会回乡下买地，会教导我们，上海邮电局、铁路局是金饭碗，不会失业的。

20 世纪 60 年代初，应该是 1962 年或者 1963 年，技术出色的父亲被上级部门调到上海纺织科学研究所，响应毛主席工人阶级领导一切的号召，在研究所充实工人的力量。父亲不太愿意去，那是知识分子成堆的地方，但他没有选择，只能听从决定。他在十九棉厂上班时，厂就在家门口。去了研究所，就得乘公交车上班。研究所也在杨浦区，在兰州路上，坐 25 路公交车从军工路到兰州路。去研究所后，他常常下班很晚，回到家已经七八点钟。我那时八九岁，晚饭后常常去公交车站等他下班，只见一辆辆车子到站又开走，没有父亲。有次我害怕起来，心想他是否出了什么意外。每次等到他，我就很高兴，他也很高兴，我们一起走回家，挽着他的手。回到家，他开始（吃）晚餐，保姆给他留了菜。小时候，我们有一些温暖的记忆。有一年春天，很少有的，我和母亲都在家里，太阳从外面照进房间里，我的头靠在她身上，家里一片安宁。

和当时十九棉的家庭比，我们的生活条件是好的，因为大哥二哥要听音乐，父亲就为家里买了两台留声机，一绿一蓝，他们在家里听黑胶唱片《彩云追月》《婚誓》。家里还有收音机，华生牌电风扇——会摇头的，铜的。父亲还买过进口手表送给大哥，作为父亲，他想让子女高兴。

初中时，一次偶然的机会，我看到了一份外国画报，名叫《新阿尔巴尼亚》画报。当时，中国跟阿尔巴尼亚的关系很热，我们可以经常看到阿尔巴尼亚电影。我们买到的画报已经翻译成中文，每月出一期，记得我最喜欢看杂志里面的阿尔巴尼亚美女照片。画报中的照片很多是黑白的，但也有彩色照片。这份画报打开了我的眼界，里面（记录着）服饰、发型、家具，以及外国人的生活。每个月，等到这份杂志的出版日，我就坐 59 路公交车从平凉路赶到五角场的邮电局，那里有一个报刊柜台。为买这份杂志，我从不（脱班）。我连着买了不少期，每本价格已不记得了，只记得不算便宜，我们省下零用钱买画报，这笔开销对还在读书的我们来说可不算小。

回到家，我就仔细看画报上的彩色照片，我很羡慕外国女孩，她们长得漂亮、穿衣又时髦，家庭环境优美、生活富裕。从画报里，我挑选自己喜欢的服装式样，

20 世纪 60 年代，刘必芳看《新阿尔巴尼亚》画报（刘必荣　提供）

《新阿尔巴尼亚》画报（张力奋　提供）

比如尖角的领子、好看的花布图案，还有毛衣的漂亮颜色、花式，模仿着请人裁剪。每次在家里看画报，再看看自己生活的家，总会想我什么时候才能过上画报里的生活呢？

每期《新阿尔巴尼亚》画报，我都小心地保存着。厚厚一摞，放在大房间的茶几上作为摆设，一直舍不得处理掉。不过我父母对《新阿尔巴尼亚》画报并不感兴趣，似乎从来也不翻，一副不屑一顾的样子，并不赞成我看这类杂志。

"文化大革命"中，我的阿姨被打倒，关进了"牛棚"。我阿姨是党员，"文化大革命"时被人污蔑是叛徒，吃了苦头，她的两个女儿只能寄宿在我家里，交给我母亲抚养。记得还未进初中时，我们就承租了家务，与弄堂里的邻居女孩一起半夜起床去定海桥菜场买菜，最大的诱惑是可以一早吃点心。我们去淮阳春吃早餐，阳春面8分钱，还有油条、酒酿圆子。平凉路上有一家照相馆，名叫海光照相馆，有点历史了。我们弄堂里有个冯家姐姐，是里弄里的"一枝花"，

1969年，刘必芳（左上）和妹妹、表妹合影，摄于南京东路友谊照相馆（刘必芳　提供）

刘必芳家前院的树（华莉丽　提供）

非常漂亮，身材也好，她走路上身不动的，是邻居公认的美女，没一点缺点的。另一个漂亮的是我妹妹，妹妹的照片放大成 10 寸，手绘着色，放在海光照相馆的橱窗里，邻居们见到我母亲，都说：侬的女儿"顶特"了。

父亲很低调，他 1909 年出生，1969 年退休时，研究所用红旗牌轿车送他回家，他坚持在大门口下车，不让轿车进宿舍区。他不声张，却是一个很好玩的人，60 年代的某一年，他买了几棵橘子树，种在花园里，但始终不结果，他很失望，最后他想出一招，他把家里的桂圆染成了橘色，再用细线把橘色桂圆系在橘树上，引来了家人的赞叹。

母亲比父亲的经历复杂些。"文革"开始后，她也招来一些大字报，批她是"代代红"，说她在日本人手下、国民党和共产党时期，每个时代都混得很好，受重用。但母亲在厂里人缘好，没人呼应这些大字报，很快就平息了。但她的车间主任职务被撤换，又回到车间当工人，重新开始三班倒。她患有美尼尔氏症，一到夜班，晚上 10 点上班，早晨 6 点下班，就容易犯病。为了让她上夜班前休息好，我们家的台灯都遮得严严的，生怕露出的灯光影响她休息。后来她病情加重，实在顶不住了，就去找厂党委书记，要求换到日班，得到批准。母亲是 1986 年去世的，享年 71 岁。那年 6 月，她感觉不舒服，工友来看望她，介绍了一种（治疗胆的）中成药片。她吃后体内出血，立刻送到纺二医院检查治疗，最后诊出为食道癌。临终前，她留下遗言，不开追悼会，骨灰撒掉，不收礼金。她走的时候很风光，里弄里的人几乎都出来了。最后，我的舅舅否决了母亲的遗言，后来追悼会照开，并为她买了墓地。

十九棉职弄里的家庭生活

陆建民 ×

陆建民

男，1952 年生于上海，初中文化，1971—
2012 年，作为知青插队至安徽省广德县
（今广德市）。1952—1971 年、2012—
2021 年住平凉路 2767 弄职 8 弄 1 号 1 楼，
统间，带有前花园，前花园中曾经有整个
职弄唯一的小凉亭。

口述：陆建民

采访 / 撰述：李昂

时间：2021 年 12 月

和儿子住得近一点，还住 1 楼，要有阳光

我生在职 8 弄 1 号，自爷爷那辈起，我家就住在这儿，家里有爷爷奶奶、父母和四个兄弟姐妹。我是大哥，1953 年我的弟弟出生，1955 年大妹妹出生，1957 年小妹妹出生。小时候我在平凉路第四小学上学，后来，根据居住的片区，我被统分进平凉中学学习，现在这所学校是上海体育学院附属中学。我是 1968 届的，在学校组织下，1971 年到安徽省广德县（今广德市）插队、生活。等回到上海、回到了十九棉职弄的时候，就已经 60 岁退休了。我和夫人在广德县相识，夫人同样也是上海知青，和我同一天下乡，同一辆车去的广德县。她家原来在控江路，住得离黄兴公园不远。我俩有个儿子，不和我们一起住，所以我（与夫人）二人相互扶持。老年人嘛，没有事情做，就养了两只虎皮鹦鹉、一只长毛猫，名字就叫猫咪。

我家 11 月 20 日签约。我们是决定好拿现金的，拿到五六百万，要自己去找房子，因为考虑到和儿子一起住。我的儿子也很有出息，是个党员。我爷爷是十九棉厂的技术人员，父亲是十九棉厂党政方面的干部，也是党员。我们家男的，一代隔一代的，是党员。

临了要搬迁，最不舍得的就是老邻居。有老邻居搬走了，我夫人还要流眼泪呢。以后就想要在儿子住的地方买个房子，方便我们和他们相互照顾，是为了感情，也是为了现实考虑。我们俩想要个一楼带院子的，因为我要养鸟的，它们要晒太阳。

全职弄唯一的小凉亭

我家住职 8 弄，是整排房子最靠南北向"大弄堂"①的一幢，在一楼。整个十九棉里，只有我家有一个四柱的凉亭，就在拐角通往"大弄堂"的地方，距我家的门墙只有 1 米不到。

凉亭整体四四方方，全镂空，有三面造了绿色的围栏，不带美人靠的，就是普通的栏杆。凉亭底下没有座椅也没有桌子。那个四角的顶是瓦片铺成的，尾端有点翘。凉亭是尖顶的，和公园里的一样漂亮，每条边外缘向里有一片木质横档，倒是没有雕花和绘画。凉亭的底部要比地面高出不少，可以从"大弄堂"那儿踩石头做的台阶上去，只有两级台阶。贴在凉亭边上，用大大小小的石块围出了一个金鱼池，约莫是一个直角打了弯转过去的。天气好的时候还可以扒在围栏上看金鱼，拿吃的丢到池子里去喂金鱼。

凉亭是开放的，（人们）都能从外面进来。凉亭旁边开了一个门，可以通到我家房间里去。边上职 4 弄的孩子一到下雨天就"哇啦哇啦"地跑到亭子里面玩，闹得厉害了，大人们就推开窗户说他们一句："你们怎么在这里吵啊！"把他们赶走。

亭子再向外，有七八十厘米到 1 米的样子，一直到外面弄堂里，就是种花的（地方）。花园原来有厂里绿化部门的员工来弄，不过没多少年，到我懂事的时候，大概 1958 年，就没有人来种了。于是我们家自己弄，爷爷在花园里种了很多花，另外，十九棉厂的门外有个门卫室，门卫室后面还有个小花园。我爷爷跟门卫关系很好，他在那里也种了很多花。他每天到门卫那里去，喝喝茶、

---

① "大弄堂"为南北向主要通道。爷叔们将主通道称为"大弄堂"，每排房屋前的东西向走道称为"小弄堂"。

聊聊天、种种花，回来再种种花。

我家那个小凉亭应该是日本人建的。我爷爷住进来的时候就已经有凉亭了。

职弄的房子最早 1920 年就开始建了，当时日本人来建公大纱厂，先建的员工和工人们居住的房子，然后再建厂，到 1922 年前后房子就全部建好了。职弄这里住的都是有身份的日本人，里面都是些日本人"大班"，就是我们现在说的工厂领班。另一面南工房那里住的是普通工人，比如纺织女工这样的人。日本人给"拿摩温"^①按人数划定房子的数量，然后"拿摩温"再为其他工人分配房子，居住条件就要差一些，条件和职弄这边是不好比的。抗战胜利，日本人投降之后全部跑掉了，日本人的公大纱厂就被国民政府接收。1946 年，由中国纺织建设公司（后称纺织局）管理，改名为上海第十九纺织厂，再将南工房、职员宿舍的住房分配给厂里的工人，也就不靠"拿摩温"分房子了。

我爷爷 1945 年以前就在公大纱厂工作，但是不住职弄，住在孙家桥。后来抗日战争打响了，日本人占领上海，他就回乡下去了。抗战胜利后，我爷爷才回到上海，又因为他是技术检验科的，是有技术的人，就住进（职员宿舍）来了。

我们这一片（十九棉社区东部片区）都叫"职几弄"，就是因为这儿都是厂里有固定职务的人住的，主要是技术人员和干部。上海解放后，厂房收归国有，有一些职位变动，换了一些人。职弄里最高级别的是老红军，有经过长征的，有打过抗日战争的，等等。我邻居的母亲寿秋燕^②就是中共党员，之前在十九棉厂里做工会主席，后来被调去了国棉九厂做党委书记，墓地就在烈士陵园里。纺平大楼建设完成后，我们这边住房条件差或者要求高一点的干部，就搬去纺平大楼了。这儿的房子被收回，分给整个厂条件更困难的人，因此，南工房和职弄的人才发生了穿插。

---

① "拿摩温"约等于工头的角色，通常是从家乡组织工人们一起来上海工厂的领头人。1951 年10 月 27 日废除拿摩温制度，试点推广生产小组。
② 根据上棉十九厂厂史相关资料，1949 年上海市解放前夕，寿秋燕同志作为中共党员曾与其他同志和厂长吾葆真配合组织起护厂团，保护了厂内机器和原料等重要的生产资料，使党能够顺利接收十九厂。1949 年 12 月 1 日，成立了纱厂工会中纺十九厂分会，经工人民主选举，寿秋燕同志任第一届工会常务执行委员会主席。

纺平大楼的建设要从 20 世纪 60 年代毛主席说"备战、备荒、为人民"开始讲起。那几年这个口号用大喇叭、标语喊，到处都是，家喻户晓。为响应号召，那么各地就要开始备战。职弄里的人就在职弄南边的小花园里挖防空洞，那个小花园在十九棉（社区）外边，是日本人 1921 年建公大纱厂的时候留下的，蛮漂亮，面积很大。那边挖了还不够，甚至在整个十九棉（社区）都挖了不少，不过也没有听说哪个邻居在家中院子里挖的。

1969 年，国家组织百万民兵开始全面备战，夏天的时候武器枪械都下发到民兵手里了。我们这里的民兵们就拿小花园的场地组成了高射炮团阵地。职弄里还有过一个工人俱乐部，在北边，紧挨着小花园，里面有过图书馆和乒乓球室，是工人休闲娱乐的地方。在成为工人俱乐部之前，这里曾经是海军俱乐部。1972 年，也就是我下乡后第一年回家探亲时，才知道工人俱乐部被烧掉了，和小花园一起消失了。高射炮阵地拆除之后，小花园成了一片空地。纺织局就用那片空地盖起了纺平大楼。

让掉的，都是让掉的

我家原来是个统间，客厅右侧的前后客堂都是我们的。但是厂里有一个单身女员工还没有地方住，厂里就来给爷爷和父亲做工作，让个房间（后客堂）给她。爷爷当时当家做主，那个时候家里人少，我爸爸还没结婚，领导一说，他一想都是同事嘛，就"好，好，好"，让她暂时住一下。当时领导口头承诺了说是等有房子了就让她搬出去的，但是这一住，她就一直住下来了。为了方便她进出，我们客厅角落的一小块也用短木板拦起来了，通往房间的门也堵住。再后来用一人高的木板拦住，最后重新装修了一遍，改成了石膏板。那个女员工结婚换新房子了，又有人家里孩子分户了要出来，换来换去的，也换了很多人。最后一家是中华造船厂的职工，那时候那间房间所有权已经从十九棉交替给造船厂了。总之那一个小房间就这样让掉了，都是让掉的。

那个时候，父亲他们的思想真的是先进。我记得有一年妈妈问，听说你们发奖金了，发了几等奖啊？他说，我的一等奖让给人家了。那一年是1956年，我父亲刚评上上海市先进生产（工作）者，1957年就提交了入党申请书。到冬天了，谁家工资低、孩子多、比较困难缺棉衣的，我爸爸就让妈妈找找干净、整洁的衣服，给人家送过去。

我父母住前客堂，我和弟弟年纪小的时候和他们一起睡，到七八岁了，也就是20世纪50年代末，我家在父母的房间里做了一个全包围的阁楼，只留下一个小洞口，我和弟弟只能通过梯子爬上爬下，爬上去了，梯子就收起来。我一直在那个阁楼里睡到了1971年下乡为止。

20世纪60年代，我的姨妈从乡下来上海找工作，也在我家住过。后来70年代她恋爱了，组成自己的家庭后就搬到了我干外婆那儿的私房（周家嘴路，现已拆除），因此我家最多的时候有9个人住。职8弄1号一楼是带前花园的结构，房屋面积有一部分被二楼住户进房门的楼梯占据，形成一片三角形的楼梯间，内凹约70厘米。在那片凹陷里，我家就摆上一张床，床尾会突出在家中的主通道上，主通道本来就窄，不到2米宽，爷爷奶奶就睡在这里。姨妈在的时候，睡在灶间，从爷爷奶奶的床边布置了围栏隔断，竖直摆放上一张单人床。因此主通道就更窄了，小时候夜里起夜要通过这两张床去卫生间，偶尔就会被绊到。

到60年代中后期，1966—1967年，两个妹妹也长大了，需要自己的房间，我家就把屋外的凉亭拆除，搭了一个房间出来给妹妹们住。原本通往凉亭的大门和窗户也就堵上了，在靠向通往2号（位于1号房屋的正上方）的楼梯那儿开了一扇新的门，通向我家的花园。之后我的弟弟结婚就是在这个房间里。再后来我们在妹妹们的房间外面又添出了一间浴室和卫生间。再用蓝色铁皮把院子也包起来，就成了阳光房，可以养养鸟、晒晒太阳，冬天暖和一点。

纺平大楼建完之后，还给我们家分了一套两室一厅的房子，我也去看过了，面积不大，一家人肯定是住不下的，不像是老房子，搭搭阁楼、改造拐角后还能住。我父亲又是党员，要做表率，就说不要纺平大楼的房子，把它让给困难的人吧，但是要把这里的（职8弄1号）的房子放大，把凉亭的那块面积也给我们。

2021 年职员宿舍职 8 弄 11 号组图

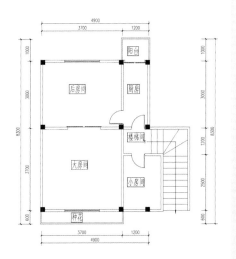

平面图（楼下）

后客堂

阁楼

外景

厨房及卫生间（原阳台改造）

脸盆，系1956年陆建民父亲陆锡康技能竞赛   1985年国棉十九厂的茶缸（李昂 摄）
获得的奖品（李昂 摄）

职弄的房子初建的时候就配备抽水马桶和自来水管，马桶是蹲式的，占地大约2平方米，不少邻居嫌占地方就把它敲掉了，每天倒马桶。我们这一排每家屋后还有一个小间，是蓄粪池。每天清晨天还没亮时就有掏粪工来收，再卖到浦东的乡下去。屋子有两扇后门，内部是拦住的。卫生间和厨房间中间有一堵墙。一边算是厨房间，有壁橱放碗筷，还有一个水斗，原来是个洗菜的地方，我现在用来放桌子了，边上放着一个煤炉。上卫生间呢，要从这个门出来，再走到隔壁的马桶间。我家后面（的顶上）是露台嘛，下不到雨的，后来家里内部是打通了的。

猪肉5块钱一斤？！

我的父母和爷爷都在十九棉厂工作。每天的上班时间是早上8点，工作8个小时，到下午4点下班。抗战胜利后，奶奶随爷爷来到上海，也在十九棉厂里工作过。1952年我出生之后，奶奶就留在家里带孩子。我的父亲因为接连评上1956年、1957年上海市先进生产（工作）者，是优秀人才，他又积极入党，后来就从工人转为技术岗，再然后参加了党政方面的工作。我的妈妈是挡车工，在织布机上面织布的，轮班制，晚班 10 点开始工作，也是 8 个小时，早上再回家。这么算，就是有三个人在工作养家，应该说经济条件算是挺好的。

1959—1961 年，那个时候物资紧张，要凭票供应，你想买都买不到。我们小区里面从农村来探亲的人，偷着把农村亲戚家自家养的猪肉藏在包里，到我家门口，偷着拿出来，还要悄悄地问你，猪肉要不要？我记得那个时候是 5 块钱一斤①。不过能够买到的次数不多，邻居家亲戚半年、几个月地来一次，那个时候物资太匮乏了，有钱也是买不到的。我们家加上凭票供应的，能买到两顿一个月。三年困难时期，每个月每人凭票供应几两肉②，家里人（的份额）全部加起来才能吃一碗红烧肉。不过像红烧肉还是吃得很少的，要到 20 世纪 80 年代才常见些，多数就切些肉丝放在菜里作小荤。我下乡之后回家探亲，我母亲烧了一大盆红烧肉，我一个人就能吃掉一盆。

记得 1961 年以后，我父亲的工资涨到了 83.6 元一个月，我母亲也是一样，那是十九棉厂工人级别的最高工资了。等到我爷爷退休了，还有退休金拿。再加上我家再上一辈的老人都在乡下住，只每年逢年过节回去见见祖爷爷。家里的人也少，亲戚也不多，家庭开销不算大。

我是 1971 年去安徽省广德县插队的。我在图们中学（今上海理工大学附属初级中学）上的长途汽车。七八辆大公交车把我们一批人全部带过去，后面跟着大卡车运输行李。那个时候家里面条件好一点的女孩子大多会带个五斗橱，男孩大多是带一个箱子加一个国家发的 60 厘米长的旅行袋。我和夫人就是在广

---

① 经查，1955 年，猪肉供应紧张，实行凭票供应。猪肉零售价格 0.7389 元。1957 年，由于上海制订的后腿和夹心两个部位的零售价格比新华社报道的全国猪肉调价幅度每 500 克高出 0.01 元，故引起市民反响。3 月 3 日两个猪肉部位价格降低，整只猪肉零售价格水平为 0.7891 元。1961 年 5 月，根据国务院财贸办的通知，上海猪肉零售价格每 0.5 公斤提高到 0.95 元。此 3 年间，需凭票购买的官方规定猪肉价格从未超过 1 元 / 斤。此处指的是私下交易的价格。
② 1958 年时，畜禽生产急剧下降，货源紧缺。1959 年开始实行凭肉票供应肉类，凭卡定量供应禽蛋、水产品、豆制品；农民吃肉凭出售生猪的返回肉票供应。1960 年 7 月，停发居民肉票，只发节日肉票。之后，对副食品实行综合换购，对猪、禽、蛋实行派购，并规定农民养猪不得自宰自食，实行宰杀"一把刀"。

德县认识的。那个时候通信还比较方便，父亲回信会关照一下生活工作，家里也会寄点东西过去。我家还会给我带固体酱油，暗黑色的，方方正正的一大块，再用十九棉厂里发的大茶缸装一罐子熬好的猪油。我带到广德县之后再用开水冲那个酱油，再把猪油舀一点加到菜里去。下乡小青年嘛，一开始都不知道怎么做饭的，更别提烧农家的灶头了。还是当地人说，帮我们烧一个月的饭，一个月之后全部自己解决。那么我们就慢慢摸索着自己炒炒菜，菜还要靠人家先送点给我们，后来我们自己在房子边零零碎碎的土地上种点青菜。农村的条件比较差，油也很少。每次回家探亲，就要从家里带一茶缸2斤不到的油过去。猪油要靠买肥肉自己熬[①]，家里每个月也就省一点、省一点下来，留下这些来给我带到农村去。有的时候也要和父母、同事商量一下，先借一些，之后再还。

买菜买肉要凭农副食品的票去买，菜场就在我家南边，工人俱乐部边上的一块空地上。那块空地很大，有的人说是1945年7月22日美国飞机轰炸公大纱厂时候炸的，有的说是1937年中国军队第87师用炸弹炸的。解放后不再打仗了，这片空地就搭上一个简易棚，拿来做菜场，地方也不小了。那里卖菜卖肉的人也都是十九棉（社区）里的。

俱乐部再向南就是小花园。小花园最南边，靠平凉路的地方有一排不高的房子，是十九棉子弟小学和小花园边上护工学校的教工宿舍，宿舍门口有一个走道，进去是一个小礼堂，后来成了幼儿园。我父亲办婚礼就在那个小礼堂里。那时风气不一样，我不太清楚要准备一些什么东西，但大致是不铺张的。

如果要看病的话，我爸他们有全医保，我这种家属是半医保。我看病付一半钱，厂里开个单子，到医院看完病了，医院直接和厂里结账。我父母他们看病的话，厂区里还有医务室，小毛小病就到那里去看。我们厂比较大，医务室也像个小医院那么大了。原来爱国路也有个社区医院，现在翻新了，比较小，

① 1979年，副食品调价，白膘零售价为1.00元，瘦肉较多的后腿为1.35元。猪肉和猪油并不分开供应，猪油是比较难买的。职弄中通常是家里的孩子每天早晨排队去买。有居民回忆说孩子们会先拿块砖头提前排上队，开始售卖之后就坐在砖头上等菜贩和肉贩出摊子。

就三四间房。所以有发热、感冒、咳嗽，我就让爸妈到厂医务室去开点药出来。

还有一个工人疗养院，就在小花园里的东北边，靠平凉路军工路的地方，我们听说那栋小洋房就是原来日本人的海军司令部。那是对工人免费开放的，工人在医院看完病之后可以进去疗养一两个星期，相当于一个卫生所，可以开简单的药和包扎。里面有一些检查设备，也可以护理慢性病，那个时候也不可能有 X 光机，疗养院的大部分作用是工人们生病受伤后可以休息，有营养餐吃。十九棉厂医务室的医生会去疗养院照看一下，常在的有三四名护理的护士们。

我的爷爷下棋、说书，《三国演义》《水浒传》都很熟

我家庭院有一条 2 米多宽、一直延伸到我家门口、供人通行的走道。我家夏天晚上有时吃饭就在那儿摆张桌子吃。

因为家里地方小、人口多，也没有空调，夏天是比较闷热的。我们这个弄堂里面一到夏天，每家就拿桶水冲冲地，把白天晒热的地面冲凉一点，找个席子在地上一铺。整个弄堂从头到尾都是席子，小孩和小孩一起玩，大人之间吹吹牛。在路灯底下，走棋的也有、打牌的也有。我的爷爷就酷爱下棋。隔壁家的小孩就来找爷爷，一老一小在那儿下棋。那个时候睡觉没有什么男生女生之分的，女生可以直接在弄堂里过夜，第二天和大家一起起床，各自回家。

那时社会的安全感很高。因为一直到 20 世纪 60 年代，我们十九棉社区门口都是有门卫的。十九棉社区的门卫都是年纪比较大的职工，他们从一线退下来，还不能安排退休，就划到保卫科去，他们也住在这里，所以职弄里的每一个人他们都认识的。同样情况的人也会被安排去大门旁的花园修剪一下花草。

我爷爷对《三国演义》《水浒传》《隋唐演义》都很熟。原来十九棉厂（每周）休息一天，一到星期六晚上，他就拿了个茶杯，去职弄里的工人俱乐部，口袋里面藏一块小的木头，在那儿一拍，然后就开始说书了。说了两集，或者是三集，结束的时候他就说一句"好了"（音节极短促，表示"完结了"的意思），然后大家就下棋、打扑克、打乒乓球……（各种娱乐活动）都有。

校园生活与孩子们的游戏

我和弟弟分别在平四小学和十九棉职工子弟学校上学。我觉得这是一种教育资源在家庭内部的平衡，我的邻居们家中兄弟姐妹们也大多是分开上学的。在职弄中，更小的孩子可以去十九棉托儿所和哺乳间，家属会在午休等规定时间把孩子带进去给妈妈喂奶。

小学的小伙伴们会一起上下学。邻近的孩子们会组成学习小组，成绩好的带带成绩差的，一起写作业，由老师指定的组长监督大家。作业做完了，大家就一起出去玩。男同学都到东球场上去踢球，女同学就在弄堂里跳跳橡皮筋。男生女生玩的东西还挺不一样的。踢球已经算比较大的活动了，还有比较小的游戏，像打弹子和抽方块。性格比较顽皮的女孩子，也跟男孩子一起玩。

我们社区东西各有一个大足球场（11人制），球场后面还有单身宿舍，还有平四小学的小球场（8人制）。西球场离职8弄比较近，我们进去踢球都是不要钱的。球场夹在职弄和厂区之间，有一扇小门开在了职弄这边。因为它是个正规规制的球场，每个星期都会举办好几次足球比赛。有纺织系统内部的比赛，有单位各个部门之间办的小比赛，还有远洋公司会安排外国的船员来我们这儿踢球。国外的船到黄浦江边上会停一停，因为船员生活还是挺枯燥的，他们就联系有关部门要踢球，被安排到我们这里来。"文革"之前，他们是经常来的，什么国家的都有①，我们都习以为常了。因为我们这里球场比较正规，工房的外观也好看，整个十九棉（社区）的大门是两个极壮观的、红砖头砌起来的柱子，柱子顶上还有雕花的拱形装饰。边上就是门卫室和漂亮的小花园。我们都喜欢足球，每次有足球比赛我们都去看，又不要钱，围得里三层外三层，也没有人拉绳子制止。不过比赛也不都是正规的，很多是纺织系统里的，像十七棉厂、

---

① 1952年，莫斯科国际经济会议期间，英国、法国、联邦德国、瑞士、芬兰、意大利、荷兰、比利时等11国工商界与中国签订2.23亿美元的贸易协议，打破对华禁运。此后，进出港外籍船舶逐年增加，经常有船到沪的国家扩大到20多个。1957年，有869艘次、395.8万总吨。1958年，英国、联邦德国、荷兰、丹麦、瑞典、挪威等到沪船舶猛增，为20世纪50到70年代中最高。1959年起，进出港外轮减少。1962年，外籍船舶艘次减少56.1%。此后，中国远洋船队组建，悬挂外国旗（主要是希腊和巴拿马旗）经营远洋运输，进出上海港外籍船舶增加。

十九棉厂不同部门①之间举办的。

球场边还有一个游泳池，夏天天热，我们几乎每天都去，票价是5分一个小时。那个游泳池是露天的，20世纪50年代初就建起来，是为了给工人造福利。2000年军工路拓宽、造商品房的时候，球场和游泳池才被拆掉，所以它存在了很长一段时间，我们职弄里的孩子全都会游泳。游泳池我记得是25米长，15米宽②。最深的地方是2米多，水浅的地方只到我胸口，深80厘米左右。小孩子在浅水区，大人就往深水区去。游泳池是南北（向）的，北边在大泳池和厂房方向之间还有一个儿童游泳池③，是浅的。我爸爸体育也很好，他还是业余足球裁判，爱踢球，也爱游泳。下班以后，他就到游泳池去做业余的救生员，坐在高高的椅子上面，拿着个哨子，"哔哔——"吹两下。同时还有另一名救生员。一人坐在高台，一人巡逻，两人一班。有的时候我和小伙伴进游泳池，那边的大人们都认识我们，就说"去吧去吧"，我们不要票钱就进去了。

我学游泳的时候，我父亲就直接拎着我丢到水里，在水里面扑腾扑腾就会了。我因为游泳游得好，还是平四小学游泳队的，得过上海市少年组蛙泳第六名。小学下午只有两到三节课，放学后同学们就"哇——"一窝蜂地跑出来。那些足球队的、篮球队的、游泳队的（小运动员们），就跑去训练。天气暖和的时候可以在十九棉的露天游泳池训练，冬天的时候我们就被安排在四川中路青年宫分部训练④，这是体委安排的，每个学校被分别安排一段时间，我们在自己学校的时间段里，大家一起过去，还有车票报销。三年困难时期，学校还会给你发糖票，因为体育运动需要体力。糖是很珍贵的，那个时候物资少，糖和现在的名贵补品也差不离了。父亲一直很支持我游泳，那个时候都是父亲把我们带

---

① 根据《杨浦区志》，1953—1954年度部分工厂调查：十九棉厂有球队30支，队员524人。20世纪五六十年代，十九棉厂因队多、球员多、出人才以及在市重大比赛中常名列前茅，而被誉为"足球工厂"。"文革"初，工厂足球队全部解散。1972年后逐步恢复。
② 另有居民说是10米宽。
③ 也有居民说是没有儿童游泳池的。
④ 根据《上海文化艺术志》，1959年7月，基督教青年会四川中路分会改为上海市青年宫的分部，有室内游泳池、室内篮球场、乒乓房、棋室、阅览室等设施。

到游泳池的。他自己也喜欢运动。我比赛他不一定去看，但是我的（蛙泳）奖状当时还挂在家里左侧客厅的墙上。

游泳池的西边是球场，东边门口边上有一个小礼堂，周末用来开舞会，舞会什么时候停办的却不知道了。1949年上海解放，解放军进驻上海，因为杨浦是工业区，有发电厂、纺织工厂，他们就护卫在周围，夏天住平四小学里。9月小学开学了，他们就住到海军俱乐部里。之后局势稳定了，他们才回到驻地去。部队里男青年多，那么哪里女青年最多呢？就是纺织厂。所以纺织局特地在小礼堂组织了舞会，周边几个厂的男女青年都来参加。每天傍晚，部队里用一辆大卡车，把当兵的男青年们送过来。他们其中有当官的，也有当兵的，都是十七八岁的年龄，我们这儿的女青年们如果觉得条件不错，就开始谈恋爱，然后嫁给他们。小礼堂白天也会被用来开一些小型会议。

我的邻居（职4弄20号）里还有一个奇人，1921年前生，是十九棉厂的工程师。他始终不相信永动机是不存在的，就在自己家里弄了一套设备，想要制造出一个永动机来。他家有半人多高的惯性轮，进门的楼梯"洞"底下就是他的实验台。他的设备还都是手工做的，用锯子、锉刀来做。我家和他关系好，孩子们经常到他家玩，不过他不让我们动仪器的，只能在边上看着他做实验。他的儿子也是大学生，和他说，物理学界已经论证永动机是一种假说了。他的孩子现在还住在这里，只是可惜实验台已经丢掉了。

回顾这为期半年的田野调查，才发现最快乐的工作，就是在十九棉里做一个"街溜子"。

10月的我们，还在努力克服"社恐"，连自我介绍都要打两遍草稿，举着那块"工作证"的名牌就像举着什么护身符，小心翼翼地问每一个家门口的居民能不能接受一段采访。到了12月左右，那块牌子就被压在箱底，我们终于可以自然地装作采风或是参观的人，每穿过一条弄堂，假装不经意地找个借口，或者问路，或者夸夸房子、夸夸树，或许就能遇到爷叔阿姨们珍藏着的故事。

比如在南工房小广场边，有一个坚持练声的爷叔，过去聊两句，会知道他还参加过合唱比赛，猜不对那些20世纪80年代传唱大江南北的歌也没事，爷叔依然会献上一段专业级别的表演。在运动器械旁坐一会儿，能看到几个小朋友，原来是亲戚在十九棉，他们时常过来玩耍，把这片社区当作自己的秘密基地。在街口的面馆里，藏着一只小橘猫，那是店老板夫妻两人喂大的，路过的时候，我们总要找找它，多拍两张猫咪写真。在职员宿舍拐角的院墙外面，常年放着一把木头椅子加一张小桌子，收废品的人轮流问正靠在椅子里晒太阳的主人家，卖不卖？和正靠在上面晒太阳的爷叔聊两句，他会给你讲小时候怎么纠集一群小伙伴在房前屋后"打仗"，怎么从学校一路"进军"到黄浦江边。还可以假装晒太阳，蹭到正在叠纸钱的奶奶们边上，听她们聊谁家已经搬走了，谁又回来要和她们聚聚。和银杏树下操着苏北口音的奶奶搭个话，夸一句院子里满地的银杏叶子好看，也能收获一段颠沛流离来到上海的往事。如果遇到一个举着相机的老爷爷徘徊在职弄里，不要错过他，上去问一句："爷爷你也对十九棉感兴趣吗？"这位曾在十九棉里经历了上海解放、"二六轰炸"的应长生爷爷会为你描绘这里曾经的漂亮样貌，正在写个人回忆录的他，补上了我们口述史工作中关于 50 年代故事的最后一块碎片。

而要做一个合格的"街溜子"其实不容易。

时间方面，最好选在一个阳光明媚的下午，愿意聊天的人多，逛个四五圈总能有些收获。可如果是凌晨四五点，在一抹黑中遇到一丝火光，就别怪人家

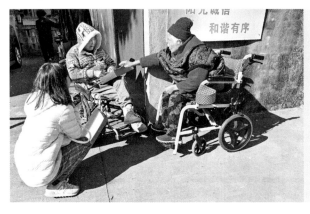

2021 年冬，老姐妹晒太阳

呵斥你，那是他们的私密时间，或许是在纪念这片即将离去的故土和已经逝去的家人。

设备方面，可以带着相机，却最好别带笔记本和录音笔，可以在衣服口袋里放一只打开录音软件的手机，悄悄地混进十九棉的日常里。一次我遇到一位阿姨踩着梯子和一段窄窄的围墙到私搭出的露台去晾晒衣服，才刚举起我手中的相机就被叫停，一番解释才免去"不怀好意"的怀疑，随后她郑重地向我表达了不愿意被记录下来的心情。可也有时候，当爷叔阿姨们听到了你的快门声音，会热心地问："妹妹在做什么？"接着便有一段故事要与你分享。这时候可别掏出笔记本和录音设备，难免会打断他们讲述的热情，最终或许也只能听到"修订版"的故事梗概了。

语言方面，爷叔阿姨们总是会体贴地为我们转换成普通话，引荐我们去认识朋友邻居的爷叔有时还会热心地做起翻译。因此没有必要害怕语言不通，学一句"侬好"，或者甜甜地喊一句"爷叔／阿姨"就可以畅行无阻了。

最后，还是得感谢十九棉给我们做"街溜子"的机会。

有时在回程的路上，在公交站台上，回过身去看十九棉背后林立的高楼，会突然感到有一丝难过。在那些垂直生长的高楼里，或许不会再有小广场、搁得下躺椅还能晒到太阳的小道，见不到小院里的银杏树，也不能再遇到和我们一样"闲逛"的人。未来的田野在哪呢？或许将和我所体验到的，大不相同了。

从少先队『大队长』到弄堂摆摊

达世德 ×

达世德

男，1953年生于上海，祖籍江苏六合，初中文化。1970—1996年，作为知青在黑龙江逊克县插队，1996年底回沪。2004—2017年，在杨浦区中心医院做运送工。1953—1967年，住平凉路2767弄西13弄7号前客堂。1967—1970年，住东5弄2号前后客堂。1998—2021年，住西5弄3号前客堂。

口述：达世德

采访 / 撰述：吴亦阳

时间：2021年12月

人变少了，但觉得拥挤

1996 年，我从黑龙江回到上海。我回来的时候，十九棉厂的概念已经不存在了。工厂的厂房还在，但已经变成了中日合资的华钟袜子厂、针织厂，还在生产。很多小时候的东西都没有了，小花园没有了，俱乐部也被烧掉了，改建了住宅。

我回来找不到工作，我和我爱人就在现在的居委会楼下摆摊卖早点。工厂工人去上班，就在我这里吃早点。有时遇到小时候一起玩的同学，他就问我："你是达世德吧？"我说是啊。其实我回来的时候有 13 个小学同学还住在这里，本班的同学还有 6 个，其他在一个学校的可能共有 10 多个，我们下乡都不在一起。这回动迁，三个人拿了市区的房子，两个人拿钱，我拿郊区的房子。中学同学里只有一个人在十九棉厂当过工人，他是在厂里搞什么的呢？搞机械的，接他父亲的班，他 1978 年回城，一年后就在设备厂工作了，一直到大概 2000 年退休。我回来的时候十九棉厂已经转制了，关停并转，原来 5000 多人的大厂，回来只剩不到 2000 人。

职弄变化最大的就是违章建筑，1996 年我回来的时候违章建筑还不太多，可能就占百分之二十。我现在管的垃圾房后面也是违章建筑，那是什么时候建的呢？是改革开放时，要搞活经济，这个地方原来是街道办工厂的，生产消防龙头、零件加工，以前里面有车床的，还有很多街道工厂的缝纫机。

我的那个违章建筑是 1999 年搭的。因为知青返城后没有地方住，房子小，没有卫生间。违章建筑一是能改善住房面积，二是能改善卫生条件。没洗澡间怎么办？就自己搭个房子。20 世纪 70 年代的时候不让搭，后来搭起来是 90 年代，老百姓也盼望改造。1998 年那次说要动迁，也没有动迁成。

当时十九棉这一片本来说要动迁，大家挺高兴的，完了[①]过了一个星期又说不动了。因为一夜之间报进来许多户口，白洋淀的那些德国人不干了。那边有一个德国人开的可蒙化妆品厂，从白洋淀新村大门的一条道进去就是化妆品厂。我两个同学下乡回来就在那里上班。

一开始这个地方是德国人要改建生态小区。规模挺大，南至平凉路、西至内江路、北至周家嘴路、东至军工路，这个范围比 154 地块（即平凉路 2767 弄）大多了。他想搞生态小区，生态小区是什么东西？就是花园、超市各方面配套的社区，在 20 世纪还是挺先进的，等于整个区域统一规划了。结果当时方案一出来，迁了好几百人进来，完了德国人就觉得这个赔偿款出不起了，就算了。因为当时动迁要数户口人头的，有一个算一个，都是按户口来的。那时候你家里人多，分得也多，七大姑八大姨就都迁进来了。

看到改造没有希望，搭违章建筑的人就多了。像我们没钱，早先搭的大家也就默认了。居民之间还会相互举报违章建筑：比如建筑影响他家的出入了，或影响光线；还有的房子里边被破坏了；房屋结构被破坏的也有，就是把前面墙推掉，把自己家违章建筑扩大。邻居关系处得不好的人，就容易被举报。举报虽然是匿名的，但是被举报的人肯定知道是谁举报的，对吧？这样的话，相当于邻里关系也有点不和谐。就那么几家人，一看就知道是哪家举报的。不过搭了违章建筑后，邻里纠纷总体上还变少了些。一是因为好多人有钱了，外面买了房子搬出去了，二是搭了违章建筑后，生活条件改善了。原来居民四户人家，

---

① 达世德在东北生活 27 年，"完了"在东北话中类似"然后"，起承接功能。

家里烧菜烧饭难免有磕磕碰碰，是吧？这个罐倒了，或者烧菜占我地方了，什么东西掉到阴沟里了，类似的吵架有很多的。再就是为了自来水，有的人用得多，有的人用得少，但水费按水表大家均摊，为这个吵架的比较多。小孩多也吵闹。吵架也不是天天有，但反正三天两头总是有的，吵架无非就是小事情，后来条件好了，小事情上的纠纷少了很多。

因为违章建筑多了，弄堂越来越窄，原来很宽敞的，我们小时候夏天就在弄堂里铺一张席子睡觉。2016年以后，违章建筑就被禁止了。

2009年修爱国路地铁站和长阳路还有一次市政动迁。那个动迁条件优惠，因为市政动迁跟旧改动迁不一样，可以拿市区的房子。有些老居民就是那个时候搬走了。这么多年，左右邻居好多都搬走了，拿我们西5弄来说，1号有两家搬走，2号也有两家搬走，我住在3号，（原来3号的后客堂和两楼的）基本上都搬走了，房子都借出去了。4号有三家搬走，5号的两家没搬，6号有三家搬走，7号有四家搬走。所以说这次动迁，多数人家拿钱，少数人家拿房子，说明什么呢？一大半人有房子，他不要房子，要钱就可以。还有好多人是二手房东，动迁前买了别人的房子。21世纪初的时候一间房子才3万块钱，前后客堂一共才7万块钱。新工房一间房子16平方米，7万块钱，我想买，没钱，当时我爱人身体也不好，现在我有点后悔了。我当时手里还有一点钱，要买的话还得跟人家借两万。

2021年动迁了，我出生在这里，下乡去了黑龙江27年，回来也有25年了。有回我买一个冰箱，叫他们送过来。那个人是外地来打工的，他骑着电瓶车进来，对我说："你们这里哪儿像城市啊？都是矮房子、小巷子。"我一直记得这句话。原来挺宽敞的地方，回来觉得有点拥挤，一两年才适应过来。

回上海以后，我想怀一下旧，就想着找找老同学、老同事。因为20多年变化也很大，我原来不少同学，有的已生病去世，有的到其他地方去了。我想办法一个个找，有的刚找到一两年，就突然生病走了，我感到挺惋惜的。

童年、大队长和副团长

我1953年2月11日出生，腊月二十八，等于还没出生两天就长一岁了。"达"这个姓比较少见，是少数民族姓。南京六合县还有个达浦生纪念馆，知道吧？我家就是和他同族的，我父亲那边还有达氏家谱，姓达的很多都是回族。我父亲小时候在六合县卖报纸，十三四岁到了上海公大纱厂。我听父亲说，当时纱厂里有称"五才"的结拜兄弟，专门介绍外地人来纱厂做工。我父亲、叔叔、孃孃、姨奶奶这些达家家族的都是同一个人介绍过来的。父亲到纱厂当工人，住在南工房西13弄7号前客堂，我母亲和奶奶也过来了，不过她们不在厂里工作。

从我记事起，就住在这个工房里面，对工房还是有一定的感情的，为什么呢？这个工房虽然是日本人建造的小区，但是各方面的环境设施非常好。那个时候我们家里已经换到了东5弄2号，一楼的前后客堂住了八个人：我奶奶、父母，还有兄弟五个，居住条件还是挺差的。父母睡楼下的床，奶奶睡一张床，五个小孩都睡阁楼上——在阁楼上是直不起腰的。我上过幼儿园，幼儿园就在现在平四小学操场司令台的后面。幼儿园生活非常愉快，我没去过托儿所，小时候是我奶奶把我带大的，所以我对奶奶一直有很深的感情。我奶奶是裹小脚的，她也识字。她看书的方法，是把书唱出来，《千字文》《百家姓》，都是这样。我对《三字经》印象深刻，第一条就是"人之初，性本善"，这句话我一直记住。我从小就受到这个教育，要为人真诚，要善良。

小学我读的是十九棉厂的子弟小学。我记得上小学时，因为学校离我家很近，也就200米左右。打铃了，我马上到学校去也来得及。那时候上课上半天，因为教室不够，所以分年级上课，上午是一二三年级，下午是四五六年级。我们小学一个年级四个班，一班是职员宿舍的，二班是南工房、拾间头的，三班是新工房的，四班是北工房的。四个班的小孩子下课都一起玩，只是学习小组不在一起。学习小组就是下午一条弄堂的同学一起学习，每个组有小组长，大家两个小时把功课做完。因为我们同学都住在工房里面，我这条弄堂的七个同学，除了我，还有班长，一般是住得近的搭成一个组。

小学的活动还是挺愉快的。平时主要在十九棉厂的大礼堂搞活动，印象最深的就是戴红领巾。我是两年级入的少先队，当时入队仪式还是挺神圣的。因为那时候不是少先队员的同学，会非常羡慕你，认为你就是好孩子。甚至有的同学就不跟没当少先队员的同学好。但是我始终认为，你不是少先队员，我也看得起你，这个在我心目中没有区分。实际上，我当大队长，可能也不是学习成绩最好的，只不过就是待人诚恳点，小时候比较听话、老实点，就是这么回事。

我记得小学四五年级，我和老师还发生过矛盾，为什么呢？因为一次考试，我旁边坐了一个同学，老师认为那个同学看（抄）我的。我说没有，完了我跟老师争起来。我在课堂上说，我大队长也不干了！又掉眼泪又气得把红领巾也扔到讲台上。那时候年纪小，不懂事，一点小事，跟老师在课堂上闹矛盾，是我不对，后来也跟老师道了歉。小学六年对我来说是比较难忘的，我学习成绩不是最好，但是能让我当大队长，也是大家信任我，是吧？

1966年小学毕业，"文革"就开始了。我中学是在平凉中学上的，那时候人家对平凉中学的印象不好，因为平凉中学调皮捣蛋的学生多，小流氓阿飞（来自上海洋泾浜英语，指"fly"苍蝇，意为青少年流氓）多。后来我们学校成立红卫兵纠察队，学生管学生。就专门针对这些流里流气的学生，抓到了训一顿，后来就没有什么小流氓了。

"达牛"在黑龙江畔

本来我是到安徽淮北去的，哪里艰苦去哪里，老师告诉我那里条件太苦了，饭都吃不饱，让我还是到黑龙江去。我1970年1月时，报名到黑龙江。我原来是第一批下乡[①]，3月20日，学校里看同学走得不多，又让我留下来动员同学，所以我在上海又待了两个多月。1970年5月5日，我下乡到黑龙江黑河地区逊克县，离县城60公里的车陆公社下道干生产队。

---

① 这个"第一批"应该不是十九棉的第一批。

当时有 4000 多名上海知青到了黑龙江逊克县。刚到的时候，老乡还有点看不起我们上海小青年，觉得我们什么活都不会干。那个时候还在抓资本主义尾巴，有的老乡雨季上山采一些木耳，赚点小钱，有知青告发，闹了一些矛盾。不过我们都吃得了苦，帮老乡开了很多荒，也就逐渐融入了。到了后来基本上每一个生产队都由上海知青担任队长或者书记。我同学沈永智就当过我们生产队的书记，上海知青和当地老乡结婚的也不少。

1970 年刚到生产队的时候，我做的是保管员，管仓库、粮食，一共七八个仓库。那个时候老百姓还有顺手牵羊的，用自己家旧的麻袋，来换仓库的新麻袋。一次清点麻袋，发现少了很多，领导就批评我管得不好。我们生产队会计还为我说话，说麻袋又不是小达拿的，管不过来也不怪他。他当时为我说话，我到现在还记得他。知青在生产队干很多活：下田种小米、玉米，拿扇刀收麦子，冬天的时候就上山砍树、劈木桦子①。我还喂过猪，在食堂做了三年饭。那个时候条件不好，没有蔬菜，我就搭别人车到县城里拉白菜。东北大豆多，就自己磨豆子做豆腐，改善伙食。一年冬天社里要做颗粒肥，我和另一个社员五天把村里几十个茅楼（厕所）都掏了一遍，完成了任务。后来中苏关系紧张的时候，我当过民兵连的连长，每个生产队都发了五支冲锋枪、五支三八盖步枪、不到三十颗手榴弹，平时也会组织训练。

我下乡第一年，1971 年的春节往家里寄了 200 多块钱。那个时候 200 多块钱也相当于上海工人四五个月的工资了，我父亲一直记得这件事，他本来给我寄各种东西，没想到第一年我就寄了那么多钱。1972 年我回上海看病，一天借了一辆自行车到上海中苏友好大厦游玩。左转弯绿灯后，我就直接拐弯，只听到 "吱" 的一声急刹车，前面警察同志把我拦下，我回头一看，一辆公交车只离我一米多远。交警斥责我："小同志，你懂不懂交通规则啊，转弯也不打手势。"我吓得说不出话，好半天才结结巴巴地说："我是知青，回城看病，对不起对

---

① 东北方言，指堆成一方一方的木柴。

不起。"1973 年底的时候，我本来想上工农兵大学的。因为公社留我，就没去成，因为沈永智当书记了，我就留下来辅佐他。1974 年我回上海探亲，回去后帮知青朋友带点手表、收音机、自行车，大家都说上海的产品质量好，都争着要。

1977 年的秋天，生产队脱谷机上的一个齿轮坏了，要到 10 公里外去借，我一个人赶着马车去了。回来的时候马越跑越快，没吆喝住，马一下子失控了，马车轮子被地上的一个树桩子绊了一下，整个马车顺势倒扣过来，把我重重地压在车辖辘底下。幸好那树桩子有 25 厘米高，我尚能活动，我忍着剧烈的疼痛往外爬，十多分钟才爬出来。爬出来后，我先把马的缰绳解开，拴在树上，一个人一瘸一拐地往生产队走。5 公里的路程，走了两个多小时，天也黑了，社员见我这样，赶紧用拖拉机把我往医院送。县医院拍片诊断为腰椎粉碎性骨折，需要贴膏药打针，住了两天医院也没开刀，完了又回去躺了一个月。一个月后我又下地干活，割黄豆。我这腰结婚后到上海华东医院复查过，诊断是陈旧性骨折愈合，不让弯腰干活了。当时哪管这么多，生产队干部应该不怕苦不怕累，有社员给我起了外号叫"达牛"，意思是干起活来像牛一样。我没想到 1979 年《黑河日报》还有《"达牛"的故事》这样一篇报道。

在第二故乡和第一故乡之间

当时我们知青下乡的口号是"扎根农村六十年"。我们是 1970 年下乡，实际上只过了八年就有了知青返城大潮，4000 多人差不多走得只剩了 400 多人。我没有走，是因为我遇到了我的爱人。

我下乡第二年得了淋巴腺结核，长在锁骨位置。先在当地兵团医院开的刀，几个月后没有好转，伤口化脓收不了口。我请假回上海治疗，跑了不少医院。最后找到私人医生，用土方子收口，半年后才痊愈。等于 1972 年一整年都在上海病休。1973 年春天我从上海治病回来后，认识了生产队的小学教师臧秀珍。秀珍跟我同岁，是回乡知青。她是黑龙江逊克县车陆公社（今车陆乡）的本地人，满族。秀珍给我的第一印象是个子不高，活泼开朗，大大方方，举止文雅，

左图为青年达世德，身着下乡前发的棉大衣，1970 年 4 月摄于平凉路海光照相馆。去黑龙江的同学都拍过这样的照片。（达世德 提供）
右图为达世德拿着下乡期间穿过的羊毛军大衣，2021 年 12 月摄于十九棉职弄。（吴亦阳 摄）

很有灵气。当时我们虽然在一个生产队，但接触不多，只是在一个食堂吃饭，一起开会，参加各种活动。

　　和秀珍相恋相爱也是非常偶然的。我清楚地记得是 1975 年秋天，当时我是知青食堂的炊事员，一人要做三四十人的饭，那时，做饭简单，蒸馒头、熬粥、做点白菜、土豆、萝卜、咸菜、腐乳。一天开饭后，女知青杨建同志对我说："待会儿有事要跟你聊一下。"我以为是工作的事，没在意。谈话时她满脸通红、异常兴奋，声音颤抖地对我说："达世德，我和沈永智谈朋友了，我好开心啊，很满意。"接着她就说："你现在没有对象，臧老师这个人挺好的，喜欢不喜欢？如果愿意的话我去跟她说。"听她这么一说，我的心扑通扑通直跳。杨建走后，我夜里翻来覆去地没睡好觉。

就这样，我和秀珍谈起了朋友。恋爱后，才知道她13岁就患有风湿性心脏病。父母并不想让她下乡，是她主动申请下乡当老师的。1975年的时候，县医院派了五人医疗工作组下乡，几位医生给她检查了身体，认为是心脏病是二尖瓣狭窄导致，可以开刀治疗。这期间刚好上海胸科医院赴边疆医疗队在黑河市，能联系到。就这样，我爱人1976年去黑河市里做了第一次心脏病的手术。1977年我被马车压了，腰椎受伤，我爱人很心疼，和我商量尽快结婚成家，方便照顾我。1977年10月8日，我们就在公社民政局领证了。

1978年，我们结婚后第一次回上海玩。我们两个和家里兄弟嫂子六七个人，到南京路外滩游玩后乘25路回家。当时上海公交车是非常拥挤的，六七个人挤不上一辆车。我跟我爱人说："我们到终点站下，你不要听站名，人都下车你再下。"结果到了临青路站，她听到有人好像在喊"小臧"，以为我在叫她，就下车了。结果到了终点站我没找到她，可把我急坏了，这么大的上海，把她丢了该怎么办！

我爱人身体不好，她不止一次地问我："世德，我身体不好拖累了你，娶了我，你后不后悔？"我当时坚定地说："不后悔，真的，下一辈子也不后悔。"我们婚后第二年，即1978年大批知青病退返城，她又说："你跟我结婚，不能返城了，你后悔吗？"我说我写过决心书，扎根农村六十年，这才十年不到。但是她心中还是放不下这件事，有任何消息她都会去打听，怎么样曲折返城，甚至连假离婚也考虑了。我说不能因为返城影响夫妻两人的关系，拆散家庭，在我这里是不可能的。

刚开始我们本来不想要小孩的，后来身体好一点了，还是要一个小孩吧。我爱人怀孕几个月，正好那时候1980年要植树造林，4月我想先栽完树再回上海。老丈人说不行，都什么时候了，你赶紧先送她去（上海）。因为她心脏不好，我们要保险一点，我把她送到上海，我又回去，完了她生了小孩，我再过来的。儿子达庆正是1980年6月的端午节那天出生的。儿子出生的第一年也是我父母帮着带的。儿子一岁的时候，又把他接了回去，读的车陆乡幼儿园，后面读的车陆中心小学、逊克县一中。

20 世纪 80 年代还留在逊克县的上海知青，有的跟当地老乡结婚了，有的是当上了地方干部。我腰受伤后，先是调到车陆公社公建营养渔场当负责人，鱼养了一年多，又调任车陆堤防站站长，负责防汛。1984 年 8 月黑龙江发大水，我守在堤岸上 10 天没有回家，带着大家堵管涌。逊克县的防洪大坝开了 5 个口子，但是车陆乡一个也没有。之后我又调到逊克县水利局当秘书，也当过防汛办的副主任。说实话，我跟局长关系也不好。刚开始还挺好的，因为是他调我到水利局来的，但是他的一些做法引起职工的不满，比如借着改革的名头捞好处。我就领着我们的职工，到地区反映他的问题。上面一看，就把他局长拿掉（撤职）了，把我也从秘书岗位调到防汛办去，最后我是从防汛办副主任的位置上退休的。好多人为我惋惜，说你干这么长时间连个干部都没混上，所以我现在退休工资还是 3500 块。

我爱人倒是转正成了干部。她从教师当上了小学校长，又到车陆中学当校长，一直当到逊克教育幼儿园园长，继续留在那里的话本来可以升任县教育局副局长的。她身体不好，1983 年、1991 年都曾到上海治疗、做手术，那时因为已经是干部，回上海还需要向县教育局打报告。

一直到 1996 年，黑龙江有了政策，为了知青子女，知青可以提前办理退休

1984 年达世德（右一）一家三口合影，摄于平凉路海光照相馆。左一为达世德爱人臧秀珍，左二为儿子达庆正。
（达世德 提供）

手续回沪。为了儿子读书有个更好的环境，我们两人下决心一起办了提前退休手续。如果不是儿子读大学，我们就一直留在黑龙江了。当时的心情真是又喜又悲，喜的是儿子可以到上海读书、考大学，难过的是要离开这边的亲人。

就这样，我离开了生活了 27 年的第二故乡，带着爱人和儿子，回到了我的第一故乡。

在那儿是个主任，在上海什么都不是

回来的第一件大事，就是没地方住。从逊克县走的时候，房子卖给了我爱人的姐姐，该丢的也丢了，家具也都处理掉了，回来只需几个行李袋就解决了。但是改革开放后，很多房子在知青返城的时候就被借了。回来的第一个月，我们住的是父母家，东 5 弄 2 号的阁楼。我们在前客堂靠楼梯处的阁楼上睡了不到一个月，要拿梯子上去，我小时候也睡过。后来又借了间房子，在东 12 弄 4 号的前楼。这个地方修长阳路的时候已经拆掉了，在那儿也只住了不到半年。有个同学看我们住的条件这么差，他就帮我们找房子，找到平凉路 2767 弄 12 号 101 室。我们原来惯称它为"咖啡房"，因为当时这栋房子外墙涂的咖啡色。它等于是一室半户，前面一个房间是可以睡觉的，后面房间睡觉的地方较小，厨房、卫生间都有。住到大概 1998 年，儿子要高考的那段时间，"咖啡房"也只住了七八个月。

1998 年二三月间，又搬到了西 5 弄 3 号，就是现在住的这个地方，前客堂的一间小屋子。一楼的前客堂我大哥之前住过，老五结婚的时候也住过。我们回来不到两年的时间，搬了好几次家。那个时候搬家倒不是很费劲，我什么东西也没有，一个黄鱼车就搞定了。从黑龙江带回来的东西只有一箱书，是《世界知识》画报，从创刊号到 1996 年（我回上海时）的每一期都有。家具嘛，我东捡一个西捡一个。现在西 5 弄 3 号，前客堂是我自己的，后客堂是借的，楼上也是借的。

回来之后我没有工作，去了好多地方，人家也不接受。实际上我回来的时候岁数也不大，45 岁。但我没什么资本，不是什么干部，只是一个工人。在那里当个防汛办主任或者秘书，在这里就没什么作用。我找了个同学问，没用。那个同学叫我去扫地、看门，好丢面子是吧？他认为不好。

我回上海，给我的感觉就是上海都在搞活经济，卖东西、做小生意的人很多。黑龙江那边也会跑俄罗斯，把中国东西背过去，把俄罗斯的东西背回来。经商的氛围很浓，除了做倒爷的，还有很多个体户。

我下乡的时候会做面食，回上海后包了两年多的水饺，在这边居委会楼下的路边摆摊，还卖韭菜饼、大碴子粥、牛肉面，还有菜包、牛肉包。水饺 1 块钱 6 个，也就是一两。一个韭菜饼 5 毛钱，牛肉包、菜包卖 5 毛钱、6 毛钱。牛肉面 4 块钱一碗，那时候牛肉便宜，17 块钱一斤。那个时候葱油拌面才 1 块 2 毛一碗，一碗是二两面。牛肉面也是二两，面条可以免费添。还烧大米粥，5 毛钱一碗。

那个时候早上 3 点半起床，4 点要烧炉子、熬粥、包包子。把粥在家里熬好，包包子、包水饺都在外面操作，就是在旁边搭一个烧煤炭的炉子，一边包一边蒸。还要放一两个桌子，用来擀面条、包水饺。煤炭要人家专门送，有时候自己捡点木板，劈柴火。那个时候上海木柴有的是，这儿捡一堆，那儿捡一堆，用斧子劈一劈就可以用。我捡木板就堆到铁栏杆附近①。为此我还跟邻居发生了一点争执，人家说，你怎么把这个东西堆在这里。我说我不堆这，就没地方堆。那时候最怕下雨天，一下雨，搭了个棚子也会漏雨。我推个可以脚蹬的黄鱼车，上面也没搭塑料棚，下雨天把东西盖着推过来。

那时候做点心，一做就是一上午。十九棉厂厂房还在，工人上班、居民值班，也需要吃早点。我们忙到下午 1 点左右，一个卖早点，一个中午下牛肉面。一下午去买菜，买牛肉，买东西。一天的收入最开始 50 多块钱，最少的一天 30 多块钱。那生意好的时候，挣过 120—125 块钱，要挣到 150 块钱是顶天了。过

---

① "铁栏杆"应指社区的健身器材处。

节的时候生意好，家里都不烧饭了。工人上班的时候也能好点，双休日生意不好。双休日我记得是1995年才有的。

这个生意一直做到1998年我爱人做手术，后来借了个门面房，一个月租金1000多块钱。就在平四小学的围墙附近、校办工厂原来的位置。我自己做了半年多，等爱人做手术后，又把这个门面转让出去了，一个月1800块钱，就是自己挣800块钱。让人家会手艺的来开（店），浦东塘桥过来的一个人比我做得好的。他做到2001年就不做了，因为这个门面要拆了。

后来，我中学同学陶文武看我做早点很辛苦，就介绍我去第五印染厂当了临时工人，三班倒。这段时间，我印象还是很深的，工人们的工作作风、劳动干劲都值得我学习，尤其是班长和我的师傅（小宁波）。做了两年，后来工厂拆迁了，就不干了。

生活还在继续

刚回来的这几年，我和爱人一直忙着做早点，没顾得上她的身体。1998年的春天，我爱人感觉身体不适，去了好几次医院，中医西医都看过，最后在新华医院确诊为子宫内膜癌。一看到病理报告，我的心一下子揪了起来，眼泪止

1997年5月1日，达世德和爱人在摆摊卖早点。同学来看望时摄于十九棉居委会旁，图中小女孩是同学的女儿。
（达世德 提供）

不住地往外流。秀珍却劝我不要哭，回去要保密，儿子马上要高考了，不能让他知道。儿子回来后读的凤城中学，学习还跟得上，没落下多少，他一心想要考复旦。最后高考差复旦4分，读的东华大学通信工程专业。直到儿子高考完，我爱人才住院做手术。住院的时候，知青朋友、里弄街坊都来看望，为她加油打气。好在手术顺利，身体恢复得也还不错。

2004年3月，我看到杨浦的医院招运送工，这个工作主要是推轮椅、推平车。一开始我到"杨中心"（即杨浦区中心医院）问了，他说要推死人，我怕我爱人有点犯膈应，我就没答应。我又去安图医院，它以前是单独的街道医院，现在是"杨中心"分院了。做了两天，护士长看我好像有点木，就不要我，所以我又回到"杨中心"。后来我想通了，医院肯定要死人的，那就要推尸体的，对吧？

医院运送工的工作还有就是拿药、送药，哪个科室需要修修补补我也去。我们早上去把单子拿好，看病人一天都要检查哪些项目，就把病人送到那儿。还有拿输液的架子，拿口服液和打针的药。因为我比较热心，有什么东西坏了，我能修的话我就修，包括护士、医生，有什么个人的事情，我也帮他们跑。护士要修个手表、配个电池，我就出去给她们办。有时候我把自己包的包子、烧的红烧牛肉给他们拿去，还会做做南瓜饼，包点水饺给他们。我跟消化科的这些医生护士都很熟。没想到我在一个地方做了这么长时间，一般运送工都做一两年就换地方。我在"杨中心"一直做到2017年，我爱人2011年去世的时候，消化科的医生护士都落了泪，我爱人的回忆手册也是医院的护士帮着打字的。

我刚开始做的时候工资是570块钱一个月，每年都涨，涨到后面是2000、2200、2300块钱一个月了。这个就是上海最低工资标准，运送工的工资始终是最低的。我领的退休金也是黑龙江那边的。我儿子满16岁就可以报进上海市，我爱人户口比我先报进上海，我在后面才报进来。我2011年刚刚落户上海，户口为什么拖这么久？因为我在上海本来是临时户，居住满15年才能报户口。所以说我现在也是拿黑龙江那边的工资，但是医保是互助性的医保，每个人每年交 130 块钱。

我和我爱人都是党员，回来后我们在社区干过一些工作，负责收收清洁费、通知开会。每年收爱心捐款的时候，有的人只捐 2 块、5 块，我说这个不太好吧，就自己拿 100 块钱补上去，就当感谢大家支持我工作了。我也是居委会的志愿者。社区志愿者，男志愿者少，女志愿者多，男志愿者就三四人，女志愿者二十多人，占绝大多数。志愿者有好几种，一是防疫值班的志愿者，一是晚间安全摇铃的志愿者，提醒大家 8 点以后防火防盗、门窗关好。以前志愿者每天晚上都有到居委会值班的，现在少了，因为有探头了。探头大概从 2015 年开始安装的，以前小偷偷东西也不少。我做生意时，两部黄鱼车都让人家偷走了，车子放那儿都锁好的，第二天没了，那做生意怎么做？还得借人家车子。我儿子那个助动车放在家里，也是被盗了。我回到上海从 1997 年起一共丢了 15 部自行车。住"咖啡房"的时候，我帮人家在长途汽车站买票，车子放在外面。我票买好，车子没了。还是辆新车，当时刚买的二手凤凰自行车 220 块钱，人家说这个钱应该让他出。我说算了，我给人家买票就是帮忙，丢的是我的东西，叫人家出钱怎么好意思？

近十年我都一直关心里弄里面的垃圾问题。关键是管理得不好，原来扫垃圾，居民每个月一户人家收 1 块钱，一年交 12 块钱。那是我下乡回来的时候，那时候工资多低，让你扫地，挣个 1000 多块钱挺高兴的，现在扫地挣 2000 块钱回去，都不愿意干，是吧？一开始扫地的，大弄小弄天天扫，现在是光扫大弄堂，小弄堂就不扫了，就是因为工资低。

乱扔垃圾，跟人的素质也有关系，垃圾桶摆在那里，他就偏偏丢到大门口。因为这个垃圾问题我写过好多标语。大家看了我写的标语，情况稍有改善。后来垃圾乱扔、门口的那个斜坡阴沟盖子没了，这些我干脆自己来弄。现在每天早上 7 点到 9 点，晚上 6 点到 8 点，就是我来管垃圾分类，不能说因为要动迁了就不注重卫生。

居委会有什么事情，比如防疫、宣传打疫苗，能帮忙的我都帮忙。这个动迁忙前忙后的，有的老同学也要做思想工作。我家已经搬空了，就是有几幅画不好处理，不如拿到居委会挂上。反正卖给收旧物的只给 50 块钱，还不如挂在这里装饰一下。这个 20 世纪 80 年代的贝壳画，也挺好看。

时隔一年，张力奋老师请我们认真写一写田野的心得，动笔还有点茫然。一年前，我是一个战战兢兢、疲于奔命的大三学生；一年后，我坐了四个月办公室，每天打着电话写着稿，俨然一个社会新闻的"小油条"了。回忆我的本科新闻教育，和实习这四个月市井、庞杂、真刀真枪的新闻实践，十九棉的田野调查课程显得格外特殊。

从 2021 年的秋季学期看，我的口述史工作可以说相当顺利。抽签直接抽到了达叔，我真的很幸运。达叔非常热心、坦诚，有任何事情都会帮我们忙，我的采访得以充实、从容，最后呈现出来的文稿只是一小部分，还有很多精彩的人生故事未能展示。而我真的能从他身上感受到一个普通人的伟大。当时的我，日子寡淡、前路茫茫，可以说，达叔给了我很大力量，让我能比较"豪迈"地跨越关键的大三上半学期。

往大了说，十九棉是一个好的开头、一段可以不断回味以寻找力量的经历。

2021年12月10日，我在个人公众号上发过一篇《三重模仿与混沌记录》。类比柏拉图"理念的床—物质的床—艺术的床"是二重模仿，而我的口述史工作，还要从录音中再模仿一遍，故称为"三重模仿"。"混沌记录"则好说：若能听此录音，便发现其中充满碰撞的杂音、自我的嘟哝、外人的打断——皆为生活常见小事。如果不是这些记录，我可能注意不到生活是如此杂糅，而有那么多的细节可以再去挖掘。

我还记得，我们几个同学把另一课程的拍摄作业也选在十九棉。但是有点忘记，是怎么第二次踏入王阿姨的家，和她聊家常、聊我们自己，完全随便聊，不带目的地聊，不用管时间、不用管绩效。第三次来了很多同学，聚在阳台上，打下红红的石榴来吃。正是冬天傍晚的四五点，斜阳辉煌，隔壁的柚子闪闪发光。最后一次来，我们背走了那扇糊着日文报纸的老移门。

从职4弄4号拆回的百年日式移动纱门，里层用老报纸糊成，已发黄变脆。

这是我学新闻以来第一个对"现场"的深刻印象。虽然王阿姨不是我采访的口述人，但这种印象融入了我的文思之中。

而在记者岗位上，则完全是不同的感受。我习得了社会新闻的基本功，也会依赖采访录音，而录音是通过复杂的多重网络关系和高超的说服话术得来的，用之即弃、过心无痕。四个月间，我常常有孤悬"海"外之感——因为大家都不做新闻了，我还站在海中的小岛上。我一个远离学校投入新闻的，做的又不是自己期望的新闻，常常在快节奏和流量小成就中精神内耗，不知自己做了什么。我没有写什么真正的深度稿，也常常哀叹自己的小环境、大环境是多么可悲。

有一日和自己的带教老师交谈，他说："我能留在这行的原因，一个是我当年（2017 年、2018 年）还体验过这一行的乐趣。"

那时，我想起了十九棉。

仇家新 × 60 年代十九棉少年

仇家新

男，1953 年生于上海，祖籍上海崇明，大专文化。政工师（已退休）。1958—1970 年，先后在平凉路 2767 弄东 4 弄 2 号、新 2 弄 2 号居住。

口述：仇家新

采访 / 撰述：钟佳琳

时间：2021 年 11 月

我老家是长兴岛的，在上海崇明。我的父亲是长兴岛的农民，母亲也是那里人。我有同母异父的一个哥哥和一个姐姐。我的母亲 12 岁就跟着崇明的亲戚到十九棉厂做工了，算是童工。她刚来的时候很苦，住在虹江新村，天天要走四五公里上下班，风雨无阻。那时住在虹江新村的基本上都是崇明人。我父亲虽然是农村的，但那个时候觉得无所谓。夫妻两个人，男的在老家种田，女的在工厂做工，是很常见的。我母亲是三班倒的纺织女工。所谓三班倒，就是早上 7 点一班、下午 3 点一班、晚上 10 点一班。她通常结束了一轮"三班"，晚班上好后就回长兴岛一次。那时市区到长兴岛没有大桥隧道，要坐公交车到吴淞口，再坐一个多小时船到长兴岛。我出生在长兴岛，小时候记得母亲每次回来走后，差不多过了几天，（我）就会站在家门口朝着上海方向张望，期盼着母亲再回来。

　　我 6 岁的时候，父亲因肝腹水去世了。那时他得黄疸性肝炎已经三四年了，最后的时候基本躺在床上，肚子肿得很大，每隔一段时间乡卫生院的人过来拿管子抽腹水到木桶里，挺痛苦的。当时（他）去世的时候，农村都有习俗，就是将棺木放在宅基地前面的空地上，请和尚来念经做法事，子孙下跪祭拜。他去世时不到 50 岁。

正好我那时要读小学，便被母亲带到上海（市区）来了。十九棉厂是个数千人的大厂，每天到了上下班时间，从平凉路2767弄南大门直通厂区大门的南北向大通道人流涌动。（十九棉）工房的大门很气派，有两个柱子和一个大的拱形牌匾。旁边有个门卫室，门卫守得很严，外来人要报几弄几号才放行，不然进不来。到了工人交接班的时候，门卫就会提前摇着铜铃在弄堂里穿来穿去。铜铃里面有个小锤子，甩起来就"格铛格铛"地响，很有仪式感。大通道很宽，路的两侧是高大茂盛的法国梧桐，枝冠如盖、绿树成荫。

住在工房里的人家每家至少都要有一个十九棉厂的职工，才能享受住在工房的待遇，有600多户人家。大通道右侧依次是幼儿园、小花园、图书馆、小菜场、大礼堂、足球场、游泳池、储蓄所和职员宿舍，左侧是平四小学、合作商店、理发店（理一次头1毛钱），工房包括南工房、拾间头和新3弄。厂大门西侧有西球场、十九棉子弟小学、单身宿舍和平房。西球场原先里面有一小片园林养过猴子，后来猴子伤了一个小孩，园林就被关掉了。西球场后来还建了一所纺织技校，（我）经常看见一些大学生模样的男女青年进出，不免有些羡慕。当时，十九棉工房可以说是上海工人居住区生活配套设施最好的工房了，不出工房大门，就基本可以满足生活的需要，像一个小社会。爱国二村的同学都很羡慕我们。爱国二村就是后来电影《穷街》的取景拍摄地（爱国二村在爱国路上，靠平凉路，距离十九棉工房约500米）。虽然我们这边都被叫作"下只角"，大家都是工人家庭，经济条件差不多，但生活环境却大相径庭。

热闹的弄堂，成群的玩伴

因为我是从乡下来的，刚到十九棉感觉很新鲜。最早的记忆就是大弄堂口有个水果摊，飘过来的水果味道很香甜。小时候，在我们的眼里，不光是大弄堂，整个工房的路都是宽的。夏天天热时，我们这些小孩往往会在小弄堂里摆上方凳，再用两块宽宽的木板搭在上面睡觉，同时还会拎上几桶水浇地以消除暑气。

我们一家四口人一开始住在南工房。南工房每个门号里有两层，每层分前后客堂和前后楼，一般是一楼住两家，二楼住一家，也有住四户人家的。从后门进去，先是共用的厨房，然后是后客堂，再是前客堂。前客堂和后客堂中间是通向二楼的楼梯，二楼还有一个小晒台。整栋房子没有卫生间，要去外面上公共厕所，有100多米的距离，还好弄堂里有昏暗的路灯，夜里上厕所不是很怕，冬天没办法，披个老棉袄就去了。母亲买个马桶在屋里，每天要去公共厕所刷马桶再放到弄堂家门口晾干。

我们家住在南工房的东4弄2号的前客堂，屋子比较小，大约10平方米。后来买了两根圆木，搭了个小阁楼，我和哥哥睡在阁楼上，母亲和姐姐睡在下面的一张大床上。家里没有什么家具，除了床以外只有一张吃饭用的方桌和矮柜，阁楼角落堆了两个储物用的樟木箱。我们的后客堂住了六口人，一对夫妻、一个老人和三个小孩，房间因为搭了阁楼更小更低。前后客堂间本来有个走道连通，他们家为了多一点面积早早把走道封掉了。我母亲很老实，当初怎么答应他们把走道封掉我都搞不清楚。

一开始，我们家在房间的角落用煤球炉烧饭，油烟很大。结果1965年左右通了煤气后，我们家就要从前门出去，绕到大弄堂再绕进小弄堂到共用厨房烧菜，拎来拎去的，碰到下雨天就难办了，还要一只手打伞。除了厨房间的水龙头，每个弄堂还有一个公用的水龙头，大一点的小孩夏天就拿铁桶装了水在边上洗澡。到了冬天，我和小伙伴就会结伴去内江路上的内江浴室洗澡，有莲蓬头，有"大浑汤"，好像1毛钱一次，尤其大冷天浴室内很温暖、很热闹、很舒服，那个时候洗浴行业还是挺受欢迎的。

1958年元旦，新3弄建成，很多原来在老工房的多子女家庭被分到房的当天就搬过去住了。新3弄的房子属于新式工房，是三层楼的砖木结构。一栋楼有两个门洞，一层七户人家。一室和七室面积最小，二室、三室、五室、六室是中号房，四室是最大的，按照家庭人口来分配，但其实每种房型就相差2平方米，最大的户型也只有18平方米左右。每层楼有两个卫生间和两个共用厨房，一室到四室共用一对，五室到七室共用一对。我们家是后来跟别人家换房子，

1966 年左右，换到了新 2 弄 2 号 206 室。新 2 弄 2 号的房子比我们原来的好，楼梯和屋子里面铺的都是木地板，厕所里装有抽水马桶。共用厨房有高低两个水龙头，面积也大了些，比之南工房的共用厨房条件算是好多了。我们那间房有两个窗，看起来蛮亮堂。搬到新房子的时候，姐姐已经去新疆了，就母亲、哥哥和我三个人住，那时因为家里没什么家具，感觉房子还蛮大的，不过也添了一张我和哥哥睡的床。我从小就很羡慕别人家有大衣柜和五斗橱。

因为弄堂里的孩子很多，年龄又相仿，所以小伙伴都玩在一起。当然也会分小团伙，比如说我住在东 4 弄时，东 5 弄的前门是和东 4 弄的后门对上的，这两个弄堂的孩子玩得就好一些。搬到新 2 弄后也是，楼上楼下都是同学、玩伴，年龄相仿的都玩在一起。那时我与住在同一栋楼的张正林和张留根关系挺好，成了发小玩伴。

弄堂里玩的名堂很多。特别是踢球，买那种两三块钱的皮球当足球踢。记得有一次贪玩，因为踢球忘记了厨房锅里烧的青菜，锅都烧穿了，楼上的闻到味道来找人，结果母亲知道了，追着我打得满弄堂跑。打玻璃弹子、拍四角片、滚铁圈也很流行，还有"盯糖"，特别是过年的时候家家户户都会买一点用纸包着的水果糖，我们在地上画一个方格，糖摆在中间，我们站着瞄准糖，从高到低用另外一块糖去"盯撞"它，把糖"盯撞"出界外，这个糖就属于你了。水果糖在那时也只有在逢年过节家里才会买些，算是好吃的东西，小孩子都特别喜欢吃。平时我们还会用不多的压岁钱或平时省下来的小零花钱买棒冰，盐水棒冰、赤豆棒冰，还有盐津枣、粽子糖等，在工房里的小商店就有卖，两三分钱，用三角包包好的。

有一段时间我玩得最多的是我自己捣鼓的"保宾车"（音）——其实就是滑板车，上面一个车龙头，接着一个圆圆的滚轴，下面用铁片做的连接件连着一块踏板和两个轮子，放学后经常一个人在十九棉子弟小学门口有一点高低落差的水泥小路上滑，自得其乐。还有海宝——实际上是一种藻类（即红茶菌），用个大口瓶里面放点白糖，它吃白糖的，越长越大，长大后就可以吃了。有一阵子兴起"刻纸花":在花样的样本上放一张半透明的纸,拿铅笔头拓印出来,在纸下放一块铅笔板,专门买一种长方形的刀片刻出来,花样有很多,花鸟虫兽特别美。

小时候有点顽皮。我们几个玩伴经常翻爬十九棉厂区的围墙到厂区里玩,有时会从母亲那儿偷些饭菜票到厂里食堂买东西吃,尤其是3分钱一个的油酥大饼,记忆中的那个味道至今没能忘记。当然我们有时也会被门卫抓住,被赶出厂外。小花园对我们的吸引力特别大,里面有亭台楼阁、小桥流水,还有太湖石砌成的假山,花园里有两块大草坪,也有很多绿植,各色花卉依季绽放,尤其是白玉兰,春天花色洁白,幽香悠远。花园深处坐落着两栋英式小洋房,据说是日本人当厂长(社长)时的居所,解放后曾被改造成工人疗养院。小花园只在每周日全天开放,我和玩伴们有时也会在晚上翻墙进去偷玩。绿茵茵的草地是我们最喜欢的玩处,玩搭救人、斗鸡、斗牛。东4弄里有个比我大3岁的邻家小哥还曾教过我们武术,可惜没坚持学下去。看守小花园的是新1弄一位很厉害的大妈,我们不时会被她逮到。她有个儿子,后来出了名,上山下乡去了黑龙江,被长春电影制片厂的人看中,曾经在早前的某部影视剧中扮演过青年毛泽东。

我们那时候岁数不大,1966年小学刚毕业就碰上"文化大革命",书也没有读了,于是玩伴或同学就喜欢去各家玩,或者找些所谓好玩的东西玩。比如说和我打康乐球的两个玩伴,他们家里条件比较好,经常会烧些荤菜,他就趁家里大人不在时偷偷把菜端出来给我们吃。我一个同学,他家里有一个很大的柚木外壳立式收音机,很稀罕的,我们隔三岔五跑过去听歌,《社员都是向阳花》《洗衣歌》,还有些老电影的歌曲,马玉涛的歌听得比较多些,那个时候流行她的很多歌。后来慢慢大了还偷偷学抽烟了,整包买不起,工房大门马路对面有一家小烟纸店里有拆零香烟卖,记得1毛钱可以买7根飞马牌香烟,或5根"大前门",或4根"牡丹",还偷偷喝酒,喝"零拷"的那种桂花酒、果子酒之类的。当然那时还是十四五岁的懵懂少年,少不更事的,只觉得好玩,也没经常去碰这些东西。我还记得西2弄1号的老爷子养了一盆琼花，说是昙花一现的那种花，每年要开花的时候，周围邻居好多人都会去看。我每次也都会挤在人堆里看热闹。后来老人去世了，那花也就没有了。

新2弄2号门洞里有两位奶奶我始终没能忘记——楼下的丁奶奶和楼上的康奶奶，几乎每天上午或傍晚，两位奶奶都会端个椅子，在门口的空地上边聊家常边择菜。她们平时对我也挺关心的，我有时回来了，就会坐上一会儿陪着说说话，她们也会向我传授家常菜的做法。楼里的一位宁波阿姨也分外关照我，她总用宁波口音叫我"家西"，平常嘘寒问暖的，让我这个单亲家庭长大的孩子当时感觉很温暖。

弄堂里也有一些流动摊子。工房门口有一个老师傅专门补碗的，比如说这个碗破了个缺口，把碎的瓷片拿来，他就在碗的碗壁上钻孔，将专门的金属片插进去，两边再一串，完了以后叮叮当当地给它敲平，这个工夫是很细的。还有"叮叮咚咚"弹棉花的，收鸡毛的。靠近工房的平凉路上有个铜匠铺，老铜匠住在东5弄3号，他的儿子踢足球是我们这边最好的，后来被选拔到八一队去了。工房对面还专门有个小人书的摊子，《三国演义》《杨家将》等武侠类的小人书居多，五花八门，我们就在摊子上看，借回去得花1分钱，还有押金，就贵了。靠职员宿舍那边有一个小礼堂，有位爷叔上班前经常在那里练武术。小礼堂后面有个小厨房，那时每天早上都有馒头供应，馒头刚出锅很香，很诱人，说是供应给职员宿舍家属的。我隔壁邻居的叔婶在里面做家属工，也曾经买到过几次。那时候的馒头总觉得比现在的香。

弄堂里用的方言是苏北话。十九棉厂的纺织工人大部分来自苏北。苏北穷，很多人解放前就来上海做工赚钱。苏北人多，所以弄堂里还有不少会唱江淮戏的。每逢白事的时候，弄堂里的人家还会请和尚来做道场，搭个大棚子念经、敲木鱼，虽然我听不懂，但很好听。有时候工房里的小年轻之间也会发生矛盾，一次有两帮人在弄堂里打群架，用竹子削成的"刀片"打得满地飞，打得蛮厉害的。大家都不敢围过去看。

应该说，整个南工房区域（的人）交往密切。因为居住位置的关系，我们和职员宿舍那边的人关系就远了一些，比较少来往。但大家总归还是在一个小学、一个中学上学的，都是同学，不可能不交往。

苦中作乐

我母亲在纺织厂最辛苦的织布车间工作，一个人管着十几台机器，要来回不停地走，一天下来要走上数十里路，哪里断线就要接上，不能有瑕疵，不过也因此是纺织工里面工资最高的一类工人，每个月工资82块4毛。我印象很深，我母亲发工资这两天，我们家总可以买一些荤菜吃，譬如红烧鱼、红烧肉，特别好吃。有一次礼拜天，母亲早班回来做了一点芋头红烧肉，没等我他们就开始吃了。我回来看到没有肉了，眼泪马上就流下来了，这时母亲端出一小碗肉，原来母亲特意给我留了一点。因为我父亲很早就去世了，所以是我母亲一个人的工资养活了我和哥哥姐姐三个人。姐姐没读什么书，初中毕业没考上高中也没工作，在家里闲着，1965年，国家号召全国青年支援边疆建设，她就响应号召去了新疆生产建设兵团，整个弄堂都敲锣打鼓地欢送他们。

哥哥读书好，高中考上区重点建设中学后去住校了，每周只有礼拜天回来，等于家中只有我和母亲。母亲做工，三班倒很辛苦，没有更多时间做饭做家务，对我们也没什么教育的，就放养，做错事讲两句，所以我们三个从小就很独立。家里没人烧饭，于是我小小年纪就开始做家务了，买菜、烧饭、拖地、搞卫生。每个月母亲给我25块钱买菜。我还蛮滋润的，精打细算，每天平均留下1毛钱，有时早上去吃一碗1毛2分的酒酿圆子，或去淮阳春吃一碗8分钱的阳春面，要不就和玩伴们晚上到定海路吃1毛钱一碗的小馄饨。

那时绝大部分的东西都是凭票供应的，买布、买衣服、买粮、买鱼都要凭票。我记得我们小孩子是一个月25斤粮，工厂的工人是35斤粮，半斤油，一斤肉，有钱都买不到更多的。布也买不到，家里都是一件衣服老大传老二，老二传老三，布"薄来兮的"，很容易破。

买菜有时候不凭票，但供应不足，要排队抢着买。工房菜场本来是在拾间头后面的白洋淀的围墙边上，后来搬到工人俱乐部前的空地上，建了一个敞开式的铁架大顶棚房。我和发小张留根经常凌晨两三点爬起来到小菜场摆砖头排队，等到天快要亮的时候，再提着篮子去买菜。有时遇上天寒地冻的天气还真不好受。

青菜3分钱一斤，猪肉8毛钱一斤，都是冻肉，鱼也是冻带鱼。平常我们都在工房里的小菜场买菜买肉，但种类不多，有时候想买得丰富一点，就到定海路菜场或爱国二村旁边的大菜场买菜。爱国二村以前条件差，都是棚户屋，但菜场有牛羊肉买。我印象深的是，我家住南工房时，隔壁东4弄3号住着厂里一位很出名的干部马荷琴，她是回族人（原十九棉厂工人，后提干，在车间任党总支书记。20世纪60年代起任厂党委副书记，先后兼车间总支书记、厂监委书记、政治部副主任），她们家时常会去爱国菜场买牛羊肉，原以为马荷琴是厂领导，才受到了特殊照顾，但其实那个年代回族都会受到这方面的照顾，给发放专门买牛羊肉的票。马荷琴是从纺织女工中提拔起来的、当年十九棉厂家喻户晓的干部，但她们一家一直住在南工房的不足30平方米的前后楼里。

我小学读到一半，到了三年困难时期。上海当时是全国的工业和经济中心，肥皂、纸、布等生活用品大多都由上海制造供应全国，因此上海得到了优先保障，至少（我们）不会饿肚子，但是吃的米里有时会有沙子。糠没吃过，吃的是山芋。粮食供应每人25斤，20斤是米，剩下的5斤就是山芋、面粉之类的粗粮，油半斤，没有鸡蛋，凭票买的猪肉以买肥点的居多，因为肥肉可用来榨油。张正林家里因为子女多，生活比较困难，他家早晨把面粉炒一炒，放点盐，拿两调羹用开水一冲，多的没有，吃好了就去上学，没上两节课他就饿得浑身没力气。

那个时候，除了职员宿舍条件比较好，住在工房里的人的经济条件都差不多。厂里干部的小孩也跟我们玩在一起，他家也买不到东西，没特权的。那十几年时间感觉我们的生活水平一直没怎么变过，工人们工资的涨幅也很小。十九棉厂的学徒第一年工资一个月17块8毛，第二年工资19块8毛，第三年工资22

20世纪六七十年代，张留根的母亲丁秀兰（二排右一）与杨富珍（一排左三）、裔式娟（一排左二）等全国劳动模范合影（张留根　提供）

块8毛，学徒满师拿36块。那时候社会上都说"36块万岁"，不管是什么行业都一样，差别就只在每个月奖金里的一两块，工人多1块，班长多2块。纺织厂是重点产业，奖金拿4块8毛，重工业拿5块，只多2毛钱。

　　那个时候的工人阶级很光荣。解放初期，中国4亿多人口要解决穿衣吃饭的问题，纺织行业在全国轻工业中有举足轻重的地位，上海的纺织工人有60万。当时社会上流行一句话：北有赵梦桃（西北国棉一厂细纱挡车工，新中国第一批劳动模范，当选为中共八大代表，被誉为"纺织战线的一面红旗"，所在小组被授予"赵梦桃小组"称号），南有杨富珍（上海国棉一厂挡车工、工会小组长，新中国第一批劳动模范，第二届、第三届全国人大代表，所在小组被授予"杨富珍小组"称号），裔式娟（上海第二棉纺织厂工人，全国著名劳动模范，所在小组被授予"裔式娟小组"称号。1978年起任上海市总工会副主席，第一至六届全国人大代表、第五届全国人大常委，上海市总工会原副主席）。十九棉厂的丁秀兰也是位赫赫有名的劳模人物。她是我发小张留根的母亲，她

上棉十九厂跳鲤牌商标（张国鑫　提供）

于 1960 年至 1962 年、1977 年和 1978 年被授予全国劳动模范称号三次、上海市劳动模范四次，是全厂获此荣誉的唯一一人。1961 年 5 月 1 日，毛主席到上海电机厂与上海的职工群众共度国际劳动节。丁秀兰在场，还受到了毛主席的接见。纺织厂的细纱非常重要，那时判断布匹的好坏就看细纱上的接头，别的女工 3 分钟接 1 个，他妈妈 20 秒接 1 个；有一手绝活，嘴巴又会说，十九棉里家喻户晓。那时劳动模范是很特殊的身份，张留根的外婆在工房里也广受敬重，大家喊她"丁奶奶"，很多十九棉厂的工人都是丁奶奶介绍进去的。①

虽然生活条件不好，但大家都没有比较，不觉得苦，无忧无虑的。玩伴之间经济条件不同，但彼此也不会去打听，大家都是工人，基本都差不多，那时候也对这个感到无所谓。所以童年快乐，少年快乐，我印象很深。

我小学就读于十九棉职工子弟小学，里面的学生都是十九棉厂职工的子女，没有外来的。子弟学校是厂办的学校，因为教育资源有限，也有一部分职工子

---

① 以上内容由张留根和仇家新共同讲述。

女是在平凉路第四小学读书。小孩子去哪个学校，有时候是按照你家住在几弄几号分的，有时候又是另一种分法，像我们那届全部轮到去子弟学校读书。子弟学校每个年级有 4 个班，每班有 40 个学生。实际上我们那几届的学生人数是最多的。新中国成立后，刚刚从战争进入和平年代，又抗美援朝，国家就出了个政策，要多生小孩，还能评"光荣爸爸""光荣妈妈"，所以一般家庭生四个五个都不是什么很稀奇的事，我的发小张正林就有 7 个兄弟姐妹，他们家最多的时候有十口人住十几个平方。

小学的课程主要是语文和算术，还有图画、体育、音乐、毛笔，以及珠算课，就是学用算盘。图画课是用蜡笔画画，音乐课是老师用手风琴伴奏教唱歌，唱《让我们荡起双桨》之类的儿歌（1955 年电影《祖国的花朵》上映，反响很好，它的主题曲《让我们荡起双桨》就编入教材了，人人都会唱）。比我大一岁的张留根读的是平凉路小学，后来 1959 年的时候，因为平凉路从虹口区至杨浦区从小到大排号，平凉路小学排到第四个小学，就改为平凉路第四小学。他小时候在文艺上比较活跃，演过话剧《公鸡会下蛋吗》的男主角。每逢五一、十一、春节，十九棉的工会干部有时会组织平四小学和子弟学校的表演队，在厂区大门的牌楼那里搭架子举办文艺表演。现在回过头去看，小学的教学质量真的好，很多老师都出身名校——华东师范大学、上海交通大学、中央音乐学院，甚至还有清华大学的，这是我们后来才知道的。

我们体育课都是在学校外面的东球场上，课上有接力跑、跳远、跳高、跳绳、跳马、足球、单杠、双杠等很多项目。上午我们去学校上课，下午有时没课了，就根据老师要求组织学习小组，选一个小组长，下午就到附近某个同学家里做功课，做一两个小时也就回家了。因为我们是子弟学校，每周都安排我们进厂劳动两小时——所谓的劳动就是扯棉花，把棉花里的垃圾挑出来，没什么劳动量。这样一来我们就对纺织厂熟悉了，也想着长大以后，估计就是到纺织厂当工人了。

小学的学费是 6 块一学期，初中的学费是 12 块一学期，高中就要 20 多块了（具体数字已经记不清了）。这对普通家庭负担还是蛮大的，当时月人均生活费有

15块的家庭，生活条件已经很不错了。书杂费，小学是4块一学期，初中是8块。文具价格还可以，橡皮1分两块，铅笔1分两支，圆规、三角尺都有，长大一点后，铅笔就换成了钢笔，装在铁皮盒子里"叮当"响。

当时有个政策，月人均生活费低于12块的小学生、初中生免学费，12块就是当时上海市的贫困线。我的发小张正林就被免去学费了。但他要上高中时，他的二哥每天要花6分钱摆渡到浦东陆行中学念书，家里已经支撑不起了，他就放弃考高中，到西操场的十九棉工业学校读书。这个学校只办了四届——1961—1964年。他是1963年进去的，上语文、数学等文化课和纺织生产技术课，没有英语课。

小学时我的读书成绩还可以，是中队委员，三年级成为少先队员。我小学

20世纪60年代，成为少先队员后的仇家新（前排右二）与同学在十九棉子弟小学合影（仇家新　提供）

读了7年。小学的最后一年正好赶上1966年"文化大革命"发生了。我们小学毕业后已不能考初中了，只能延长一年继续留在小学，算是七年级。但这一年学校也不上课了，"停课闹革命"。我们年龄小，当红卫兵不够格，就当红小兵，在学校里多待了一年，也没人管，放任自流。直到1967年"复课闹革命"我才进了中学。

我初中在平凉中学念的，每天从工房大门出发，走平凉路、爱国路，经过爱国二村、民主一村，再到周家嘴路上的平凉中学，这上学路线等于绕了十九棉一大半圈。学校对面就是杨浦车站，杨浦车站即铁路杨浦货运站，于1961年建成对外营业，其运行线路与铁路北郊货运站连接，可沿军工路直达吴淞地区。我的隔壁邻居陈小弟曾担任站长多年。他长我两岁，应该算是工房里同辈人中的出息之人。因为"文化大革命"，我们的初中学习等于荒废掉了，不像我的1967届、1968届的发小还读了点书。毕业后，我们说是1969届初中生，但其实只有小学文化程度。所幸的是我走上社会后通过自学，取得了江西师范大学的大专文凭。

"像野马一样到处玩"

半大点的孩子，对未来没有什么想法，不能读书就不读了，无忧无虑，也没有别的选择。长大变成青少年了，玩的花样就不一样了，像野马一样到处逛、到处玩。

工房门前的平凉路往西和定海路交叉处，有个丁字路口，那里人气足、很热闹，沿街一排都是商店，有家具店、布店、海光照相馆、百货店、药店、钟表店等。走入定海路，窄窄的小马路两边都是各种小店铺，以小吃和卖菜、卖副食品的居多。那时几乎每天都有我们闲逛的身影。我们去五角场玩，有时没钱乘车就走路并跑步一个多小时到那里。我们还骑自行车去西郊公园（今上海动物园）、杨浦足球场、临青路上的杨浦电影院是我们经常看足球和看电影的地方。还曾去过大世界玩，里面有哈哈镜、唱戏、唱歌、跳舞、电影、变魔术，买一张 1 块钱的票可以玩一天。

小时候有点黏哥哥，因为他比我大了好几岁，常常带我出去玩。我们在浦东高桥有两个舅舅，专门养鸬鹚抓鱼，我们时常会去玩。去浦东先走路到定海桥，定海桥下去，复兴岛口有个轮渡站，摆渡过江到庆宁寺，6 分钱一次（来回）。然后坐浦东公交到东沟 2 号桥再走一两公里的路便到了大舅舅家。大舅妈很会烧菜，每次去她都会烧好些菜给我们吃，所以节假日我们就会常去。记得有几次哥哥还带我从庆宁寺坐坐小火车（小火车的铁轨间距小，这是 20 世纪五六十年代上海唯一一条用来作短途客运的小火车）到金桥钓鱼。那时的金桥还是一片田野，河沟纵横，如今像是换了人间，早已完全城市化了。当时浦东有两条沿江建的大道——浦东大道、浦东南路，沿路有很多工厂，譬如上钢三厂、上海船厂等，建了很多工人新村，很多工人家属住在那边。但大部分的工厂还是在浦西，他们得来浦西上班。黄浦江上那时一座桥也没有，每天坐轮渡来往的人很多，上下班的时候尤为壮观，定海桥摆渡口的铁门一开，自行车就涌了出来，非常喧闹。黄浦江上的万吨轮也特别多，原先万吨轮是可以开进来的，不像现在停在吴淞口。我们在工房里就能听到黄浦江上不时传来的汽笛声。

那时候我很喜欢游泳。我们十九棉工房就有游泳池，25 米长，15 米宽，深水区有 2.2 米深，专门供十九棉职工及子弟游泳，这在当时的上海工房是很少见的。游泳池每个夏天开三个月，办一张 3 块钱的月卡可以游一个月，游一场是 5 分钱。我和发小们天天泡在泳池里，一场一个小时。游泳池有股漂白粉的味道，那时候主要是用漂白粉来净化水的，游完泳后会滴眼药水。我从小学三年级开始学游泳，是东 4 弄 5 号的玩伴教的，他教会我标准的蛙泳、自由泳、仰泳、蝶泳和跳水。我们 50 米一个来回地游，游上几个来回几百米都不嫌累。我们还横着游，因为横着水深，就可以潜泳。玩伴们还喜欢跳水，一开始就是从游泳池的沿上往下跳，后来搭了个 3 米高的台子，3 米高我还敢跳。但到后面又加了两次 1 米高的高度，到 5 米高，我就不敢跳了。跳水如果姿势不好的话，就要"吃大饼"的，砸出很大的水花，也容易伤到人，越高危险性越大。

我们那时候的泳衣，男孩就是一条三角裤，女孩的泳衣像泡泡纱。游泳池不分男女，但会自动男的归男的、女的归女的。那时弄堂里男女小孩都有点"小封建"，男孩女孩之间都不说话，在学校里也是，用铅笔在课桌上画一条分界线，互相不能越界。几十年后当我们这些小学同学重逢相聚时，大家还会津津乐道这些儿时趣事。也会有人说那时谁喜欢谁，但其实一般情况下谁都不会有感觉，毕竟太小了。

我们还会到白洋淀游泳场游泳。白洋淀包括三个大小不一的小湖，呈"品"字形排列，有个湖中间还有个湖心岛。其中有个湖叫"黑浜"，最早是日商建十九棉厂和工房挖掘取土而成的，或许是因为水面面积较大，就仿河北的白洋淀而得名，当然没那么大，但在上海市区内有面积如此大的湖泊也是不多见的。早先这里是公园，后来将面积最大的一个湖改作游泳场，大概有三个足球场的大小。白洋淀的围墙在我家新2弄旁边，两米多高，我们从二楼的西窗就能瞧见白洋淀的场景。

白洋淀无疑是我们儿时的欢乐之地。我和玩伴们经常会翻过一人半高的墙，进白洋淀游泳、钓鱼、抓知了，抓蟋蟀。我们新3弄的这些小孩因为就住在白洋淀围墙边，经常性会去扒围墙打洞，往往补上不久就会被我们又打了洞，搞得白洋淀的管理人员也很无奈。有一年夏天刚下完雨，一种叫"洋辣子"的昆虫爬满围墙，被它叮到或碰到它，皮肤就会麻辣辣的，又痛又痒。一次，我不注意翻身上墙后，发现手、脚、身上都沾到好几个"洋辣子"，全身奇痒无比、又麻又痛，没过多久就全身红肿，吓坏了家人和邻居。白洋淀的管理员巡逻，抓我们这些不买票进来的小孩，抓到后把裤子拉下来，用红油漆在屁股上画一个叉，这样小孩回去后就会被父母教训。为了不被父母发现屁股上的红叉，我们就拿屁股在地上蹭，想要蹭掉红叉，屁股都蹭破皮了。被抓满三次，管理员就直接把我们领到父母跟前。10岁的时候，我还从围墙上摔下来，右手骨折，母亲背着我先从拾间头后面的围墙到25路车站，乘公交车到宁国路，又背着我到纺二医院接骨、绑石膏，料想母亲肯定累坏了。那时候我们工人家属都到纺二医院看病，享受工人劳保的。

其实白洋淀游泳场和游泳池相比还是有很大差别的，游泳场的水算是湖水，比较浑，我们去游的次数相对少。但是它大，一次可以游个几千米。游完后肚子就会很饿，回到家母亲如果在的话，经常会吃到毛豆炒豆腐干和鸡毛菜汤，那汤淘饭很好吃。庆祝毛主席畅游长江时，白洋淀很是热闹，很多工厂学校组织人员在白洋淀游泳场练习万米游，准备横渡长江。高音喇叭不停地叫，各个单位组成四人一排，一排一排地游，前面一排举着牌子，上面写着"庆祝毛主席畅游长江""全民动员健身为国争光"之类的标语。

紧邻着小花园北面围墙外有一座二层楼的中西合璧的仿古建筑，是专向厂里员工开放的图书馆。它的外立面顶部是飞檐翘角，屋檐下是五彩绘刻的画梁，而内部又是类似欧式的风格，层高空间很大，旋转楼梯很宽，顶部是花式石膏吊顶。我们这群小屁孩按规定是不能进去的，但有时也会溜进去装模作样翻看一些杂志，大了一点后用母亲的名义办了一张图书卡借书看，看小说，虽说读书不多，但也因此养成了一些阅读的习惯。

足球也是我们十九棉的一大特色，平四小学就是著名的足球摇篮学校。工房里的足球场经常有厂队和外厂队及外来学校球队之间的比赛，我们便会三五

20世纪70年代，仇家新（右下）与小学同学、发小合影，左上为钱金宝、右上为尤福良、左下为梁庆海。（仇家新 提供）

成群地去看热闹。如有好看的球赛就会有好几百号人，有很多外面的人也来，我们一般抢门框旁边的位置，刺激，看得多了就逐渐学会欣赏足球、喜欢足球了。我们平常也会去踢足球，踢得最多的是三人或五人的小门足球。我们还在足球场边上学骑自行车、放风筝。1965 年左右，工房里的自行车就多了起来，有一些玩伴的父母有一方在外面上班的，都是骑自行车，凤凰自行车和永久自行车尤其火。我们会想办法找一些旧一点的车来学着骑，否则损坏了害怕赔偿不起。可以说从十九棉工房里走出来的我们这一代人，几乎都会游泳、骑车，喜欢足球。

那时厂里每周会放一次电影，在厂区里面的大礼堂放映，从军工路的小门进去，5 分钱一张票，受欢迎的片子放两次。看电影是我们小孩最起劲的，我记得看过《渡江侦察记》《南征北战》《野火春风斗古城》，还有很多。1966 年开始慢慢有样板戏了，也是拍成电影，《智取威虎山》《红灯记》等。

作别老工房

1970 年的春天，我收到了学校的通知书，通知书还注明了"请凭此通知于四月十六日下午四点时到上海火车站"——就是老北站集合，还有托运行李的须知和购置物资的券——一丈布、六斤棉花、毯子（下脚料搞出的灰色的毯子）、一个人造革的手提包和热水瓶、脸盆等日用品，这些都写得清清楚楚。

1968 年 12 月 22 日，《人民日报》发表毛主席的指示："知识青年到农村去，接受贫下中农的再教育，很有必要。"从 1968 年开始，工房里就有很多子女陆陆续续去了农村和农场。1966 届、1967 届的时候有四个面向：面向农村、面向边疆、面向工矿、面向基层，而知青去农村也有多种形式，比如说江西、安徽和吉林是插队落户，云南主要是去农场和插队落户，黑龙江是插队落户和去生产建设兵团，1966 届、1967 届，百分之五六十的人留在上海工矿，百分之四十的人是要到外地——但是也有机会进入工厂，比起干农活还是幸运的。我发小张正林是 8 月 30 日生日，是 1967 届最小的人，是"小生日末班车"，就留在上海，进入十九棉厂当工人了。而到了 1968 届、1969 届则全部都要去外地农村或农场。

大家都要走，唯一能选择的就是去外地哪里，我们南方人都喜欢吃稻米，然后就是尽可能选离上海近点的地方，于是我就选择了去江西插队落户。

说实话，收到通知后我没有什么大悲大喜的，毕竟大家都要走的，只是心里比较忐忑，不知道以后去的地方怎么样。那时候刚满18岁，不可能想那么多，反正楼上楼下、左邻右舍，今天这个走，明天那个走，大家都司空见惯了，所以轮到自己该走就走。我们关心的是同一批的有哪几个。比如我楼下的邻居，我们也是从小认识的，是同班同学，感觉有个伴，心里要稍微好受一点。母亲那时候也无所谓舍得舍不得，反正都要走的。我们家好就好在，我哥哥1967年从上海建设中学毕业后，分在上海冶炼厂工作，对我来说有人在上海照顾老娘，也就行了。

1970年4月，插队落户临行前，
仇家新于复兴岛公园留影。
（仇家新　提供）

2021年11月，工房即将成为历史，仇家新（左一）与张留根（左二）、张正林（右二）等儿时玩伴在新2弄2号门洞前合影。（钟佳琳　摄）

　　除了托运的行李，我还带了几根笛子去——那时我正在学笛子，带了几本书——记得有一本是《鲁滨逊漂流记》，信封、固本肥皂，还特地带了些咸肉、咸带鱼、干面条（条件好的家庭带富强粉做的白色的面条，是干的"卷子面"），怕那边缺吃。临走前4天，我约了两个小伙伴到白洋淀游泳。白洋淀离我家比较近的那个湖里有个湖心岛，长满了芦苇和灌木丛，游过去大概30米，我们游了两个来回，虽然4月天气蛮冷，但也算有了个仪式告别老工房了。

　　我们这届去插队的人，学校是没有举办欢送会的，一开始的两批有。去黑龙江兵团的就比较神气了，统一发的黄绿色军装（没有红领章、红肩章、红帽章），还发棉絮、棉鞋、棉大衣等，戴着大红花，敲锣打鼓地在学校开了欢送会。我们就直接到火车站。母亲把我送到工房大门口，哥哥陪我去了火车站。火车站人多，红旗招展，横幅标语到处都是，还有一面大鼓，五六个人在那里一起敲。哥哥把我送上火车，对我叮嘱了一些家常话。火车开的时候，那哭声不得了，还有人跟着火车跑，一边跑一边哭。

可以说，我们儿时长大的环境是可遇不可求的，十九棉厂老工房优越的公共环境使我们这些穷人的孩子也能享受欢乐的少年时光，我感到非常幸运。随着时代的浪潮，我们挥一挥手，作别了十九棉厂老工房，离开了这片美好家园，曾经懵懂的少年转眼进入了成年时代。

往事如烟，但十九棉厂老工房留给我们的儿时记忆和那些年的欢乐时光，怕是融进了生命，永远不能磨灭了。

田野手记

档案中追索记忆

钟佳琳 ×

　　临近毕业，和同学谈起本科四年最值得上的课程，我的首选就是这门"都市、田野调查与记录"。在最忙碌的大三上学期选修这门难度高、耗时多的课程，许多同学觉得不值得。可我未曾后悔过，因为它为我的大学四年留下了一些东西，也为十九棉这个即将消失的社区留存了一些东西。

　　第一节课，张力奋老师问我们"记录"和"纪录"两词的区别，我当时并未回答上来。课后查询，"记录"偏向进行时，阐述一个平面的固定时间内的所见所闻，而"纪录"偏向历时态，指的是记载一个时间段内的事物演变，正所谓"纪传""纪年"，有"历史"的含义。我认为，较之新闻学、社会学，这门课程的"历史学科"色彩更加浓烈——无论是搜寻老物件、为曾经的居民制作口述史，还是影像记录十九棉最后的时日。而我们"大事记组"更是完全

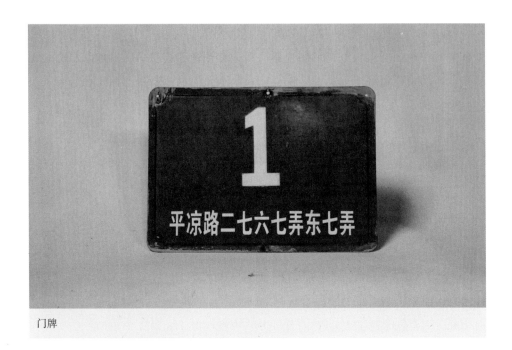

门牌

埋在"故纸堆"中，四处搜寻十九棉的旧日资料，拼凑出她的百年变迁史。

第一次去杨浦区档案馆时，我们翻阅了四本相关的志书，每本厚达五厘米，而有关百年十九棉的记载分散于不同账目中，"工业""卫生""体育文娱"，加起来还不满一页纸，且仅是轻描淡写地带过而已……档案馆还是张力奋老师帮我们联系好的，接下来我们就踏上了"瞎摸索"之路。

一开始，考虑到信息的准确性，我将希望寄托在官方途径上。我们从十九棉社区居委会处得知，十九棉退休员工档案由十九棉退管会保存，我们猜想退管会可能存有厂史，然而未果。退管会让我们联系上海纺织东区联合管理中心。电话联系管理中心，对方表示存有资料，但我们前往后，对方却说由于当年闭厂时混乱，没有专人统一收集、编撰厂史，让我们联系十九棉主管单位——上海东方国际（集团）有限公司，其前身是被裁撤的上海市纺织局。但我们多次尝试联系该公司，均无应答。我还记得纺织东区联合管理中心在一片偏僻工厂建筑内。冬日的冷风中，我们坐在工厂外的公交站长椅上，不停地换着打上海东方国际（集团）有限公司的电话。吃了一天闭门羹的我们身心俱疲，不禁向助教老师发了"抱怨"的信息，助教老师回了我们一句话："搜取材料就是这样的过程，对历史研究来说已经几乎没有现成的或直线的路径可以一下获取材料。"

我们开始转变思路，开拓更多的信息渠道。其一，我们以一到两周的频率走访十九棉，向职弄的老居民询问小花园、游泳池、图书馆等建筑设施的重要时间点，及职弄发生的历史性事件。由于时间久远，老人家们难以讲出准确的时间点，我们采取多个信源交叉印证的方法努力逼近真实，碰到实在无法确认的，张老师告诉我们标注"尚未确认"，这四个字本身也带有含义。其二，我们尝试了互联网渠道。通过"上海市地方志办公室"的电子数据库得到了简略版厂史、工房形制和建厂初期及末期零碎的大事记；找到了由张国鑫老人编写的100篇博客《十九棉老同事之友（群刊）》和未署名博文《平民回忆之1960年》，很好地补充了新中国成立至改革开放这段时期十九棉官方记录的空白；通过上海图书馆的民国报刊数据库，以报刊为信源补充了1925—1945年的空白；后又经助教老师提醒前往上海市档案馆，竟发现许多珍贵的原始建厂资料、政府接收工厂的点收清单以及工厂和政府的来往公文，大喜过望。

有时候我和同学会抱怨，为什么没有一部完备的官方档案留存；又会自嘲，一个没什么名人名事的普通社区又有谁会在意呢？然而，当我们聆听着老人们丰富多彩的个人故事时，历史课本上生硬的、粗犷的文字仿佛长出了跳动着的、细腻的、饱满的血肉，让听故事的人也走了那么一遭，沉浸其中；当我们拿着整理好的大事记给他们看时，就像个引子勾起了封存已久的记忆，围坐在一起的老人家们兴奋地抖落出他们的共同记忆，仿佛一群四五十年前勾肩搭背、谈笑风生的里弄少年。每当这些时候，我就坚信，任何个体的历史都有被记录的价值。我会想，或许我们眼下的这个时代、饱含着每一位普通民众丰沛情感和经历的时代，最后也可能在史书上仅留存下干瘪瘪的几行文字。但是，只要我们每个人都写下一点东西，总有一天，它们也会遇上像我们一样的志同道合者。

十
口
人
，
二
十
平
米
，
五
十
年

周筛罩 ×

周筛罩

男，1953 年生于上海，祖籍江苏扬州，初中文化。2010 年因动迁搬走。自出生起，除上山下乡和参军入伍的 9 年外，将近 50 年（1953—1970 年 及 1978—2010 年）的时间都住在平凉路 2767 弄西 11 弄 4 号。

口述：周筛罩

采访 / 撰述：陈至

时间：2021 年 12 月

说起来，我的名字是我外婆起的，还有典故，是全世界唯一的，没有同名。己亥（2019）年白露的时候，我写过两首诗；去年（2020）生日的时候也写过一首诗，既说明了我姓名的来源，也是我对人生和亲人的回顾。

起名

白露时节出生日，

风雨轮回六十六。

取名至今唯一人，

诸君疑惑问何缘？

父母诠释有寓意，

方知谜底典故中。

人间真伪细筛选，

立身处世自己罩。

时令

十五节气雁南飞，

白露一夜似雨滴。

晨风吹拂天转凉，

初秋阑珊添衣裳。

凝结水珠湿万物，

清莹秀澈荷叶露。

风起叶落遍地黄，

笑傲余生睡梦中。

己亥 2019 年白露

生日愿望

呱呱落地白露生，

家族喜庆外婆乐。

手脚白银挂锁片，

百倍呵护全罩住。

一根辫发留八年，

父母之命难违抗。

上山道路任我飞，

下乡里程凭我跃。

转眼一晃六十七，

老汉回想乐呵呵！

庚子 2020 年白露

家庭面积和成员构成

我父母一共有四个孩子，我是老大，底下两个弟弟，一个妹妹。我 1953 年出生，大弟 1956 年生，小弟 1958 年生，妹妹 1960 年生。加上父母一共六口人，

1977年周家全家福。前排左起：周母、周父；后排左起：周小妹、周二弟、周大弟、周筛罩。（周筛罩 提供）

一直住在南工房里。人最多的时候，我和小弟分别结婚，我一家三口再加上小弟一家三口，和父母、大弟、妹妹①，一共十口人住在工房。2010年我家拆迁的时候，拆迁办以租赁凭证为依据，算我这个房子住房总面积22.9平方米，我记得很清楚，最困难的时候我们十口人就住在这么一点大的地方，现在想想觉得条件很艰苦，不可思议，但是那个时候完全没有这种概念。

南工房布局及氛围

我从小在十九棉工房长大，我们这个生活小区有个特点，就是父母亲有一方或者是双方都在十九棉厂工作，实际上我们这个社区就是十九棉厂的家属住宅区。十九棉厂就是原来的公大纱厂，日本人在1921年建的，这样算起来，到2021年拆迁，正好是100年。上海解放以后，就改成国营上海第十九棉纺织厂。

① 应受访者要求，周家除周筛罩本人使用真实姓名外，其他亲人以姓氏＋亲长关系（如"周父""周母"）作为代称，下同。

我家住的这一块是南工房，主要就是给厂里的职工和家属住的。

平凉路 2767 弄有一扇大铁门，以前这里有一个牌楼，两边是花岗岩石立柱，黑色的铁大门，一块是厂牌"上海第十九棉纺织厂"，另一块写着"平凉路 2767 弄"。外来人员一般不敢进入我们这里，以为是厂区。外来走亲访友的，则要在左侧警卫室登记才可进入。实际上进入十九棉有两道门，一个是家属住宅区的大门，另一个是进入厂区的大门。晚上 7 点关闭生活区大门，进出入人员由警卫室小门通行。当时文化娱乐活动很少，晚上不到 8 点，基本上家家户户都熄灯睡觉了。

当时上班分大三班，还是比较人性化的，为什么这样说？上班的时候要保证睡眠，早班是 6 点到下午 2 点，中班是下午 2 点到晚上 10 点，晚班是 10 点到早上 6 点，24 小时就是这样交接上的。上班前有一次预备铃，即有人摇铃提醒你。比如早班上班，在上班前半小时（5 点半）摇预备铃，你就知道你要上班了。然后 5 点 45 分会有一次二遍铃，提醒你出门，因为到厂区里面只需几分钟就可到达。中班、夜班都是如此，确实做得比较温馨。摇铃刚开始是由厂警卫室人员负责，后改为居委工作人员做该项工作。

从体制上来说，工房的设置一是考虑到职工的休息，二是便于工作。因为家家户户都住在一起，有的时候隔壁邻居看到你该上班的时候没有动静，或者没有灯亮，他会敲门，会告诉你。住房困难的职工可以到单人宿舍休息，也有摇铃通知要工作。总体来说，我们南工房大家都住在一起，人与人之间相互关怀，体现出工友间的亲密感情。

我印象深刻的是，当时织布的梭子声音很响，一般在纺织厂工作的女工，尤其是布机间的女工长年累月在高分贝的环境下工作，工友之间就用很大的声音说话，久而久之就会耳聋，我母亲就有这个情况。每当夜晚 9 点半到 10 点半，女工上下班时，她们一出厂门就用高八度的大嗓门说话，高声的交谈声和招呼声汇成一片，我们就知道夜班上班、中班下班了。这就是上海纺织女工的特点，也是纺织女工独特的生活场景，年年如此。

十九棉工房是怎么分的？南工房是从1弄到14弄，东西各两排，总共28排。南工房东边是职员宿舍，是按照等级划分的，有职员、中级职员、高级职员。这些人被称为"坐办公室（写字间）的"，担任一定的职务。南工房西边是新工房，1957年安排人员入住，新1弄至新3弄工房共有三排三层楼，后又加层到五层楼。在1967年又增加新4弄至新9弄的三层楼房，由房管所出材料，十九棉出人力完成建造，新工房主要分配给十九棉的驻军人员及职工家属。我主要讲的是我们家住的南工房。

实际上，南工房的格局不是完全一样的。解放初期，东边的工房除了8弄和9弄，都是一排6个门洞；但是西边的工房，有的多至七八个门洞，数量不一定的。这里面还有几个比较特殊的，如西14弄最早不是住房，是职工浴室，属于职工福利，过年过节厂里免费发浴票，全天开放。平时浴票5分钱一张，一周两次定点开放。浴室西边还有3间私房，解放初期外来的人自己建起来的。20世纪70年代扩大住房面积，浴室就被拆掉建成职工住房了，改成上下两层，每层中间有一条走廊，每侧各有4户人家，加起来就是16间房，西8弄西侧的两间私房也不知何年建造的。

后来，抗战的时候西10弄被日本人的炸弹炸毁了3个门洞，只剩下西10弄1号到3号，东10弄也被整个炸掉了。西10弄边上的4号和现在的东10弄就是"文革"期间重新建的，西10弄的废墟上建成了101—104室，一室进去有上下三层，加起来总共12户；东10弄也建成了上下三层、每层6户，共18户的住房，这是一个例外。具体是哪一年炸的我不知道，肯定是1945年以前。我有印象的是，我家边上西10弄在50年代初有两间草房，分别住了一个木匠和一个裁缝，后来到"文革"的时候，草房才拆掉重建。

我家就住在西11弄4号，从我出生到2010年动迁，我们家一直没有变动过。

一般来说，一个门洞进去有两层楼，一共住6户人家，楼下3户（前客堂2户+后客堂1户），楼上3户（前楼2户+后楼1户）。20世纪50年代初，前客堂和二楼的前楼用木板隔起来，分成2户人家，前面的这家直接有门，通过门进出，后面的这家，要从灶间进来，穿过走廊，通过腰门进来。二楼当时跟一楼的面积是一样大的，只是格局稍有不同。楼梯上来先是一个平台，大概1平方米，向里上三个台阶到走廊，向外上两个台阶到晒台，灶间上面的二楼就是晒台，能晒太阳晒衣服，还有一个历史保留建筑，是一个烟囱，从晒台就能看见烟囱。最早的时候土灶是烧柴火的，后来变成烧煤球炉了，但是时间不长，1965年左右厨房就改用煤气了，上海使用煤气是比较早的，方便又干净。

我们这楼下是水泥地，楼上的是木板，那个板很好，当时整个房子的木头都是杨松木，建筑采用砖木结构，木头是打框架的，它里面是什么？不是水泥，是泥土和稻草黏合的砖头。房间为框木结构，老房子上下层高都是3.4米，当时后客堂没有窗子，上面全部搭满了花格，也就是不全密封的木条，比方说，3.4米的房子，大约有2.8米以上都是花格。花格是用来给后客堂通风的，否则就闷死了。

1955年实行户籍制（《国务院关于建立经常户口等级制度的指示》发布，统一了全国城乡的户口登记工作），逐渐改为每个门洞住4户人家（取消前客堂与前楼中间的隔板），上下各2户，一排6个门洞就是大概24户人家。当时我们吃喝拉撒全在里面，一户人家的空间大概在12平方米（前客堂与前楼），小一点是8平方米（后客堂与后楼）。因为空间太小了，我们层高3.4米又比较高，所以几乎家家搭搁楼[①]，居住相当困难。但是我们那个时候还感觉不到，每家的居住条件都差不多，人们相处很融洽，尤其是使用公共厨房时相互谦让，相互照应。

幼年：周家定居十九棉职弄（1953—1962）

当初刚解放的时候，好多苏北人因招工或逃荒逃难到了城市里，来了以后，因为这些人没有户口，看哪个地方有空位，就在哪里安家。十九棉厂因为日本

---

① 已与受访者确认"搁楼"二字写法，其意为"一般是房屋建成后，因各种需要，利用房间内部空间上部搭建的楼层"。

人跑了，国民党也被打败了，管理不是很到位，十九棉工房这些房子平常就空着，人来了就这里拿一间，那里拿一间，我父亲来的时候就拿了两间，还有一间西11弄6号后来让给人家了，我们家一开始住的就是西11弄4号，然后一直没动过。其实包括南工房边上的拾间头，也是这个时候没人管，就在空地上自己建起来的。一直到1955年上海落实户籍制之前，都是谁来谁住的，1955年之后，整个南工房交给了十九棉厂的福利行政科管理，厂管就开始根据职工居住情况来分房子。后来上海成立房管所，1963年南工房就归杨浦区的房管所管了。

我祖籍是江苏扬州，我母亲以前跟着我外婆来到上海，外婆是给日本人做帮佣的，具体可能是在公平路一带。我母亲1930年出生，1948年参加工作的时候，我母亲正好18岁，熟人介绍她进厂，实际上也是沾亲带故的，就住到了十九棉南工房。1948年左右，我父亲和我母亲结婚了，但我父亲不是十九棉厂的，他是杨浦鞋帽服装公司的，在春燕皮鞋厂，后来并入第三百货公司了。

我们家那个隔板具体是什么时候拆掉的，我其实没什么印象了，那个时候还太小了。但我1953年出生，再加上我父母3个人，6平方米怎么住？没办法住的。我记事时前客堂已经没有隔板了。我记得1956年上海刮龙卷风，我虚岁4岁，那个时候小孩出来玩，外面那个风就好像把人抬起来吹上去一样的，我外婆当时来我们家住，就跟我说不能再出去了，把我拖回来了。她不是常住的，只是临时来走亲访友，因为说起来我是她比较喜欢的大外孙，她对我特别好。

关于前客堂的家具，我记得有一个上下的双人床，宽1.35米，长2米。边上靠了一个五斗橱，下面三个抽屉，台面上有两个小的柜子，有三面镜子，中间和左右两边各一个，左右两边的镜子可转动，（五斗橱）就像人家化妆桌一样的，很有意思，大概是1米高。当时我们家具很少，还有个吃饭桌，是方桌，每一面有小抽屉，是栗壳色，就是板栗的红棕色。我记得还有两个木箱，好像是在五斗橱边上，放在凳子上面搁起来了，小孩大了以后衣服多了，就往这里面放，还有小孩读的一些书也放在这里。然后我记得还有一个腰门，腰门边有一个放脸盆的洗脸架，大概有三层，上面放脸盆，下面放锅。那个时候连大橱

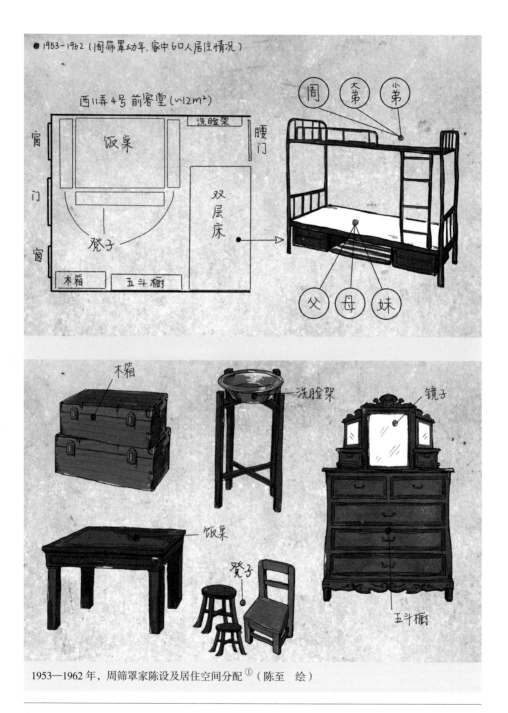

1953—1962 年，周筛罩家陈设及居住空间分配①（陈至 绘）

---

① 该空间示意图及家具形貌为笔者与受访者确认后绘制，如无特殊说明，下同。

都没有，有些凳子，长凳、方凳，其他的就没有了。

我父母睡在双人床的下层，我睡在上层。后来1956年大弟出生，1958年小弟出生，我们三个男孩子都睡在上铺。我妹妹1960年出生，还比较小，就和我父母睡在下铺。那个时候我刚上小学，在十九棉子弟小学读书。

差不多1962年的时候，我们家就在前客堂搭了搁楼。

少年：家中建搁楼，少年"上山下乡"（1962—1971）

1962年我家搭起搁楼，用槽钢和厚厚的木头做隔挡，中间是槽钢，上面是木板。槽钢是什么？就是10厘米左右厚度的工字钢。然后我们再把木梁打在墙里面，就搭好了搁楼。搁楼高1.2米，下面差不多2米高，等于是加起来3.2米，板子差不多有20厘米厚。我们还把花格用牛皮纸封掉了，因为当时后客堂有人家住，小孩住在搁楼上，如果有花格，人家家里的情况不就看得一清二楚了？等于没有隐私了，就只能把花格封掉了。1971年，原后客堂人家搬走了，后来准备新搬进来的那个人，看到后客堂没有窗，光线很昏暗，就也没有搬进来，同年就分给我们家了。

搁楼的面积差不多只有前客堂的一半，它不可能搭满的，否则空间都没有了。搁楼仅6平方米左右，靠在里边，位于床的上面。

搁楼上我们也做了一个储藏室，把两个箱子里平常不穿的衣服和小孩上学不用的书等东西放到里面。搁楼的楼梯放在房间的边上，靠着墙，离这个腰门差不多只有10厘米。搭完搁楼以后我们把床改掉了，变成单层的，我父母和妹妹睡在下面，三个兄弟睡搁楼上。

实际上我们家的搁楼改过几次。到了1966年，妹妹稍微大一点了，实在挤不过，把搁楼换了一个位置，本来是横着放的，变成竖着放，从侧面再放出来一截，横到了走廊上面，占了一半的走廊。这个时候就把搁楼的楼梯放在外面了，从腰门这里上来。楼下床的位置没变过，一直在这。因为妹妹分床睡了，父母睡单层的床；我们兄弟三个和妹妹睡在搁楼上，小弟和妹妹睡前客堂上面这部分，大弟就睡到了走廊上这部分，我后来就下乡了，离开家里。

我们邻里街坊自行组织了一个互助会，主要就是存钱用，每个月每家凑 10 块钱或者 20 块钱，12 户一组，抽签决定拿钱的时间，抽到 1 就是 1 月，抽到 3 就是 3 月，可以拿当年的总额，如果是 10 块钱一个月，一年就是 120 块钱，20 块钱一个月，一年就是 240 块钱。如果我们要碰到急事情了怎么办？可以先拿。就像储蓄银行一样，但只不过专门有了"储蓄员"给你保管，却不像银行那样有利息。比方说到了过年的时候，有的人有钱，有的人没有钱，过年本来是一个开心的事情，你没钱怎么过年？后来有人就提出来组织互助会，钱都是你自己的，只不过急需的时候可以一起用。总的来说，这个互助会一是救急，二是过年派用场，三是给小孩添置衣服及学习用品。

就在我记事的时候，1960—1970 年，都有互助会的存在，如果需要添置什么东西，我父母就会跟我说，你等一会儿，等到我们家月份的时候就可以添了。比方说，我们三个兄弟做衣服，过去说，"新老大，旧老二，缝缝补补给老三"，都是老大穿了以后给老二，到老三时，他下面的裤脚管就接了两段，老二接一段，老三接两段，他实际上不高兴。后来我母亲就说，不要烦，到下个月，三个小孩，一人用宽的灯芯绒做一套夹克衫。很时髦，一人一套咖啡色的衣服，三个兄弟跑出来很神气的，是不是？我们那个时候一般一家三四个小孩很正常，多的有七八个。我们十九棉工房当时在整个上海条件是最好的，哪怕目前已经看不到那些生活设施，但老邻居的人情味还在。我母亲 1965 年被评为"优秀职工"，还到我们小花园的疗养院那里住了一个星期，并与同事在小花园集体合影留念。这也是当时给工人的一个福利。

说回搁楼，1962 年搭的，我在上面住到 1970 年就上山下乡去了。我 1960 年读书，在十九棉职工子弟小学，到 1966 年小学毕业。毕业以后，"文化大革命"发生了。按道理来说，1966 年应该进中学的，但那个时候都是停课、停学、停工，我到了 1967 年 11 月按照"就近入学，合理安排"这个政策，被安排到了平凉中学。到了平凉中学以后实际上也没好好读书，老师没心思教书，学生没办法学习。

1965年，周筛罩母亲（左三）在小花园前与工友合影（周筛罩　提供）

后来安排学工学农，我 1970 年就被安排到江西乐平插队去了，离开了十九棉南工房，后来我又去当兵，一直到 1978 年才真正回来。

我上山下乡的时候把我们家的五斗橱带走了，这个时候拆掉了上面的镜子和抽屉，下面改成对开门的，里面有两个隔层，改为被斗橱，放被子和衣服，我把它带到乡下，还带了一个木箱和一个木桶，用来洗脚、洗衣服，还有一个搪瓷的洗脸盆。那个时候家里的家具除了我带走的，其他没有太大的变化。20 世纪 60 年代，家里还买了一个大橱，以后就没怎么变动过了。

我上山下乡以后没多久，后客堂分配来了，我当时也不在，家里的居住空间缓和了不少。

青年：申请得到后客堂，退伍归乡（1971—1982）

当时，我们小孩逐渐大了，实在是挤不过，我父亲就向房管所申请，在1971年的时候批给了我们后客堂，等于说西11弄4号一楼这个前后客堂都是我们家的了。实话说，这个时候我在江西插队，家中具体的情况可能了解得不那么准确。

1971年后客堂批下来以后我们搁楼还是继续打，否则小孩没地方睡。但是，前客堂搁楼拆掉了，换成后客堂打搁楼。后客堂有8平方米，跟走廊联通，因此后客堂的搁楼比原来要大，搁楼就横到走廊上了。搁楼的楼梯在哪里？就靠着走廊口和后门这里，楼梯就放在外面，靠着墙了，是可以移动的。

差不多也是在这个时候，房管所统一改过一次门的位置，统一把门移到最边上，前客堂的门从中间移到左边了。它以前是老式两开门，后改为一扇门。原来两块窗子在两边，是分开的，改过来就是把一扇窗子和门的位置换了一下，门打开就不占地方，这样可以利用的空间就大了一点。本来它没有改的时候，门窗占地方，是不好放东西的。

1970年我上山下乡，家里剩下五口人，1971年分了后客堂以后，两个弟弟和妹妹就住在后客堂的搁楼上，后客堂的底层是父母住，前客堂变成吃饭的地方。在江西插队的时候，我一共回过两次家，一次是1971年过春节，从启程到回江西前后差不多一个月，实际上在上海也没有待多久。还有一次就是我生病。在江西插队时，不仅长期劳累，而且正是长身体的时候，营养也跟不上，1972年我身体上出毛病了，尿中红血球超标。我起初在乐平县城医院治疗，在当地多次诊疗不出什么名堂，我们插队农村的医生说，你还是到上海去治疗，然后我就回上海了。到了上海，查出慢性肾炎和肾结石，差不多前前后后治疗了6个月，尿中红血球减少了许多，基本达标，1973年过完春节我又回到江西去了。后来又过了四年，我才第三次回家。

我插队的时候正好有征兵，实际上1972年就征兵，但我在上海病休，1973年回到江西我就报名了。我们那个公社里面一共有170多个人报名，最后只录取 3 个人。我就想争取一下，怎么表决心？我就写血书。咬手指写，但是这样子血流不多，而且天冷了血就冻住了，很难写。当时我就叫一个医生抽血，铁皮罐里放热水，抽的血放在罐子的盖子上面，血不容易凝固。当时我是写了什么？坚决要求参加中国人民解放军。血书写在纱布上，交上去，我们公社的一个主任说，小周啊，你不得了，我给你送过去。后来我就应征入伍了。

1973 年 12 月 25 日，我应征入伍，到了福建当兵，当兵后，我带去江西的家具就都留给江西当地的老乡了，后来也没有再带回上海。当时在部队满 3 年以后每年可探亲，1977 年部队探亲假我就回上海，拍了一张全家留影，春节前小年夜归队，然后就到 1978 年 4 月退出兵役，我回到上海家中。当时"文革"结束，知青大规模开始返城，城市里住房、就业、物资就开始出现紧缺的情况。就业紧张，有的人就开始创业，不过我们那个时候的创业和今天的不一样，有承包工厂的、有摆地摊的，这些也算解决知青的就业问题。那个时候上海的物资紧缺主要体现在家具上。我退伍的时候退伍费和我的零花钱加起来共 200 块钱，我就在江西买了一个樟木的五斗橱，四个樟木箱子，还带了一副床板和一副床架回上海。回来以后四个樟木箱子，我们兄弟姊妹四个人，刚好一人一个。

实际上我回来以后就业还可以，分配到金山那边的工厂（中国石油化工总公司金山上海机修厂），只能说一只脚回到上海了，户口倒是迁回了十九棉南工房。好在我这个工厂是央企，劳保和福利还不错，有小孩以后，小孩也可以享受一半的医保。我工作日的时候都住在工厂，周末有班车接送，就回到十九棉的家中，也是和两个兄弟睡在搁楼上。我弟弟们那个时候也都工作了，他们一个是运输公司的，一个在新华树脂厂。后来 1979 年妹妹也参加工作了，是在十七棉厂，顶我母亲的班，我母亲 1930 年出生，1979 年退休，提前一年退休给我妹妹接班。他们三个当时都是每天下班回家住的。

实际上我们在这个时间段不是很困难，最困难的时候是 1982 年，我和小弟同年同月结婚。

壮年：娶妻生子，住房"最困难时期"（1982—1985）

从1982年我们结婚，到我母亲1985年逝世，这三年我们住得最困难。我们一家本来六口人，我结婚，我小弟结婚，楼下要住两对夫妻，再加上我们各有一个孩子，总共十口人，都住在这里。

回到上海以后，1979年我经朋友介绍认识了我夫人，就开始谈朋友，一直到1982年结婚。夫人也是上海人，1955年出生，我岳父岳母都是离休干部，曾经在部队也工作过，他们还是比较开明的。我在农村锻炼过，又是退伍军人和共产党员，政治上没问题，同意我们交往。婚姻讲的是缘分啊！

我1982年1月2日结婚，那个时候里弄已经陆陆续续有外人住进来了，但是邻里之间的氛围还可以，人情味都还在。我还记得我结婚的时候宴请了9桌，就在家里办的，因位置不够还借了邻居家里搭桌子，有的人家里空间不够大，还把床收起来了，借空间给我们搭桌子。邻居们都来帮忙办，家里面有成套碗筷的，大家都帮忙凑。这个时候大家都很团结，你有困难我也帮。那个时候我请了邻居和亲朋好友，份子钱是10块钱、20块钱。我结婚的时候请了一个厨子，我小弟也会烧菜，就帮忙打下手，邻居们都很热情，就在门口帮忙洗菜、拣菜，大家之间氛围都还是很好的，后来这种人情味慢慢没有了。外来的人逐渐进来，里面的人慢慢搬走，市场经济以后大家也不像以前那样了，人情味才消失了，但是我结婚的时候氛围还可以，不然大家也不可能自发地来帮忙。

当时我小弟也是1982年结婚，1月6日，我们同年同月结婚，前后就差了4天，还是很接近的。而且我们两家都是当年就生了孩子，等于说1982年我们从六口人变成八口人，然后马上就变成十口人了。我弟弟的小孩出生比我的还早，10月出生，我女儿是11月，相差1个月多一点。这样一下子进来了四口人。

当时我住在前客堂，我们一家三口都睡一楼，我弟弟一家三口睡在后客堂，我父母和大弟、妹妹就挤在这个后客堂的搁楼上面，上面放了三张床，全部铺满了。那个时候前客堂已经没有搁楼了，后客堂有搁楼。实际上这个时候走廊和后客堂已经打通了，前客堂和后客堂都是12平方米左右。走廊与后客堂之间

1981 年 12 月，周筛罩结婚照
（周筛罩　提供）

的木板拉掉以后，原来走廊的位置放两个单人沙发，中间放一个落地台灯，都
是结婚添置的，走廊就没空间了。晚上的时候，小弟一家放下窗帘布，我们从
这里走的时候，窗帘布都是碰得到台灯的。我回家从前客堂的门进来。一般来说，
我们不从灶间的门进来，再穿过腰门了。当时我们的吃饭洗漱都在灶间。我夫
人在医院上班，有时候下班晚了，我小弟一家已经休息了，她就从外面绕到后
门进灶间吃饭，然后再绕回前门进屋，这样就不用从走廊经过，打扰我小弟一
家休息了。

　　当时我们结婚必备的是什么？家具要"三十六条腿"，条件好一点的人家
还要"一转两轮"，就是一块手表和一辆自行车，但实际上很多人连这"三十六
条腿"都是缺胳膊少腿的。什么是"三十六条腿"？就是一张床、一个大橱、

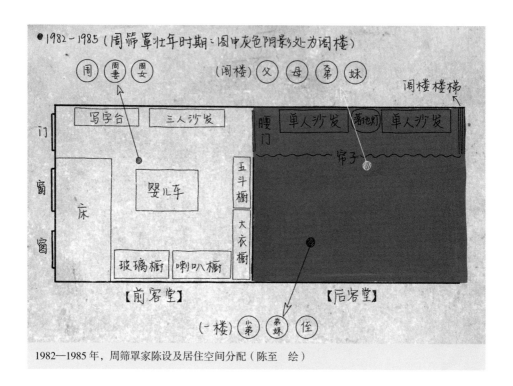

1982—1985 年，周筛罩家陈设及居住空间分配（陈至 绘）

一个五斗橱、一个喇叭橱、一张桌子和四只四条腿的凳子，家具加起来总共有三十六条腿。但很多人都是有床没大橱，或者有大橱没床，那个时候家具紧缺，还要凭票购买。我退伍从江西回上海的时候带了一些家具，结婚的时候还发了一张大橱的票，然后我自己买了木头，打了一张写字台、一个喇叭橱和一个玻璃橱。喇叭橱就是我们说的音箱，我搭好了外壳，里面买唱机和喇叭的配件自己组装起来，我们家当时那个喇叭是 10 寸的。

我结婚的这个五斗橱左边一半是门，右边是五只抽屉，是老虎脚的形状。房间里面比较拥挤，放着一个小孩的婴儿车，小孩就睡在这里，别的都没有了，空间基本都占满了。

我也不知道当时是怎么过来的。拆迁的时候我家是 22.9 平方米，当时国家规定的居住困难是人均 4 平方米，实际上我们每个人仅有 2.5 平方米都不到。我大弟 1984 年结婚，单位分房子，住出去了，家里就剩九口人，少了一张床，还是这么住。

1985 年，我母亲去世，还是这个格局，只不过变成了八口人。也是在这一年，我调到了冶炼厂（中国有色金属总公司上海冶炼厂，位于河间路，靠隆昌路），每天回家住了。

母亲逝世，弟妹搬出，住房开始改善（1985—1991）

母亲去世以后，又过了两年，我小弟单位分房，他一家三口就搬出去了，这个时候家里就剩下五口人。我妹妹结婚后搬出去，家里就变成了四口人。

这个时候我们住前客堂，我父亲住后客堂，我女儿住在后客堂的搁楼上。当时她 6 岁了，还没有上小学，喜欢在墙上贴很多花纸。

家具没什么大的变动，到了 1991 年，福利分房即将结束①，就是这个时候后楼增配给我了。

中年：得后楼，四口之家三代同堂（1991—2010）

1991 年 4 月，我们拿到后楼了。

后楼是怎么给我的呢？是我老婆单位里面要解决困难，改善我们的住房条件，那个时候我们 22.9 平方米中住 4 个人，平均每人 5 平方米以上，已经不算困难户了。但是当时我老婆的单位是在房管局的职工医院，我家三代四口人混居，属于改善范围。本来呢，原先住在后楼的一家人在中山公园附近有套一室半的套房，18 平方米，我夫人医院有一套 26.8 平方米的成套煤卫独用房。我夫人就和医院的院长商量，用我们后楼人家的后楼和中山公园附近的那套房子，换我夫人医院的这套房。他家去看房后很满意，医院那边也同意，就将后楼增配给我家，另一处中山公园的房子，医院分给 2 个单身职工，这样同时解决了三户

---

① 1998 年底上海结束福利分房制度。

1984年，周筛罩一家三口合影
（周筛罩　提供）

的住房问题，大家都很满意。2000年，上海房管局职工医院并入了上海华山医院。

　　拿了后楼以后，我和我老婆1991年就搬到了楼上居住，楼下留给我父亲居住。我女儿这个时候还是睡在后客堂的搁楼上面，到了差不多2002年，也住到了楼上。

　　1992年，我们把隔墙拆掉，将前客堂和后客堂打通了，在前客堂和后客堂之间放了一个三人沙发，是横着放的，稍微留了一点空间。我父亲的床边放了一个床头柜、一个大橱、一个五斗橱，楼梯口还放了一个茶几。搁楼这个时候还是在后客堂的上面。这就是我们房子的时代变迁。

　　因为整个门洞里我占了四分之三，1994年，我们在阳台上，即灶间上面晒台的位置，搭了4平方米的洗澡间。我安装了浴缸，淋浴器在灶间里面，然后再在晒台上放了一个洗衣机，我父亲可以到晒台洗澡。这个时候，厕所还是公用的。

2000 年，我们在户外还搭了一个小房间，我父亲在那里养花养鸟，大概 2 平方米，长 2 米，宽 1 米，有个小门，还开了一扇窗户透光。

2006 年的时候，我从冶炼厂离开了，从 1985 年开始到 2006 年，我干了 21 年。然后我到街道里面做物业直到我退休。这个时候，私人企业跟我们过去很不一样，它不讲过程，讲结果，讲究的利益不一样。2008 年，十九棉厂开始逐步实行买断工龄和协保，就是保留编制不发工资，交二金到退休年龄。2009 年，十九棉开始动迁，先拆厂房，留有空地。2010 年 8 月，动迁组进场，当年 5 月建房打地基，我们因为老房子动迁，就搬走了，拆迁的时候，我们的家具全部都送掉了。2013 年 11 月，我们用拆迁赔偿款购置了两套市区新房。

话说回来，从一开始的困难，到逐步逐步改善，我们的心理状态，说实在的，也在跟着这个房间变。

尾声：百年社区不再，蓦然回首，往事随风

2013 年的时候，我父亲 90 岁，他对我说，你不要干了，你回来吧。我心里想，90 岁的人能提出来，讲老实话，证明了他有需求，至少我回来，白天晚上都能全程地陪着他。2013 年 9 月我办理了退休手续，工龄 43 年，延长半年至 2014 年 2 月正式退休。因为我母亲去得早，没有享到我们子女的福，我 33 岁时母亲走了，我从 33 岁到 66 岁（我父亲 95 岁去世），我陪了父亲 33 年。前 33 年我母亲为我们付出，后 33 年，我就为父亲而付出。这些年里我父亲始终心很安，为什么？他儿子在身边，没有后顾之忧，什么事情都不要他做，洗澡都是我全程帮他洗的，洗好以后，帮他剪手指甲、脚趾甲、掏耳朵、刮胡子。人家问他，老周啊，你儿子对你好吗？他就一五一十地说出来，说出来以后，人家就觉得你儿子确实可以。我父亲走的时候很安详，没有痛苦，我作为长子，照顾他这么长时间，养儿防老，我确实做到了。我还写过两首怀念我父亲的诗歌。

牵挂

刚出校门当知青，

远行征途未成年。

列车长鸣轰隆声，

一路狂奔父唤儿。

临终父言儿方知，

深藏父爱心沥血。

涉世未深茫茫路，

云树遥隔常相思。

立志从军圆了梦，

军旅苦乐造就人。

父教诚真善待人，

抉择无悔敢担当！

针灸义务治患者，

祖传四代有传承。

父爱娘亲重如山，

感激父母养育恩！

2019 年 10 月 30 日

敬父

三十三年伺候爹，

无忧无虑心不烦。

有意好心老者问：

儿女对您是否孝？

敢言吾儿真心在！

家和万事才能兴。

谈古说今喻人生，

父子言欢叙旧事。

迟暮之年乐逍遥，

铭感不忘父子情。

福相面善前世修，

绵绵思念挥不去。

安详无痛梦幻中，

肝肠断裂悲凄凉。

潸然泪下湿衣襟，

九十五载谢世矣！

作于老爷子仙逝后第三个父亲节

2021 年 6 月 20 日

　　我们这代人，孝敬父母的传统继承得非常好。邻里关系也比今天更亲密。

　　100 年前，日本人建这个社区的时候，理念很好，文化娱乐设施、学校、商店什么都有，当时我们很舒适的，不用出去，什么东西都有，管理制度也比较完备，人家不敢进来我们厂区。我们住得很困难，但邻居之间氛围是很好的，比方说你家小孩不知道哪里去了，喊一声，邻居都会帮你找的。大家家里有几口人，有什么亲戚来，街坊邻里都知道的。现在条件好了，那种人与人之间的感情和联系，反而逐渐没有了。十九棉社区到 2021 年正好 100 年，这个地方也要拆掉了，以后就再也没有了。

田野手记　　行走田野　×　陈至

我在 2021 年秋季学期，选修了张力奋老师开设的"都市、田野调查与记录"课程，机缘巧合下走进了十九棉社区这一片即将消亡的百年田野。

我是一个喜欢徒步旅行的人，每来到一个新地方定居，我习惯把周围方圆三五公里的地界抽空走个清清楚楚。以复旦大学在上海邯郸路的校区为中点，我清楚地知道附近都有哪几个社区，有哪几家味道深刻的美食小店，某个不起眼的街角路口甚至还有一座未曾拆迁的小庙。

定海路街道离我所生活的复旦大学校园不远，早在两年前我做跨文化传播课程项目的时候就曾来过。当时的主题叫"闻字上海"，我在上海街道徒步采风的时候，沿途收集了许多文字招牌、横幅，以及带字的涂鸦。在这个秋天我再度回到定海路街道从事新课题田野调查时，我不由自主地留意到了十九棉社区沿途的宣传标语——"机遇就在眼前，错过再等何年"。

发展的列车开到这了，再等何年买票上车呢？100年前，工业化席卷了上海，棉纺厂在杨浦滨江拔地而起，战乱中流离失所的百姓有了安家落户的机遇。随着新中国成立、改革开放，棉纺厂的工人借成熟的居民社区，享受到了第一批现代化的生活。产业迭代，城市转型，昔日工业区如今到了该为其他城市功能让步的时候，城中的棉纺厂面临拆迁，百年社区的发展也将告一段落。历史不断演进，不同时代的机遇更迭不休，宏观大环境的变迁投射到微观个体的身上，又是一个个家族迁徙绵延的故事。

作为接触上海文化的外来者，得益于这堂宝贵的课程，我深入接触了曾经的棉纺织工人群体，并有缘结识了其中一位历代定居于十九棉社区的老居民周筛罩先生，听他说起十九棉从前的故事。

2021年，十九棉社区张挂的旧改宣传标语"机遇就在眼前，错过再等何年"

前后 5 个月的时间里，我一共正式采访周叔（即周筛罩先生）5 次，录音十余小时，原始文本十万字有余，听亲历者娓娓道来前后四代人、历经 100 年和棉纺厂有关的生活。初见周叔，年逾古稀的老人精神矍铄，穿着笔挺，身上有退伍军人的英气和独属于上海这座城市的优雅气质，谈起早年居住在十九棉社区的岁月，周叔难掩对过往的怀念之情。

我将长久铭记，在每一个约定好的周末下午，十九棉居委会的老办公室里，枣红漆木头家具上细微的尘埃在阳光下浮动，我跟随周叔的讲述，漫溯到这片田野的过往，以一个旁观者的身份，见证前辈对人生过去 60 年的追忆，从个人的视角中，瞥见工人社区和时代转变的痕迹。

何其有幸，我能够亲身参与了这场调查，并在过程中记录下一个平凡人前半生的故事，这是我在张力奋老师指导下，独立完成的第一部长篇口述史作品。在一手的记录里，我得以穿透冰冷的文献，倾听到活生生的历史细节。

对于最终的完稿，周叔贡献非常，前后帮忙校订修补数十次，我致以最诚挚的感谢。

谨以此文，献给周叔一家和存续百年的国营上海第十九棉纺织厂社区。

職弄的日常：一代人有一代人的福气

× 章迎红

章迎红

男，1957年生于上海，祖籍浙江上虞，高中文化。十七棉厂工人。自出生起一直住在平凉路2767弄职4弄2幢7—11号。除1975年前往崇明前进农场下乡的4年外，在十九棉职弄共住了61年。

口述：章迎红

采访 / 撰述：魏之然

时间：2021年12月

童年

我 1957 年出生在纺二医院，就在十九棉不远。三四岁的时候，我被送到十九棉社区小花园前面的那个托儿所。那是全托班，平时不回家。父母都是工人，平时工作忙也没空顾着孩子，我在那里睡一星期，到了星期六，父母把我们接回家过个休息日，第二天再送回托儿所。那时候还小，一天到晚啥也不懂，迷迷糊糊的，只晓得星期六父母来接，一到日子，我们就在那个窗门口扒拉着看，找自己父母，等他们带我回家过休息日。

说是休息日，其实就是在家玩还是在托儿所玩的区别。在托儿所里不上课，也是玩。平日不讲课，早晨起床后报个名，老师就教教画画、唱歌，教我们讲卫生，完事了由得我们去玩，不磕碰不打架就行。到了中午 11 点多，就叫我们去吃饭，那时候托儿所吃的都是家常菜，和现在差不多，吃饭完就去睡午觉，午觉睡到中午 3 点，起来洗洗弄弄，给我们喝喝水，发点小糖小果，再随便玩玩，吃吃晚饭，这一天就过去了。

那个时候我们托儿所条件蛮好的，没有多苦，环境和伙食不错……我们那个托儿所要交 6 块钱，那时候 6 块钱很多的！读中学才 6 块钱学费，读小学才 3 块钱……而那个托儿所要 6 块钱！

6 块钱是什么水平？那时候工资分档：一般性刚进厂的工人每个月 16、17 块，满师了（学徒满三年）36 块。这档工资一般是后面小一辈的，大一辈的工资多些，基本都是 56、64、72 块……这样按资历 8 块 8 块地加上去，厂里的工人一般最多只能拿到八九十块，能拿到 100 块、120 块的都是工程师那种技术层，多于 120 块的人都是厂里的中层。能拿到 200 块以上的人，厂里几个指头都能扳得出的，绝对骨干，都是厂长、总工程师那样的。一般性，做了二三十年的人，都能拿到 80 块上下。那时候我们家里三个小孩算少的，一般性家里都是五六个、七八个小孩，那吃用的人更多，工资哪里够啊。有的人还没工作，借住在十九棉这里，但家里面几个孩子等着要吃用，政府就安排他们做一些零碎的活赚钱，比如在里弄里，做些事、帮些忙，每个月给 8 块补贴生活费，做的时间长了就给 12 块，再做得好一点，就给他们安排工作了。

我爸爸妈妈工资都是 70 多块，听起来不少，但是我们家四世同堂啊！当时往上数，父母的双亲，父亲的爷爷奶奶，也就是我的曾祖父曾祖母，几位老人也都健在，每个月总得各自拿些钱寄回老家，我们家还有三个小孩，衣食住行加上学费，真不是特别宽裕。

后来托儿所上完，我就上小学了。当时还有个升学考试，考得简单得很，给我做了几套算术题，问问我父母家里有什么人，看看口齿清不清楚。算术也不难，都是简单的加减法，我全做完了。老师说你自己随便拣一个学校上。当时附近有两个学校，一个子弟小学，一个平四小学。我就去平四小学了。

平四小学的上课时间安排比现在的学校轻松很多，8 点上课，11 点就能回家，下午 1 点再去学校，上到下午 3 点左右。上午三节课，下午两节课。学校课程和现在应该也差不多，就是语文、算术、英文……还有体育、画图、音乐、卫生课。卫生课现在没有，这门课就是翻来覆去地告诉我们"讲卫生，勤换衣服勤洗手"。

全校两个体育老师，一个管高年级，一个管低年级。体育课也是，不像现在一样又是跑步又是游泳的。你想玩什么就玩，只要学校有，想踢足球、想打

2021年，章迎红和其小学、初中时期的同桌坐在章家墙外的椅子上（魏之然 摄）

乒乓球、想跳绳……干什么都行，跟老师讲一声，拿了就玩去，只要别打架别出事，老师就不管。

那个时候哪像现在，家长逼着孩子学这个、学那个，数学、外语、钢琴、小提琴……那时候没这么多讲究，家长不管学习，只要孩子不出事就行。作业也没现在小孩子那样多，一般性上课听听讲，回家10分钟就写完了。

游戏

每天下午放课后，弄堂里，一堆一堆的小孩子，大的带着小的玩，小的后面跟着更小的。

我们这一群人每天就在弄堂里野，大门出不去，门卫守得很严实，看到小孩子都不放行，必须有大人跟着。但弄堂里、弄堂边，大人随我们去皮。

那时候号召除"四害"，我们小孩子就自己做弹弓，上树上墙打麻雀。那时的墙头还没有现在这么高，我们常常爬上墙头，一个接一个，一串小孩沿着墙头绕着整个厂子走一圈。小花园、职员宿舍、工厂、白洋淀……就这样一圈一圈地走。玩的游戏多了去了，有文的有武的，叫"文斗"和"武斗"。文斗有打弹珠、斗田鸡，武斗有打弹弓、斗鸡、斗龙、跳马等。

斗田鸡就是拿张废纸叠个"田鸡"，几个人对着吹，看谁的"田鸡"先把别人的全撞翻了。斗鸡好像全国各地小孩都玩，北方人喊这个叫"撞拐子"，就是一只脚站着，手拎着另一只脚盘在膝盖上，跳着拿膝盖互相撞，谁先被撞翻了谁就输了。还有跳马，一个小孩子弯着腰，别的孩子轮流撑着他后背岔腿跳过去，如果都顺顺利利跳完一轮，那这个小孩子再站高一点，其他孩子再跳一轮……直到跳不过去为止，第一个跳不过去的孩子变成新的"马"，让别的小孩跳，稍微不注意就摔成一团了。斗龙则是三人一组，两个人一前一后地把另一个人举起来，一人举着脚、一人抬着背，几组小孩互相又撞又打，人仰马翻就是出局。危险是危险的，我现在膝盖上还有不少小时候落下的疤，但当时小孩不娇气，摔得一膝盖血，只要不影响走路，拿袖子一抹爬起来接着玩。现在还能在我眼皮子上看见一道疤，这是我和另一个小孩互相拿棍子打的时候留下的，他一棍子捅在我眼睛上，血都冒出来了呀，我也不敢告诉家长，只好溜回家拿一个纱布捂上。那时候不怕疼，就怕把衣服弄破，回去要挨大人训的。

（章叔太太补充）我们女孩子玩的游戏要文雅些，怕疼，也撞不过他们，但也有不少力气大的女孩子和他们一起斗鸡玩。不过一般性，女孩子都是玩安全点的游戏：滚轮子、抽陀子、跳房子、掼结子①，还有老鹰抓小鸡、捉迷藏等。

当时弄堂里，职员宿舍和南工房是有围墙阻隔的，还有门卫守着，平时不常来往，后来"文革"时，围墙拆了，但不同地方的小孩之间基本还是各玩各的。单是职员宿舍的小孩子群体都能按小学的班级分成好几群，不同群的小孩子之间一般不混着玩。各个班里的小孩都不会和别的班的小孩一起玩，如果有我们班的同学跑到别的班的孩子群里了，我们都要讲他是"甫志高"的（《红岩》里的叛徒），但如果我们这里的孩子能从外面带其他的小孩子回来和我们一起玩，我们都好高兴的，感觉我们的势力又壮大了，人多了游戏都更好玩，而且人多势众嘛。

---

① 掼结子：将沙包不断抛接，抛接之间将地上的麻将相继翻成花面、翻横、摆竖、最后翻成反面。

那时候的孩子好得很，一点都不斤斤计较。我们护短得很，不许班级成员去外面玩，但我们一定会带着所有人玩，不搞排斥孤立，我们是个集体。即使有大家都看不惯的小孩，我们每次玩也都会叫上他，他受欺负了我们也一定会去保护他。

不同群的小孩子之间孩子气的"火药味"很浓的，弄堂里隔着一条街看见对面的小孩，我们就把腿扳上膝盖，冲着对面一瞥眼睛一抬鼻子，对面小孩骂一句，也把腿扳上来，单腿蹦着就冲我们撞过来，我们两拨人就开始斗鸡了。

那时候上海的冬天还会下雪，雪积厚了，我们就分别占据不同的据点，挖沟堆战壕，列好阵形就开始打雪仗了。隔着职弄里的十字路口，你来我往，呼呼地扔雪球。

这附近在20世纪算是郊区，附近一大片一大片的都是工厂、菜地，我们有时候躲开门卫溜到人家的田里，摸几把毛豆揣回来，看谁家父母不在，就去他家煮来吃。白洋淀里游着鱼，夏天树上趴着知了，煮一煮炒一炒都能进我们的肚子……那时粮食定量配给，不太够吃的，小孩子总是饿得很快，长身体的时候逮着什么都想往嘴里放。

那时候粮食实行配给制。居民分为大户、小户和中户。五个人以上叫大户，五个人以下叫小户，五个人就是中户。按户的类型发票子，你才能去买东西。粮食则是按人头算，父亲那时候一个月定量45斤，我母亲则是36斤，我们小孩子少一些，一个人14斤。我记得青年们能领到28斤。你听着不少，但是我们上面还有老人，总要挤一些粮票、布票、肉票出来，换成全国通用的粮票，每个月给我的爷爷奶奶和叔叔伯伯们寄回去一些。饭实在不够吃的话，就去换粮食，拿1斤米可以换到3斤面粉或7斤山芋，搭配吃，反正都能顶饿。那时候家里吃得也不太好，每天早晨，把前一天的剩饭加水煮粥再煨几个山芋，吃山芋泡饭。中午晚上蒸点饭、炒个菜。每天饭菜简单得很，量也少，哪里够吃？我们小孩运动量大，因为一天到晚都在弄堂里野，玩游戏、踢足球……

我们十九棉的小孩子踢球踢得都是很好的，顶呱呱！在职弄里野的小孩子

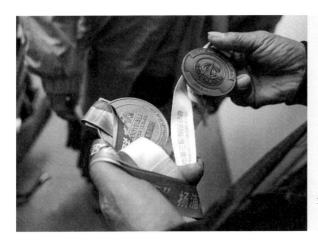

章迎红踢足球获得的奖牌
（魏之然　摄）

你随便抓一个出去，都是外面校队水平的。当时两个球场，我们一般都去东球场，因为离得近。我家楼上住着当时的厂长，他家小儿子很文气，向来不和我们一起野，但是我们老找他家借球——他家有3块钱一个的好足球呢！我们在楼下一喊他，二楼窗户里就扔出一个球来，他向来不跟着我们下去，他家人管得很严的。我们就拿着球去东球场踢。如果东球场被其他小孩占了，我们就和他们踢一局比比赛，赢了的话他们给我们腾地方，东球场归我们；如果输了，下回只能来得早一点，这一回大家就到小花园或者西球场去踢。

现在我参加市里、区里的运动会，还能拿奖牌回来。小时候我们踢球也一直赢，四处赢。过去人民广场地方很开阔，能跑得开，我们就过去和那边的小孩子踢比赛，每次都能赢的。那时候公交车8路可以到人民广场，是那种绿色、顶着"小辫子"天线的电车，电车后面都有栏杆，我们没钱买电车票，就只好趁车到站，在后面扒住栏杆一路过去，栏杆一搭，往上面一站，开心得不得了。

不止扒公交车，我们还比赛扒火车。你晓得《铁道游击队》的刘洪吗？我们就学他扒火车。那时候火车没现在这么快，在铁道边上等火车，来了就扒上去，扒上去再跳下来就算完成。比赛哪边扒上的人多，赢了的就是"铁道游击队"，就是"刘洪"，就是大英雄；扒不上的就是"狗熊"了。这些事都危险，不敢让家长晓得，家长晓得要骂的，家长只晓得我们在外边皮，到点就回家，也不晓得我们去哪里皮、皮什么。

那时候的职弄美得很，屋顶有鸟舍，墙壁有浮雕，两边没建那么多乱七八糟不好看的建筑，整整齐齐的。道路两边栽着冬青，我们能去俱乐部打乒乓球，去游泳馆游泳，去球场踢球，在小花园捉迷藏……好得很啊。当时我一有空就往外跑，哪里像现在的小孩子，在屋子里写作业，或者房门一关，一个人摆弄游戏机，玩手机、电脑。我们是散养，父母不管，但是你看我们这一辈小孩长得多棒？尤其是我们十九棉的孩子，长大到社会上，不管做什么，就算不是领头的，也肯定吃得开。为什么呀？我们从小就在玩耍中晓得如何和别人相处，大的护着小的，小的长大了，护着更小的，别人欺负我们，父母都未必出头，大孩子肯定给我们讨个说法。

毛泽东思想宣传队

后来"文革"的大字报从北京一路贴到上海，我们这帮小孩就停课了。前一天一切还正常，第二天我们背着书包跑到学校，里面老师都没了。我们那时候小孩嘛，也不管大人的事情，冲回家书包一甩，就跑出去玩了。

当时组织了一批青年人去新疆。那些青年人家里都蛮困难的，党和政府给他们发补助资金，就像参军一样，去新疆建设兵团，给他们发新的工作服（军装）。那个时候有一套军装很了不起，是弄堂里很有气派的人，很神气的！家里如果有一套军装，穿出去大家都知道了，哪个人都要讲："他家了不得啊，家里有一套军装呀！"

我们这帮小孩成立了毛泽东思想宣传队。高中生们搞"大串联"，拿学生证坐上火车，住旅馆都不要钱，一路宣传一路看风景，跑去北京见毛主席了。我们那时候还小啊，没办法参加"大串联"。只好自己搞搞"小串联"。扒上火车去共青苗圃，共青苗圃就是现在的共青森林公园，我们去那里宣传毛泽东思想。当时还是半大孩子，宣传一会儿就跑去抓蟋蟀了。但我们还是很认真宣传的，常常坐上公交车、摆渡船去给乘客讲，几个孩子一个人讲一段，轮着给乘客们讲。"老三篇"晓得哦？《为人民服务》《愚公移山》和《纪念白求恩》。还有毛主席语录，我们个个背得滚瓜烂熟。当时的售票员看你讲得不好就要把你赶下来的。就算是现在你让我瞄一眼，"老三篇"我还能顿都不顿地，给你完完整整背下来。

毛泽东思想宣传队不止我们一支，最开始不同的队伍之间还要争个高低的。后来大家就和平共处了，都是革命的同志，同一个战壕里的战友，大家一起宣传毛泽东思想。这里坐 25 路出去，转几趟车到西郊公园去，一路上都是宣传毛泽东思想。过去书包一背，干粮一揣就出去了，每个人都背着这么一个包，里面都是干粮水壶，戴着红领巾一去就是一天。还不能晚回来，晚回来家长要讲我们的。"你又到哪里疯去了？"我们成立宣传队这事情，家长都不知道，都是我们私下里组织的。说白了就是小孩子自己闹腾，自由组织。

"文革"那时候，我们小孩子还是该玩的玩，弄堂还是很热闹。我还记得 1967 年，周日早晨总是有很多人比武。9 点左右就在小花园草坪上，常有武术师傅带着徒弟互相切磋，有的师傅还是从外地赶过来的。比武还有个"开幕式"——就是小孩子斗龙，把竞技性质的游戏玩给观众看，热热闹闹的，先吸引一群人，把场子热起来。这是我们自己搞的，但师傅们也不反对。我们小孩子斗完了，师傅们的徒弟就开始比试。

那都是真打，但比武的人都规矩得很，点到即止。那时候师傅都有真功夫，不止手上会，眼睛里也看得明白。有时候徒弟们刚过几招，其中一方师傅就会叫停，跟他徒弟讲："停，不要打了，你打不过他，我跟他师傅比试比试。"徒弟也听话，立刻就停了。然后师傅们上手比，你来我往，很精彩的。现在这个活动还有，不过是在人民广场那里。每个月最后一个星期天你去人民广场看看，应该还有好多练武术的人，他们可没法和当年比武的人相提并论，也就是互相过过招，聊聊养生……人还在，但不是当年那批人了，当年那批人都成"先人"了。我们这群当年斗鸡斗龙的小孩现在都被喊"爷叔"了。

后来复工复课了。宣传队都自动解散，我们乖乖回去上课，接着读书去了。

在人间

我读了四年初中，学到三角函数的时候，赶上了上山下乡的尾巴。1975 年，我下乡去了崇明的前进农场。比起那些去黑龙江、贵州的，我幸运不少，还能抽空回家待一待。四年后，我又去十七棉厂的织布间做工了。

但是我想考大学，我就一边考高中，一边自学高中课程。我初中的时候成绩很好，能考八九十分，但是厂里不是看你成绩好就让你去考试的。我只能一边在工厂每天工作八小时，一边准备文化课，实在是有心无力。后来厂里不给我考，我就不干了。我就出去做做生意，批发零售水果、蔬菜，招揽建筑队承包工程……我们建筑队可是赚过钱的，杨浦大桥、上海火车站，我都参与过建设。那时候的日子，钱来得快，去得也快。我现在有时候会遇到当时留在十七棉厂的工友，他们在那里干了一辈子，退休金是我的两倍多。有时候见面，我跟他们讲我带着建筑队揽工程的经历，他们都要笑话我："你看你牛皮吹得，还不是只拿这点退休金？"

拿这点退休金怎么了？够养活孩子和我自己，够我每天自自在在的生活。更何况，那些年里我见过的东西是比钱更重要的。我亲手建设过的杨浦大桥和上海火车站，都是上海重要的名片。那些年里，我看着国家的新政策一道一道颁布下来，上海越来越繁荣，一座座高楼拔地而起，一座比一座高，一座比一座漂亮。能亲眼看见这么多新鲜事，亲自盖起这么了不得的建筑，不比一辈子闷在织布间里好？

1982 年我准备结婚的时候亲手盖了一间房子，比周围的建筑考究不少，房檐凸出一块，可以让雨水不渗墙。我和太太是在厂里工作时认识的，那时候她好玩得很，我一喊她，她总是三步并作两步、头也不回地就跑了。她跑，我就追，总能追上的。准备结婚的时候，我在我家房子外加盖了这间房，我们两个住，我太太带着樟木箱子和缎面花被子就嫁进来了，住到现在已经 39 年了。

后来，小花园拆了，游泳池拆了，东球场、西球场也都拆了，最后工厂都没了。

现在我妹妹住在夫家，弟弟前些年出了车祸，留下的孩子我一直抚养着，现在也算半个女儿了。我已经在杨浦火车站附近买好了一套房子给女儿住，这里的房子住着我们夫妻、侄女三个人和一只小白狗。白狗老了，13 岁，眼睛都蒙着白翳，看不见了。这是我太太 2008 年 5 月 12 日上午从朋友家抱回来的，巴掌大一只，我还记得刚抱回来没多久，电视里就传来新闻，汶川地震了。

我自己的新房子在临港那边，太远了，又在女儿的房子附近借了一套房子和侄女住，12 月中旬我就带着太太、侄女和小白狗搬过去了。

我还记得厂里分房子的时候，很多邻居都分到新房子住了，我爸爸妈妈都是厂里的老职员，按理说无论如何都能分一套，但他们拒绝了。他们说，自己是党员，要保持艰苦奋斗的精神，先把享福的机会让给广大人民群众。

现实中，真的会有人这么想？我当时也不理解，还埋怨过我爸爸。我跟他讲，你就不能别让给别人，给我们侄留下点东西吗？我爸爸当时很平静，他说一代人有一代人的福气，他们已经投身革命了，我们这一代人的福气，要靠自己去争取。我母亲去世之前，在床上拉着我父亲的手，她说："老头子，革命还没有成功，你要带着我那一份继续奋斗下去。"上一辈的思想，当时我不明白。就像我女儿的很多想法，我也看不懂。

章迎红家的旧式板凳
（魏之然 摄）

我女儿现在 30 多岁，在医院做护士，还没成家。现在快拆迁了，我和太太一点一点打扫整间房子，总是能找到不少之前的痕迹。集邮册、工作证、选民票、游戏机……这个板凳的年龄和我差不多大，我小的时候坐在它上面写作业，老了坐在它上面泡脚。现在搬家了，就不要啦。

我现在大概也能想明白一些了，一代人有一代人的福气。我现在要不是拆迁，每天日子悠闲得很，喝喝茶，打个盹，碰到朋友聊聊天、吹吹牛，一天就过去了。搬完家，我的日子还是很悠闲。

回忆过去，以前多好啊。但是我觉得现在也不赖，有句话说，沧海桑田，以前青藏高原、喜马拉雅，那都是大海啊！事物都在变化，现在滚滚长江东逝水，你挡得住吗？如果因为挡不住还一天到晚难过，你日子怎么过啊？

我这一代的任务完成得差不多啦，要看你们的了。毛主席怎么说的？"世界是你们的，也是我们的，但是归根结底是你们的。"

一代人有一代人的福气，挺好的。

田野手记

十九棉弄堂的一天

魏之然 ×

　　曾有很长一段时间，我对上海的概念类似于旅行社的城市宣传片——外滩、当代艺术博物馆、夜晚点着金灯的玻璃大楼街区……无数地标建筑伴着高跟鞋敲击地板的节奏依次闪回。大桥、CBD 和修缮一新的文旅景点层层叠叠，将城市中低矮的棚户区、印着"拆"的旧弄堂紧密围堵。就像一个即将参加晚宴的贵重客人，忽然发现自己手部有些旧日劳作留下的疤痕，只好先用手套遮住，再慢慢涂抹除疤膏，直到手部光滑无瑕，配得上新买的漂亮礼服。飞速建设的城市总是在不停地褪下"疮疤"，那些老旧的痕迹，安静而无声地消失在了上海的新陈代谢中。

　　说到无声，从字面意义上来说，十九棉的记录，声音有点太少了。张力奋老师曾经提到，应调动全身的感官去观察、感受和记录。现在整理当时的档案材料，我意识到听觉的重现有很大的缺失。如果当时可以携带一根录音笔，提前找好不同时间、不同地点的代表性声音，再从早晨录到晚上，也许可以建立一个小小的"声音博物馆"，但现在后悔实在太迟了，再去十九棉时，记忆中的声音只剩清晨的鸟鸣了。

某日凌晨4点，我出发前往十九棉，没有明确的目的，就是随便走一走，撞撞运气，看看有没有新的发现。我对接的原口述人因家庭原因中止了采访。此时已经有同学初稿过半，我的口述人仍然没有着落。大街上空空如也，一个老人牵着一只泛黄的萨摩耶。

职弄大门口，面馆的爷叔坐在圆凳上炸鸡蛋，天色黑漆漆，炉子黑漆漆，爷叔的衣服也黑漆漆的，只有油星里滋滋的鸡蛋呈现一种漂亮的金黄。味道很香，但仅靠鸡蛋香不过对面菜饭阿姨蒸的包子，蒸笼和剁馅儿的声音被店里苏北口音的爷叔们的说笑声盖了过去，四人一桌，偶尔能听见茶叶蛋壳扔进垃圾桶的声音。

离两个铺子稍远一点，耳朵里的声音还是以自然声为主了：鸟鸣声从四面八方漏出来，叶子打在地面上，猫跳上铁皮屋顶……偶尔有穿着黄色或蓝色工作服的外卖员经过，车子的声音迅速地接近又飞快地远去。更多人声的出现大

十九棉社区的早餐铺
（魏之然　摄）

十九棉社区的孩子们
（魏之然　摄）

概要等 6 点以后。二楼的窗户里有阿姨在"哐哐"剁菜，一楼掉漆的木头窗子里传出来几句收音机里的京剧，很多邻居端着夜壶在一楼相遇，去时互相打个招呼，回来后站住，聊闲天。

达叔弯着腰站在满溢的垃圾桶旁边扫地，附近地面一片狼藉。扫帚密密地刷过地面，附近的居民来了，走近跟达叔聊两句，一起抱怨缺乏公德的邻居。

7 点，人的声音逐渐多了，戴着红领巾的小孩子上了爸爸的摩托车，妈妈在旁边嘱咐几句；主人单手插兜，牵着两只狗越走越远；搬家公司的车停在南工房前面，里面的人搬着旧物进进出出；收旧货的自行车响着铃铛走街串巷，看见搬家的就在门口停住。有阿姨拎着布袋去对面 449 弄买菜，"十九棉那个买菜的地方能比 449 弄每斤贵去 1 块钱"。

旧货摊旁讨价还价、木质象棋落子后旁边响起的争论、树下摆起来的塑料椅子被拆开发出的摩擦、中介字正腔圆的推销词……各类声音会在 24 小时内上演在职弄的不同地方。如果能做成声音博物馆，大概需要设置一张地图和一个可以自由拖动的时间轴线，不同的声音随着太阳位置变化在不同的地点轮番出现，其规律每天大致相似，365 天中也大致相似，但是越来越低，越来越少，最终在某一天，彻底只剩鸟鸣和野猫的声音。

同样是在这一天，我遇到了章爷叔。我们和这位爷叔聊了一个小时的天，他是一个很热情的人，讲到开心的地方就会哈哈大笑，言语说不清楚，就站起来用动作给我们演示。临走，他同意做我的口述人，"能聊聊好久前那些开心事，挺好的"。

章叔全名章迎红，抛开 1975 年前往崇明前进农场下乡 4 年，他在十九棉职弄住了 61 年。

1945 年，他父亲从浙江上虞来到上海定居成家，与他母亲相识，生了章迎红兄妹三个。章叔 1957 年在十九棉附近的纺二医院出生，年纪最长，下面有一弟一妹，他和弟弟各有一个女儿。前些年，弟弟不幸在车祸中去世。

他家房子外面有个大大的门牌，上面写着"平凉路 2767 弄职 4 弄 2 幢 7—11 号"，内间侄女住，房间挺宽敞，他和太太住在屋外私盖的房间里。太太梳着一头干净利落的短发，染成红色。最近她为了拆迁的事忙碌，常常骑着电动车外出办事。

私盖的房间占地 20 平方米左右，比附近居民搭的小间讲究不少。门开在房子走廊外，隔出了厨房和卫生间，房间中部放了沙发和桌子，正对一台液晶电视，桌子下是个狗垫，上面常常趴着一直毛沾灰发黄的小白狗。

白狗很老了，眼睛蒙了一层厚厚的白翳，平时只喜欢趴在垫子上打瞌睡，陌生人来了头也只微微一抬，爱答不理地瞪眼听上两秒，没发现异样再有气无力地趴回去。只有听到男主人踱步回家的脚步和女主人电动车的声音，才抖着腿颤颤巍巍溜达出去，再颤颤巍巍跟着主人回来，重新窝在垫子上。

天气好的时候，只要不是饭点，你打这儿过，多半能碰到一个黑帽子戴得略微有点歪的爷叔，笑眯眯地在这个弄堂口压腿、喝茶。我就是这样和章叔聊上的。

宋世凤

『没啥特殊记忆好讲的』× 宋世凤

宋世凤

女，1963 年生于上海，祖籍江苏连云港，高中文化。1986—2021 年，住平凉路 2767 弄新 9 弄 2 号，长达 35 年。曾在十九棉厂工作 26 年，后连任两届十九棉社区居委会主任。

口述：宋世凤

采访 / 撰述：莫迦淇

时间：2021 年 12 月

从小姑娘就开始在十九棉做工

我 1981 年进厂的,当时是高中毕业后通过招工考试进去的,我开始是进去做挡车工,在里面上班老卖力了,所以提早晋级了。我们整个车间就两个人提早晋级,我是其中一个。我进厂的时候工资是 23 元,晋级后就拿 39 元了。之后我在厂里从挡车工人做到了生产组长,又做到检查员、教练员,再做到值班长兼支部书记。我曾经还被厂里外派到金山,那里有我们的对口单位,也去过金山石化厂,还在安徽宣城也待了一年多。我在十九棉厂里入了党。后来厂里因为大气候不景气,就进行压锭①,那些纺织厂都是这样,压锭以后我就不在十九棉了。因为我在厂里表现好,厂里推荐我到居委会去工作。

我进入十九棉社区

在十九棉厂工作后,人家介绍我和我老公认识,我们 1986 年结婚。我老公家里是在 20 世纪 70 年代这里房子造好以后搬过来的,我 1986 年嫁来后,一直在这里居住,已有 30 多年了。

---

① 压锭,减少纱锭的数目,限制纱厂的生产规模。棉纺厂压锭减员后,效益显著提高。

2000年，宋世凤（右一）
在安徽宣城的分厂担任
技术指导员
（宋世凤　提供）

　　当初结婚的时候户主是我婆婆，而我婆婆是十七棉的，当时十九棉和十七棉都有自己的分房福利。我婆婆住在定海路449弄，那边的房子交掉了之后就按调剂搬到这里来了，两处房子是同一个房管所管理的。我老公当时在铁路局上班，也不够条件分房子，他也不是户主。葛末（上海话，那么）我跟我老公结婚后，我家那么多人就住两间房子。新婚后，两家人家住一起，前面半间是12平方米左右，是他哥哥一家三口住的；我们一家三口住在后面朝北的半间，10平方米左右。当时上海市有一个"2.5特困户"政策，我们家是符合这个政策范围的。[①] 因为我婆婆已经退休了，按单位政策，新房子是拿不了的，但可以增配一间给我们。我婆婆借住在外面，那么就给我们结婚的两家人增配一间，要么是他哥哥走，要么是我们走。他哥哥不肯走，葛末我说我们走，我老公又不同意，我们就没能拿到"2.5特困户"的补助。因为他哥哥当时在单位里登记的是结婚无房户，他说他要自己拿房子，那么我们就等着他自己拿。他搬走了以后，这个房子就我们自己住了。

---

① 见《上海市解决居住困难户住房暂行方法》（印发日期1991年4月29日，实施日期1991年4月29日）："第二条　到本世纪末，上海市市区解决居住困难户住房问题的目标是：人均居住面积3.5平方米及以下居住困难户的住房问题得到解决。人均居住面积3.5平方米以上至4.0平方米居住困难户的住房问题大多数得到解决。1991年至1993年，解决1990年末人均居住面积2.5平方米及以下的居住特别困难（以下简称居住特困户）。"

我们之前居住条件也很困难，又没马桶又没洗澡间。在过去，我们都用大水桶接水洗澡，洗完之后还要把大桶搬到厨房间，把水倒掉。后来他哥哥搬出去以后，我就在房间里自己拉了一个角，做了个洗澡间；但还是没有马桶，因为这里做马桶要影响人家的。因为什么道理？老房子的下水道也不畅通。自己弄的（下水道）可能会弄到邻居那里，粪便全部进入下水道后，下水道满了粪便不就上来了吗？要产生矛盾的。所以我没搞厕所，反正公共厕所就在楼底下，晚上我们就用痰盂，早上起来倒。我就只改了个洗澡间，有洗澡间还是好多了。现在动迁，政府想到我们，想让我们"消灭马桶"①，这也是一件蛮让人开心的事情。

从"工会"到"居委会"

后来慢慢地，人家都说上海这里办纺织厂就像是在黄金地段炼豆腐。当时纺织厂也不好做，再加上压锭的原因，最终在 2007 年，十七棉厂关掉以后，我们十九棉厂也就关掉了，我们十九棉厂是最后一个关的。因为我当时是车间里边的值班长兼支部书记，要安排好底下的人全部走了以后我们再走，所以我是最后一批走的。纺织厂没有了，我们工人就被买断工龄，流到社会上去。当时厂里还推荐我到南汇去，因为我们厂里的机器全部拆到南汇去了。我到那里去工作了没多少时间，就接到了通知，原党支部和原十九棉第二居委会的老书记陈惠莉推荐我到居委会来上班。因为居委会大批缺人，葛末我又是党员，什么优秀、先进的荣誉证书都拿过的，她就推荐我去面试，后来面试成功了。当时我还在南汇上班呢，南汇还不放我走的，他们那里也缺人。后来我想想，还是决定去居委会上班。

一开始我是在爱国二村居委会，后面因为要属地化，刚刚进去一年多就回到十九棉社区参加改选，到了这里（十九棉居委会）工作。

---

① 指消灭"手拎马桶"，即进行旧区改造。

宋世凤家的卧室
（莫迦淇 摄）

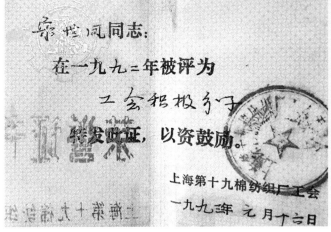

1992 年宋世凤被评为
"工会积极分子"

　　说实话，之前我们因为在厂里面上班，每天就是家里和厂里两点一线，也不是很关注居委会；到居委会上班之后，我们就会跟老前辈去学他们的闪光点。他们做得好的，我们总会要想办法做得更好。居委干部都是脚踏实地、下基层的。你不去下基层，怎么知道居民们的需求呢？我当时是每天都下基层去的，这一天做了什么，我都记得起来，但是可惜这些工作日记都已经不在了。

"做卫生是最苦的你听懂哦"

　　我一开始进居委会的时候是做卫生。在社区里面每个礼拜四就要大扫除一次，是居委会干部安排的。我们居委会干部一般礼拜四上午全部出去半天，有的时候打扫一次就需要一个多小时。

你如果不去大扫除，居民也会叫你来的。"侬哪能侪勿出来！"（上海话，"你们怎么都不出来！"）这里越来越多的外来人口借房子，非常需要打扫整理。以前有的时候我做卫生，还蛮辛苦的嘞。比如有次他们来和我讲，屋顶上有一只死猫，我没办法，只能说："好，我去。"但是当时我也怕的，我就买包香烟给人家，叫人家帮我去弄掉；但我自己掏腰包的，因为这个是我自己的事情。葛末也没办法，活的猫不要紧，死的实在是多吓人啊。

又讲到卫生方面。我们这里的垃圾分类是我们自己找的人来管的，还给她一间房子住，就在进门的垃圾桶旁边。现在换了一个人住在这里面，一个月工资2000多块钱，从过去刚开始的时候几百块一点点加上去的。这个工资也是每家人家收清洁费收的。像我们这里一家人家一个月收1块钱，你说多不多？还有不讲理的人不肯付。我们本来是组长收清洁费，后来为了协调，居委会干部就自己去跟他们讲，再做工作；如果有人实在不肯，那也没办法。基本上居委干部去收，他们还是卖给我们面子的。

后来我做卫生做了好长时间，还做过文教工作。比如我们辖区里面有个文体团队，表演唱歌、跳舞、扬剧、沪剧，我就带他们出去比赛，得过奖，奖状还在居委会里面。再后来我就做了居委会主任。

解决居民之间的纠纷

我是2008年8月18日进的居委会，一直做到2021年5月29日，做了十几年。我做了两届居委会主任。

作为居委会干部，我解决过一些纠纷。

这次动迁在5月之前还是我做主任的，一般居民有什么困难来找我们居委会，我们总归会尽力去协调，帮他们搭平台。把他们家里人全部叫过来，跟他们协商，协商成功就好了；协商实在不成功，他们自己就去打官司。我们居委会首先会帮他们，包括我们调解主任、块长，把他们组在一起搭平台。实在搭不了，有的时候我们把街道的法律援助也叫过来一起帮忙；再实在不行就只好走司法程序了。一般人解决问题都成功了，葛末大家坐下来签个协议，极少数有不成功的例子。我们跟他们把程序都讲清楚，打官司也没什么意思的呀。

这么多年居委会生活，累是肯定累的了，比如我们这里听到外面"呜呜呜"的救火车一叫，就立刻到外面去看了，看到底是不是我们这里的。我们居委会干部就是要这样子，必须及时到场，上次有一家着火就是这样。

还有就是我们这里大门口有个泵房，下雨天要把里面的水朝外面"泵"出来。特别是天热时大雨下得多，会有黄色警报。我们有个通知群，下雨时，群里会提醒我们街道引起注意。为了操作这个泵房，我新房子已经装修了四年了，我都没去住过，一直住在泵房这里。一方面是万一有什么急事赶过来不方便，另一方面是居委会干部要属地化工作。晚上下大雨了，我就要去把那个泵房打开。过去这个泵房是自动的，后来自动的功能坏了，开了一会儿就需要人工关掉，一旦没有关掉这个泵房是要着火的，因为底下没水了。所以如果晚上去泵房的话，是睡不好觉的，开好一个小时过后要去关掉。我可以这样说，晚上每次都是我本人来的。

从居委会退休之后

从居委会退休之后，很多人都说好有空，但是我觉得我也没闲下来。因为我在居委会也干了十几年了，现在退下来刚好也忙于动迁，我就先把自己动迁的事情弄好，还要照顾家人。我家老人们岁数也大了，我老公的妈妈去年走的，现在三个老人也90多岁了，葛末要好好照顾老人。

除了自己的事情，像现在我还在这里，有时候人家叫我帮帮忙，动迁组有时候也来找我，我也会很热心地义务帮助，我说，你们有什么事来找我没问题，但是我绝对不会来找你们要多点好处的。该是我的我自己拿，不是我的我也不要，有什么事情你们尽管来找我。因为当时拆迁一次征询的时候都是我在忙，住户

5点下班，我们就等到他5点，把材料全部交过来以后，我们还有几个居委会干部也要动迁，我就让动迁的人都留下来，一起把材料全部弄好再关门，我们就帮他们多做点。都说我退下来闲，我觉得我一点都不闲的，好多邻居跟我说家里的事情，我说我去劝他们，让大家退一步换位思考就没事了，你说对不对？上次我去交材料，他们说，主任，听说你不做了。我说虽然我不做了，但是没关系，你们有什么不熟悉的、搞不定的事，只要在我力所能及的范围内，我肯定帮你们。

要拆迁了还真有点舍不得

现在房子要动迁，我就觉得住了这么长时间了，从1986年结婚到现在，30多年了都没离开过，有点依依不舍，总会有点感情的。毕竟这里我经常会和老邻居讲话，搬到商品房里，大家都不认识，还要重新从不认识到认识；而且不可能都在门口聊天的，肯定是把门关起来的，最多见面打个招呼。像这里，我走出去就能遇到居民，和邻里住在一起也蛮开心的，谁家的事情都知道，不管

2021年12月9日，采访组帮助宋世凤移栽老房子的蔷薇
（莫迦淇 摄）

一家有什么事，大家都一起决定。比如说，我有时候出去，我跟人家打一声招呼，今天晚上不回来，人家也都是知道的。到商品房里面，门一关上啥都不知道。所以趁着现在还没动迁，我就烧烧饭、打打包，到外面去和周围邻居看看聊聊。没事时，我就在小区里面兜兜玩玩，跟邻居们讲讲话，有些时候一天都不在家的。我老公也挺好的，我父亲那边每隔两个礼拜的礼拜四都要去医院，他也总是帮我去岳阳中西医结合医院那边开药，我退休后他也去的。说到底还是真的舍不得，我还打算趁着动迁之前让我外孙女也来老房子住几天，毕竟以后再也没机会了。我还想把老房子里面种了十几年的蔷薇也带到新家去种，这个开出来的红花真的特别好看。

　　但房子动迁总归是开心的事，不管怎么样，我们是在原有的基础上得到了改善，消灭了马桶，这是一件好事，我们都很开心。老百姓盼望了这么多年，现在有这个机会，我们肯定要珍惜，把动迁工作搞好。

田野手记

田野：从介入、进入到参与

莫迦淇 ×

我粗浅地将田野调查分为三个阶段：介入、进入和参与。

　　介入田野，是最开始的步骤，也是最困难的环节。如何介入一块陌生的田野，寻找到访谈对象，对于我这样的"社恐患者"来说，简直是难上加难。不过，多亏了张力奋老师和助教的协助，我们所有人的访谈对象大都已联系好，只需要我们自己接上头即可展开访谈，介入田野的环节也被推进了大半，接下来的难题就是与访谈对象建立起联系。如何与一位陌生人建立联系、信任？如何实现探索、挖掘访谈对象在这块区域的故事？如何让对话变得自然而不显冒犯？这都是我们需要思考，并做好准备的问题。一旦做好了这些准备，田野调查也来到第二个阶段，进入田野。

进入田野需要采访者与受访者两方的共同努力，在采访前，这几个问题曾困扰着我：采访的时候会不会尴尬，聊不下去怎么办？采访的对象所说的经历会不会有所保留，如果这样该怎么办？整个采访的过程会顺利吗？不过，这些困惑在我接触到采访对象时，好似都得到了解决，可能拥有一个好的采访对象确实是田野调查能够顺利展开的重要因素吧。

我所访谈的对象是十九棉居委会的前居委会主任宋世凤阿姨。宋阿姨看上去就是个典型的中国居委会阿姨，热心肠、好说话、责任心强，在和她交流的时候，我时常觉得是在和家里的长辈对话。尽管在询问宋阿姨是否有和十九棉的一些特殊记忆的时候，阿姨一面说没啥特殊的记忆可以分享，一面又娓娓道来了许多让我觉得非常有意思的事儿，比如拆迁前的种种、中国式居委会主任的日常生活等。这些事情都使我对中国这一个最特殊又最普遍的职业有了更深入的了解。

第二个阶段，也就是进入田野的这一步，田野调查的访谈部分已经算是基本完成了。最后的参与田野，其实算是一个升华部分。在这一环节中，我们不仅是作为一个外来者来与其中的某一个人建立联系，而是作为在此驻留了几个月的半融入者，与这块区域建立联系。

2021 年，十九棉社区动迁时的卫生环境（莫迦淇　摄）

某天我有幸和吴亦阳体验了一次达叔清扫垃圾的工作，主要就是清扫落叶和地上的各种垃圾，垃圾投放点正好位于一个小广场，我也能趁机观察社区里的这一片小区域。前方的休闲设施上都挂着居民的被褥，晴好的天用来晾晒是最好不过的；有两位爷叔在自家门前闲话家常，似是针对动迁方案进行你商我量；右边的屋檐上又爬来一只白猫，不知是从哪户窜出，信步闲游；枯黄的树叶扫了又落，落了又扫……清扫垃圾的时间不长，算下来也就几个小时，但就是这一次体验，让我觉得在这几个小时里，我不是一个在社区里面走街串巷的外来学生，而是一个已经融入的个体。

　　这次田野调查，给每一个进入十九棉社区的同学都带来宝贵的回忆，虽然社区里一些建筑可能不会被保存，但深藏在我们脑海里的记忆与我们所记录的文字、图片和影像却会长久留存。

『我是新上海人』 × 朱晓琴

朱晓琴

女，1969 年 3 月生，祖籍江苏南通，大
专文化。2000 年 5 月以"新上海人"身
份入住平凉路 2767 弄职 3 弄 4 号，2005
年 7 月搬入职 7 弄 18 号，直到 2011 年
7 月搬离十九棉职弄。2008—2015 年，
担任定海路街道就业援助员，2021 年当
选十九棉居委会主任。

口述：朱晓琴

采访／撰述：欧柯男

时间：2021 年 12 月

"初来乍到"

我老公 1985 年就到了上海，之后在上海远洋渔业公司（现为上海远洋渔业有限公司）当海员，跟着渔船出海。2003 年他考了船长证，就从原单位离开，后来在其他公司跑海上货运。

因为上海有人才引进相关政策，2000 年初，我老公就考虑让我和儿子随他一起落户上海，想着以后能有更好的发展。

之前，我老公一直是住在单位的集体宿舍，现在一家人要到上海来了，肯定就要买房子住了。当时手头也不宽裕，他到处找了很久，最后就看中十九棉职弄这个地方。这里属于年代久远的旧房区，房价相对便宜，外地人来住的也还比较多，而且可以按间买屋，我们家经济能力也还能承受。

2000 年 5 月，我们一家三口就住进了平凉路 2767 弄职 3 弄 4 号。3 月，我老公买房的时候，一共花了 3 万多块钱，当然使用面积只有大概 10 个平方米，现在看来是太小了，但当时还是考虑到先有一个在上海的落脚点，等以后条件好些了，再换个大一点儿的房子。

2000 年 6 月，我儿子先到黎平路幼儿园读书。当时他 6 岁。7 月，我儿子的户口正式迁入上海，9 月，他正式就读平四小学一年级。我的户口是 2007 年

12 月迁到上海的。

2000 年 12 月，隔壁的查阿姨，介绍我去做街边公用电话亭的保洁工作，在上海光申服务有限公司。这个工作本来是查阿姨一直在做，但当时她父亲去世，她准备搬走了，就让我顶她的班，工资一个月有几百块钱，帮了我大忙。毕竟那时候初来乍到，人生地不熟的，工作不太好找。一两年过后，领导看我干得不错，就提我当了检查员，检查公用电话亭的保洁工作做得怎么样，一直到 2008 年 6 月。

搬进十九棉职弄后，我老公还是要常年出海，不经常回家，所以就是我带着儿子生活，其实也蛮辛苦的。

"麻雀虽小，五脏俱全"

职 3 弄 4 号这栋房子，以前是十九棉厂里分给技术人员的独栋住房，条件还蛮不错的。当然，我家住进来的时候，职弄里许多原来的"独户"住宅，已经是"多户共居"的情况，像职 3 弄 4 号，我们就是三户人分住一栋房。20 世纪 70 年代末，知青返城大潮下，很多回到上海的原厂人员没有住房，厂里就对职弄许多独栋住宅的使用权进行了再分配，许多单间就被"借"出；90 年代后，很多像我们家一样的外地人来到上海，估计也因为价格便宜，来到十九棉职弄，或租或买，住进了独栋里或大或小的单间。

我家是二楼朝西北的一间小屋子，带一层阁楼。因为朝向问题，只有两扇朝西北的窗户，家里光照不太好，住进来以后不久，我们就自己搭梯子在阁楼屋顶斜坡打通了一个"老虎窗"（即天窗），屋里就亮了一些。阁楼上原本放了一张床，一家人一起睡；后来孩子大了要分床睡，我们就把阁楼延伸出去，搭了块板子，再铺了张床，儿子就睡靠窗那侧。上海这边，还是夏热冬冷的，虽然刚搬进来时就有窗式空调，但不怎么吹得到阁楼，所以等条件好一点，我们就换成挂式空调了。厨房本来是在一楼三家共用的，后来因为二楼隔壁 90 多岁的老太上下楼不方便，我家就在二楼搭了个灶和她共用。卫生间本来也是三

2021年11月28日，朱晓琴在职7弄18号住房留影。朱晓琴一家曾在此居住了6年时间，2011年搬离，后断续出租，2021年9月，最近的租客刚搬离。
（欧柯男 摄）

家共用一个，后来为了方便，我们也各自在楼下原本小花园的位置砌了一间。其实总的来看，职3弄4号这间小屋子可以说是"麻雀虽小，五脏俱全"了。

"住房条件改善一些"

一开始，职3弄这间屋，是我们一家三口到上海来的落脚点。但空间毕竟还是比较局促，慢慢地，儿子越来越大了，生活条件也需要改善一些。

2005年7月，正好邻居介绍职7弄这边有套一楼的房子，蛮宽敞的，有30多平方米，户型也挺好的，我们就买下了职7弄18号的房子。职3弄4号那间屋，当时真蛮便宜的，最早是一个月450块钱就租出去了。

条件自然是比之前好一些。职7弄这边的楼房是1977年左右修的，比职弄很多房子新。首先面积大很多，有两室一厅一卫，厨房本来设计在室内，后来考虑到通风问题，就在门外自己搭了几平方米的长条形厨房间，这样一来排烟各方面就要好些。睡觉方面，确实比之前三个人挤在阁楼上好多了，儿子住一间房，我和老公住一间房，也都能放大一些的床。光照方面，有两扇朝南的大窗户，比之前好很多，虽然在一楼有些遮挡，但总体来说白天大部分时间还是能晒到太阳的。

邻里关系上，和之前在职3弄差不多，蛮和谐的。职7弄房型虽然是楼房，但还是在弄堂里，洗衣做饭什么的，邻居之间都看得见，大家有空还是在巷道里聊聊闲天。旁边住了个100岁左右的老阿姨，很多时候我家在外面晾的衣服，她看到快要刮风下雨的话，都会帮着收的，我们之间平时的关系处得也蛮不错的。

街道就业援助员

2008年7月，定海路街道招就业援助员，我看到了招聘信息，就想着去试试。那个时候还年轻，笔试面试也都通过了，随后我就被分配到民主二村居委会，做就业援助工作。后来，2012年7月，《上海市城市建设和管理"十二五"规划》发布，杨浦区实行旧区改造，民主二村开始拆迁了，对应的居委会随着拆迁进行后来也被合并了。2014年8月，街道领导把我安排到爱西居委会做就业援助员，一直干到2015年7月左右。

长期以来，定海路街道，其实都和十九棉职弄差不多情况，"老、破、小"，有很多外地户籍的人、拿低保的人、残疾人等，所以就业成了一个大问题。政府也想改善有失业情况家庭的生活条件，所以就安排了就业援助这个岗位，专门负责为失业人群尽量提供工作机会。当然了，具体工作中会遇到很多更为复杂的事情，我在这个岗位上还有"劝业"的职责，很多时候也客观上帮人家解决了整个家庭的一些问题。

现在回想起来，感觉这个工作还是蛮有意义、挺锻炼人的。

我记得当时，职弄里有个外地小姑娘，我们了解到，她从外地来这里，学历不算很高，自己要找份工作，同时还要带孩子，确实蛮困难的。我就想到，让她去幼儿园做个保育员，感觉也蛮适合她。后来她就考了个保育员证去上岗，而且一直做到现在，挺不错的。

还有我在民主二村的时候，有个男孩子一直待在家里，没出来工作过，他妈妈就着急了，找我帮忙。我就给她孩子找了个工作，也一直做到现在，那男孩子也蛮开心的，我们还加了微信，当时一直有些联系。他其实是大学本科没毕业，一直待在家里，不肯出去工作。你知道的，一个小孩待在家里不出门，可能心情、心态各方面不太好，和家里关系也比较紧张。就业问题解决了以后，他妈妈很高兴，他们家的氛围也比以前融洽多了。

其实做援助员时，我觉得如果帮助别人解决了就业问题，还是蛮欢喜的。因为你不光是解决了一个人的问题，更重要的是解决了一个家庭的各种矛盾，而且随着收入上来了，家里生活条件也就逐渐改善了。

十九棉居委会

2015 年 8 月，当时我本来应该在民主二村居委会参加干部改选（到爱西居委会只是暂时调派，还是隶属于民主二村居委会），但是民主二村居委会属于动迁范围，不进行改选，又因为我的户籍地是在平凉路 2767 弄，所以街道就安排我到十九棉居委会这里参加改选。这样我就正式到了十九棉居委会，之前一直生活在这里，工作也转到了这里，蛮不错的。因为前 7 年一直从事就业援助员的工作，政府后来把这个岗位并到劳动方面了，那么到这里后我就负责民政、劳动相关的事情。

那时除了原来援助就业的工作，我还负责帮符合条件的住户去申请低保，很多人确实都是弱势群体。一方面要向上反映情况，另一方面，还要下街道，做低保户信息入库，而且各方面政策都要宣传到位。除此之外，还要关注"两劳人员"，就是接受了劳动改造和教养的人，他们出狱以后，要尽量帮着申请就业机会、低保等政策优惠。此外，支内支疆人员，也是我要负责的。他们很多年前支援内地、新疆等地，现在回上海来以后没有住的地方，或者是原来家里空间太狭小，那么我就要帮他们申请廉租房，至少要先解决住的问题。

住于斯

2011 年 7 月，我们搬离了职 7 弄 18 号。当时手里攒了一些钱，我们就在外面买了个稍大一些的房子，离十九棉这边其实也挺近的，所以我有时候也会回来住。那么职 7 弄这套房子，我们就租出去了，2021 年 9 月，因为拆迁，才让租客搬走。

总的来说，我们还是在这住了 10 年左右，蛮有感情的，虽然我们算是外地来的"新上海人"，但和邻居处得蛮好，大家也都还算知根知底，现在住在新的楼房里，这样的邻里关系倒是难得了。有这么好的邻里关系，也确实对我在职弄里做工作有很大的帮助。

2000 年我刚来的时候，十九棉职弄与现在相比也没什么太大的变化，许多房子都租出去了，老居民有些也陆陆续续搬走了，整体还是比较破败的，而且其实当时就说要动迁，只是没有现在这么多中介涌进来的情况。2021 年 10 月 9 日，政府发布了《杨浦区 154 街坊旧城区改建地块房屋征收补偿方案》(征求意见稿)，十九棉职弄拆迁就算是铁板钉钉了。

我家有两套房要拆迁，一套职 3 弄 4 号的租赁房（公有出租房）和一套职 7 弄 18 号的产权房。总的来说还是蛮不错的，而且我们只有一家三口人，也没什么财产分配方面的纠纷。

业于斯

2021 年 5 月，是我来十九棉居委会以后的第三届改选，因为我们是 3 年一次改选，前两届我还是一直做民政、劳动方面的工作。到了 2021 年 5 月 29 日，经过大家评选投票，我就担任了十九棉居委会主任一职。当选以后，正好就迎来了杨浦区 154 地块的旧改拆迁，十九棉职弄就是主体。

这次拆迁，从征求意见到签约结束，总体还是蛮顺利。很多职弄居民现在在外面或买房或租房，都弄好了，他们盼望动迁的意愿是很强烈的。

居委会的工作其实还是做得很完备的，这次主要是扮演一个辅助性的角色，要配合街道、旧改办、房管局等部门开展工作，我们负责宣传政策、登记信息、调解居民矛盾……而且这次 154 地块动迁，我们居委会的工作是分配到每一小块的，每个人都是一个"块长"，负责各片区的各项工作，像我就是被分到职弄这边，工作范围包括职 1 弄到职 8 弄。

2021年11月28日，朱晓琴正在分发移车通知。由于临长阳路街道口即将打通，为方便后续拆迁工作，十九棉职弄主干道中的车辆需全部移走。
（欧柯男 摄）

整个流程，分为选举估价机构、开展房屋评估、公示征收补偿方案、公告房源及组织看房，最后正式签约。

我们居委会的日常安排还是延续，但要结合拆迁进度适时调整。工作时间是早上8:30—11:30，下午13:30—16:30。每天具体到个人就有轮休制，像我当选主任以后，休息日就是周五、周六，周日到周四上班，以前是周末正常休。工作内容在疫情之前还是蛮固定的，就是日常的接待居民，帮忙解决各种问题，涉及衣食住行各个方面，居民关系的调解也是重中之重。还有就是常见的津贴保险、权益维护、志愿服务、走访慰问、信息采集与思想政治宣传等工作。疫情以来，我们就增加了一些有时间节点要求的工作，包括新增病例、核酸检测、疫苗接种等方面。

拆迁开始以后，我们根据杨浦区定海路街道154街坊旧城区改造房屋征收工作计划安排配合性的工作，例如早期给每家每户发放征收方案的政策宣传册，到家中去走访讲解；中期通知居民参加动迁办主持的政策宣讲会，配合带大家去看房源的活动安排；后期在签约攻坚阶段，协助各部门协调居民家庭矛盾等。

"四块砖头"

房屋评估，就是经选举出来的评估公司，到各户家里去测量面积、考察户型、年限等信息，最后给定实际使用面积和单价，这个每家每户都不一样。

征收补偿就由"四块砖头"组成，层层累加。

第一块砖头是评估出来的实际使用面积乘以房型对应的面积系数，我们家职 3 弄那套房子就是 10.4 平方米乘以 1.82 的系数，作为最终补偿款计算所需的建筑面积。从而将这个建筑面积乘以每家各自的评估单价，得出基本的面积补偿款。

其实，职弄这边动迁的面积系数和东弄、西弄都不一样的，因为这边房型是花园洋房，面积系数是 1.82，而那边的面积系数只有 1.54。职弄原来是"职员宿舍"住宅区，日本人建厂时就是分配给技术人员等人住的。东西弄原来是"工房"住宅区，就是一般的工人住的，房屋的质量有区别，所以这次动迁中面积系数也就有差别。

当然职弄内部还有区别，我家职 3 弄那套是公有出租房，我们当年买的也是使用权，它面积补偿款的 20% 属于物业，但是产权房就不一样，比如我家职 7 弄那套就能得到 100% 的面积补偿款。

第二块砖头是价格补贴，就是建筑面积乘以补贴系数 0.3，再乘以评估均价。这个评估均价，就是评估出来的各家各户单价的平均数，最后是 56090 元。

第三块砖头是套型面积补贴，用评估均价乘以套型补贴面积，这个面积每家都是一样的，都是 15 平方米，作为托底的。

第四块砖头是签约阶段奖励费，它是随着你签约时间点的早晚而浮动的，签得早就得的多。

个中曲折

整个房屋征收过程中，各种矛盾冲突还是很多的。

比如职弄里有个居民，家里情况也蛮麻烦的。她家房票本（指房产证、公有住房租赁证等证件）写的是人均 16 平方米多，家里总共有八口人，基本都是支内支疆的回沪人员。她一家三口居住条件一直不是很好，前两年才刚刚申请了一个经适房（经济适用房），之前一直住在这里，她公公婆婆都是在外面租的房子。而且女方的爸爸妈妈户口迁进来了，他们也是支内人员。她婆婆要求，申请居住困难户[①]，并且想用更多的钱来拿房子[②]，毕竟在外面租房子那么多年了。但前提就是要政府核定下来，八口人在外面确实没产权房的，才都可以享受。但是已经有三个人申请过经适房了，要除开的，因为这就算享受过国家政策了，那么就只有五个人能享受居住困难户的福利。她讲，现在本来还能住在这里，一旦去弄了那个"数人头"（申请居住困难户），就需要大数据滚动，看你外面有没有房子、符不符合条件，这样自己一家人就分不到补贴了。而且后面她讲，（评估下来）家里其实只有人均9平方米多的建筑面积，因为有一间房写的是灶头，这样就不算在使用面积里面了。人均9平方米多，她们家剩下五个人如果要申请居住困难户的福利，一人差不多47万多元。而且要拿房子呢，一是奖励费中30万元就没了，二是原有的补偿金额和保障补贴都要用来换购一套近似总面积、总价的新房，这样大家分不到一分钱，很吃亏，所以她想到时候还是拿钱好一些。这样一来就很麻烦，家里一直商量不下来。后来，她就和婆婆讲，居住困难户可以帮他们都申请，但是大家必须拿钱，最后签约的时候家里人还是都各退一步，海阔天空了。

还有另一户人家，情况也很复杂。整个房子有四个户口，三个都是舅舅家的，一个是外甥。外甥一家人早就搬去外地了，但是户口还在这里。当然，舅舅家后来其实也不住在这里。但到这次拆迁，房子评估出来，建筑面积有40多平方米，总价将近500多万元，两家人就拿钱拿房也产生了争执。之前外甥在外地，因为有疫情，过不来。外甥说，按照人员结构均分钱，这样他可以单独拿一套郊区的房子。但是舅舅讲，要房子可以，只能自己掏钱，因为这个房子是老祖宗（外公）传下来的，下面好多外甥，给你拿了房子，其他外甥怎么办？但其

---

① 根据2011年10月19日公布的《上海市国有土地上房屋征收与补偿实施细则》第三十一条规定，对折算人均建筑面积不足22平方米的居住困难户，增加保障补贴，但已享受经济适用住房政策的除外。
② 这里指的是产权调换房屋，居困户的保障补贴可以用于购买。

实这个舅舅呢，他也没搞清楚，只有这个外甥户口在这里，其他的户口不在这，也参与不了拆迁补偿。后来，两家越吵越凶，最后走到了打官司的地步。幸好最后家里长辈出面了，讲"留得一线亲情在，以后好相处"，两家也就各自让步。舅舅提出，拿出 60 万给外甥家，其余六姊妹一家 7 万，这就相当于拿出来将近 100 万，剩下的就归他们自己一家人所有。这样呢，大家也都互相理解、接受了，最后没到对簿公堂的田地。

最后一天

2021 年 11 月 30 日，这天就是计划中的"正式签约"，即签约的最后一天。本来原定于当天晚上 12 点举办最终"翻牌"仪式，也有庆祝活动，但后来因为一些原因，上午 11 点街道通知我们居委会 11 点 45 分去 812 路公交车终点站参加"翻牌"庆祝仪式，去了以后，看到当时签约率是 99.07%，庆祝活动安排了一些广场舞阿姨跳舞，有些新闻记者也来拍摄了。

后来下午 6 点半左右，街道通知，让我们去场地那做做还未签约住户的思想工作。晚上 10 点 22 分，正式最终"翻牌"，签约率是 99.75%，放了几筒礼炮，大家也合了影。其实最终没签约的，也就只有 3 家左右，家里情况也很复杂。不过总的来说，这个签约率在上海还算蛮高的。

从群众中来，到群众中去

整体上讲，在这次拆迁相关的工作过程中，我相对有一些群众基础，但是毕竟直接关系到人家的切身利益，也不可能顺风顺水。我主要就是做做调解工作，把政策宣传到位了，该签约的还是按流程走。

我是 2000 年到这里居住的，一直到 2011 年左右，共度过了将近 10 年的时间，跟职弄的居民们还是有不少交情的，现在也算是打成一片了。其实 2015 年到这里工作，可能也跟这个原因有点关系。在这里住过这么久，毕竟有一些感情，所以我觉得这个工作还蛮不错的。

到现在，老实说，职弄这边谁家住几弄几号我都知道的，而且家里什么情况基本上都清楚，毕竟有这么多年居民工作的经验。我们许多一般性的居民工作，是一定要实际去每家每户跑的。刚来的时候，到有些人家里，感到不熟悉，过段时间，跑着跑着就熟悉了。所以虽说是作为"新上海人"，我觉得这么多年下来也还是能融入进来，工作方面也都能上手。而且语言方面也没有什么障碍，因为我小的时候就在上海读书，初中的时候就会说上海话了，再加上我们江苏海门方言和这边也差不多，海门到上海开车只要两个小时，南通市就在崇明岛北边，确实蛮近的。

目送与前行

这次 154 地块拆迁过后，我们十九棉居委会还是在的，因为这里还有近 800 户人家还没拆迁。我们其实管的不仅是这里，还有纺平大楼、樟树园等地，面积还是蛮大的。因此，我在居委会的工作还会继续下去，当然曾经在职弄将近 10 年的生活场所，就只能目送它们远去了。

不舍

2021 年 12 月 28 号，地块里的居民就基本上都要搬离了。回望过去，终归还是有点舍不得的，这么多年了，生活工作什么的，各方面都习惯了。在衣食住行上，十九棉职弄的烟火气还是很重的。像在这里买菜，都很方便、便宜的。我们一般去买菜，就是到 449 弄附近，但 2022 年 1 月那边也要启动拆迁了。到那个时候，我们买菜都有点不方便了。

我现在新住的楼房里，邻居之间没有相处得这么好。只能说，因为我总想着自己在居委会工作，我还和人家笑一笑，打个招呼。但是职弄邻里之间关系很不错的，可以说是"走得进人家的家门"。现在住在商品房里，你敲了门，人家不一定肯给你开的。例如职 1 弄 8 号，他家从来不关门，我问他为什么，他说他家算是"没门没锁"的，信任弄里住的老居民，认为不会有人来偷、抢

2021年12月19日，朱晓琴在十九棉居委会前留影。2015年至今，她已经在此工作了6年时间，2021年5月当选主任时又迎来旧改拆迁的大日程。如今相关工作虽基本结束，但这只是告一段落，她将继续在此发光发热。

（欧柯男　摄）

什么，这算是很难得。当然，最近几年新住户越来越多，大家也不清楚彼此的情况，尤其是拆迁期间还出现了一些偷盗之类的事情，这种"不闭户"的情况也渐渐没有了。

　　总的来说，职弄算是很多老居民一辈子的念想。这里有些住了几十年的老住户，虽然已经搬出去住了，但到现在户口都不迁走，还在这里，就是觉得这里是"根"，在这才安心。大家离开职弄出去住楼房后，恐怕和十九棉社区就没有这么深的联系了。

田野手记 大都市中的田野一隅 欧柯男 ×

2021 年金秋，我走进上海市杨浦区平凉路 2767 弄，即十九棉职弄，采访到现任十九棉居委会主任朱晓琴，记录她作为"新上海人"、十年老住户以及居委会主任三重身份下的个人记忆。

十九棉之于现代化大都市的上海，恰恰就是钢筋水泥包围的一方田野。长期在校园四周逡巡的我，第一次来到十九棉，反而有一种回老家的熟悉感——小店、菜摊、斑驳的水泥墙以及缓慢的生活节奏。后来，无论是采访与走访，在这方田野中认识了许多老居民，了解了许多老故事，爬了老阁楼，都让我找到上海这座城市的另一面，或许也是更真实的一面。政府、居民、建筑公司、居委会各主体之间，家庭成员之间，邻居旧友之间，矛盾与冲突、决绝与不舍，

《十九棉植物志》组图

封面   扁豆（欧柯男　摄）

盆栽（余洋　摄）

职 2 弄 1 幢 2 号的榔榆（欧柯男　摄）

交织在这三个月的田野实践中。

除此之外，作为老照片组和实物组的组员，我自认花费心力较多的，便是《十九棉植物志》。

说起拆迁，我们首先会想到的必定是一个个家庭，其次就是一间间房屋，但极少念及点缀其中的花卉树木。对于十九棉来讲，厚重历史记忆带来的，不只是人文的回顾，还有自然的生长。例如原十九棉厂厂长住宅旁一棵硕大的银杏古树，历经 80 年风雨飘摇，见证了上海跌宕起伏的历史变迁，从羸弱的小树苗到参天大树，周遭人事更迭，自身守望其中。

留存的，大多是因规划保留历史建筑而幸免，是少数；离去的，自然随着剥落的砖瓦而掩埋，是多数。除却自己平素对物外之趣的念头，第一次遍游十九棉，就注意到各色各目的植物们。无论是葱蒜韭菜，还是石榴柚子，抑或是银杏香樟，都肆意舒展在这一方小天地中。一饮一啄、一玩一赏，这些植物伴生在身边，也满足了人们日常的需求。它或许是孩童顽皮攀爬的大树，或许是阳台月夜清辉映照的小花，或许是傍晚锅边烹饪的佐料……

由此，在记录人与空间的口述史外，我主动提出做一个十九棉的植物志。实地走访、拍照、查阅资料及制作叶片标本……在最后几次采访之外，花了一些时间，初步组织起这本植物志。在制作阶段，我还捡起多年未练的软笔字，为封面题上"十九棉植物志"，也算是一种难得的仿古吧。后来为了出版需要，做了电子扫描，加上内容和图幅的调整，最终形成了便于编辑的电子文本。

古语有"树犹如此，人何以堪"，现代社会中，却往往是"人犹如此，树何以堪"，这背后是人地关系的演变。植物逐渐变为人们生活的背景、人类社会的边缘，但同时又见证彼此的兴衰。十九棉职弄永不会死去，只是渐渐凋零，就像水消失在水中。

我的『旧区改造』经历

杨建元 ×

杨建元

男，1964 年 1 月生，中共党员，在职大
学学历。现任上海市杨浦区定海路街道社
区事务受理服务中心党支部书记（六级职
员），街道旧区改造分指挥部负责人。曾
任中学一级教师、少先队大队辅导员、团
委书记、政教主任。2002 年 5 月到定海
路街道轮岗，介入旧区改造工作。2012
年 1 月起，负责街道旧区改造工作至今。

口述：杨建元

采访 / 撰述：张力奋

时间：2023 年 4 月

我1983年大学毕业，当了20年的中学教师，主要负责学生的思想教育工作。2002年5月，中共杨浦区委组织部安排我到定海路街道轮岗一年，参与街道旧区改造的调研与推进工作。一年后，组织上找我谈话，希望我留在定海路街道办事处。经慎重思考后，我留在了街道。

　　杨浦，曾是上海最重要的工业区，遍布大企业。我们定海路街道是有名的老工业城区，位于杨浦区东南端，沿黄浦江与浦东隔江相望，沿江线长达10.68公里。就面积而言，它是杨浦区较小的一个街道，包括复兴岛，仅4.44平方公里。辖区原有人口约11.5万人，户籍数约2.79万户，人口密度在杨浦区的街道中是比较高的，每平方公里约2.59万人。21世纪初曾尝试过在定海用"一个企业与一个居民区加以捆绑"的方式来推进旧区改造。

　　上海的旧区改造，20世纪八九十年代以前就有，当时叫"动迁"，有"市政动迁"和"居民动迁"。市政动迁，是因市政建设工程（马路拓宽、地铁站修建、高架桥建设等）所需；居民动迁，则是为改善市民的居住环境而进行。旧改的方式以前有过"原拆原回"，即从哪里拆迁，待当地新房开发建成后，老住户可搬回原址。现在这种方式很少用了。现在征收的方式是征收事务所与居民签订货币补偿安置协议，居民可选择拿钞票，自己到市场上购房，也可以选购政府提供的平价安置房，平价安置房有本区的也有外区的，房源供应是充足的，居民选择的余地还是比较大的。由于现在的征收补偿方案中对选择纯货币安置的奖励比较高，而外区的房源一般都在离上海市中心较远的地方，因此现在大多数的居民都会选择自由度较高的货币安置方式。

2002 年我到定海来轮岗时，主要是为街道旧改做调研，走访了辖区内所有的居民区。看到定海的居民区，主要以老式的公有房屋和简陋的棚户私有房屋等二级以下旧里为主。因企业多，社区多是厂居混合。其中公房大多已年代久远，房屋质量参差不齐，房屋面积普遍偏小，人员居住拥挤。私房多半规划无章，房屋年久失修，墙体普遍开裂，违章搭建是常态，卫生间等基本设施缺乏，公共部位狭小，居民出行相当不便，居住环境整体堪忧，导致社区邻里矛盾复杂，公共安全存在严重隐患，防台防汛任务繁重。因此，社区居民要求旧区改造的呼声一直很强烈。

"二级旧里"是旧式里弄中的一种。联接式的广式或石库门砖木结构住宅，建筑样式陈旧，设备简陋，屋外空地狭窄，一般无卫生设备，称为一级旧里；普通零星的平房、楼房以及结构较好的老宅基房屋，称为二级旧里。二级及以下旧里是我们城市建设中旧区改造的重点。相对于旧里，新里的条件稍好，一般带有卫生设施，有些还带有独用的小院子或小花园。定海的旧里住宅和私房大多归属于"二级以下旧里"，在定海原有的 2.79 万户籍中曾经有 1.8 万多户、占 65% 左右的居民家庭就居住在这一类房屋中。辖区内绝大多数的纺织厂工人宿舍，也都归属于"二级以下旧里"。

20 世纪 20 年代，日商、英商在沿江的定海区域建了很多纺织厂，都是千人大厂，有的后来成为万人大厂，主要有十二棉厂、十七棉厂、十七毛厂、十九棉厂等。纺织厂日夜开工，三班倒，需要大量女工。很多女孩子就被招进了纺织厂当童工，也称"包身工"，就像夏衍作品中写的那样。那时，苏北地区比较穷困，又遇上严重水灾，成了黄泛区，很多苏北人，为了逃荒逃灾，只能跑到上海来投亲靠友。沿江沿线码头众多，过来做码头工人的也很多，当时厂区边上还是农村，有不少荒地，地权并不清楚，比如现在的沈家滩、中联村、爱国一村、爱国二村等地，许多逃难来的人，包括一些工人家属就在那里搭了简陋的棚棚安顿下来。这也就是现在定海地区棚户区私房集中、苏北籍人士居多的主要原因。上海女作家程乃珊曾在杨浦做老师，她笔下的小说《穷街》写的就是我们定海地区的爱国二村。棚户区居住环境太差，逢下雨天，外面下大雨，屋里落小雨，有些房子还是泥地，境况可想而知。这种居住环境也影响了以前社区内很多年轻人的婚姻大事，导致了比例较高的大龄青年。这里曾发生过这样的事情：一男青年与女朋友相恋多年，终于等到女方上门拜访见男方父母。女朋友走到男家附近，一看周围环境，就不肯走进去了，好事也因此黄了。这种难堪，当时还是蛮多的。因此，当地居民要求改善居住条件、要求旧改的呼声是极高的。

我们定海以前还有一种居民房屋蛮有特点，叫作"联建公助"房，连体二层砖瓦结构，是20世纪50年代政府筹建的，当时是按政府、单位、个人各出资三分之一建造而成的，工人的款项每月从工资中扣除，分期付款，类似现在的按揭买房。

我2002年在街道轮岗时，当时上海的旧改还称之为"动拆迁"。拆迁的目的是为了城市发展建设的需要，当时拆迁的主体是取得拆迁许可证的企业单位。

2012年我正式接手负责街道旧改办时，正值国家旧改政策由"企业拆迁"转向"政府征收"的转型时期，房屋征收转变为因为改善居民居住条件等公共利益的需要而对国有土地上的房屋进行征收，征收的主体转变为当地的人民政府。房屋征收工作由政府的房屋征收部门委托当地的征收事务所承担房屋征收与补偿的具体工作。征收的行为成为一种政府行为。为了让老百姓理解政府的这种征收行为，参与并支持政府的征收工作，因此从2012年以后，我们街道作为杨浦区人民政府的派出机构，在辖区范围内每启动一个征收基地，都会成立一个旧改推进工作组，进驻征收基地协助征收事务所各经办小组，为居民搭建协商平台，开展征收政策宣传和法律咨询服务，参与推进征收工作，帮助居民分析形势、解读政策、提供思路、调整心态、答疑解惑、排忧解难，做好老百姓的"老娘舅"，让居民早签约早得益。征收事务所的经办组一般每组设2名工作人员，平均负责70户居民家庭，当然视社区规模，也有稍小规模的基地，每个组有负责20至30户的。街道的推进工作组一般视旧改基地的大小设若干个推进小组，每个小组协助2个经办组的征收推进工作，每个推进小组一般由3至4名街道机关工作人员组成。我们街道旧改办作为杨浦区旧改办的派出机构，负责街道旧区改造的推进和日常管理工作，负责组建征收基地的街道推进工作组。

说到"地块"这个词，旧改中的地块一般是以房屋所在的街坊号为称呼的，而街坊号简单地说，它是上海市土地管理部门在地籍图上标识的一个编码，有点像邮政编码。比如街道下辖的民主二村，作为我们定海路街道第一个实施"征收政策"的旧区改造项目，它处于152街坊，而该街坊由于旧房集中、数量众多，曾被分成ABCD四块分批进行旧改，而民主二村被编为C块，因此它的旧改地块编号就是"152街坊C块"。这个项目，源于上海轨交12号线的规划，原先计划在长阳路内江路口设一个站，但杨浦区旧改部门经过调研提出了一个新的方案，希望将内江路站东移至爱国二村。从老地图可见，长阳路到头是内江路，路就不通了，呈丁字路，被上海玻璃机械厂阻断了，成为一个死角。厂区后面就是爱国一村、二村，民主一村、二村，公助一村等定海二级以下旧里聚集区，这也是历史上该居民区交通不便的主因。新方案希望通过市政改造工程，将地铁延伸到爱国二村，改善其周边交通，将一个闭塞的社区变成活地。先通地铁站，再通道路，最后联上中环，同时为旧改创造更有利的条件。市、区政府相关部门经过论证后最终采纳了这个方案，轨交12号线"爱国路站"实现了。

每个"征收"项目，一般都以项目所在的地块命名，作为一个旧改基地。比如平凉路2767弄、原十九棉工房区，地块号是"154街坊"，就命名为"杨浦区154街坊旧城区改建房屋征收基地"。

随着旧改的加速，也出现了多个邻近的地块合并作出一个"征收决定"，

成为一个征收基地的情况。目前征收的第一步，一般是由街道组织人员在准备
启动旧改的地块对居民进行旧改意愿征询，也称为一次征询，同意旧改的占比
超过 90%，房屋管理部门就可以启动二次征询，也称为方案征询的准备工作。
这期间，街道会参与居民听证会、专家论证会、社会风险评估、评估公司选举、
居民居住困难户人员的认定等工作，会积极为居民争取有利的征收方案。我们
还会举办政策宣讲会和居民座谈会，帮助居民正确解读政策，争取利益最大化。
房屋管理部门会进行资金的筹集、房屋产权的确权、建筑面积的认定、居民居
住困难户人员的认定、安置房源的调集等工作。政府部门发布"征收决定"公
告后，征收事务所会在征收基地公布每个产权户认定的房屋有证面积和未确权
面积、居民家庭的房屋评估单价、基地的评估均价、安置房源的信息、居住困
难户人员的认定名单等，让每一户居民在签约时都能做到心中有数，明明白白。
此外，居民家庭还会收到"征收大礼包"，其中最重要的是"告居民书"，也
就是征收补偿安置的方案；还有每个产权户房产的评估报告，评估报告最重要
的内容是由评估公司出具的每平方米房屋的单价和装潢单价，以及补偿安置结
算单。在结算单上，居民可以清楚地看到他们可以得到多少现金补偿，及各项
补偿的构成。方案征询，也就是二次征询的同意率超过 85%，就意味着该地块
的旧改征收工作取得了成功。

　　在旧改过程中，最棘手的问题是确定居民的房屋居住面积。旧改中的房屋

2021 年 11 月 24 日，154 街坊旧改方案二次征询签约率达 85%

2021 年 11 月 30 日，154 街坊旧改方案二次征询签约率达 99.75%

面积是由房管部门进行认定并公示的。对于已经登记的房屋，建筑面积一般以房屋产权证书和房地产登记簿记载的为准。对于未经登记的房屋，以相关批准文件记载的建筑面积为准。20 世纪 50 年代，政府鼓励生育，很快进入人口高峰，人均居住面积迅速缩小，居民不得不在原来的房屋上搭建，室内也包括室外。搭建问题，公房私房都普遍存在。若搭建时曾向政府房管部门申请并得到批准，征收时这些面积就会合法计入有证面积。但很多私房的搭建从未向政府房管部门报备，则属于违章建造，不能合法计入有证面积。很多居民认为，"搭建"实为无奈之举，不拆应视为政府部门已经默认。为缓解征收时因"面积"确定而引发尖锐矛盾，在现在的征收方案中也明确规定了，虽然没有相关批准文件，但有相关材料证明在 1981 年以前已经建造并用于居住的房屋，可以以房屋行政部门认定的房屋调查机构实地丈量的建筑面积为准。

20 世纪 80 年代前期，上海市房管部门曾组织人员在全市做过一次较为彻底的私房普查。在现在的旧改中，对这次普查的相关记录是予以承认的，记载的房屋面积被列入了合法征收面积。而对确实无法认定的"未确权"面积，政府征收部门也予以公示，并给与每平方米 1000 元的补偿。定海的私房中"未确权"的面积，有大有小，大的甚至有 400—500 平方米。

除了面积的确定，另一个麻烦是确定谁是拆迁补偿的受益人？谁有、谁没有？钱怎么分？谁多谁少？若是公房，相对简单些，一般以户口为准。户口上几个人，就是几个人。公房的产权为国家所有，居民只是承租人、同住人，而非产权人。上海以前有很多家庭，子女曾去农村插队落户，后来有些人在外地成家立业，有了"第三代"，按知青的政策，未成年子女可以有一个回沪，他们的爷娘（上海话，父母）则要等到退休再回上海。回沪就需要落户。户口要落进原就蜗居的小屋里，矛盾由此产生。有些家庭在落户时曾签有家庭内部"协议"，手写画押，可让知青子女户口迁回原址，但注明要与以后分房或动迁无关，不能受益。在征收时一些家庭因此产生了纠纷与冲突，但也理性地通过法律诉讼解决。也有的在咨询调解时大吵，寸步不让，甚至大打出手，毕竟事关住房和安置款的终生大事。有的家庭，无权从征收补偿中受益的子女说，父母是他们照顾、送终的，应该有权利分享。有的说，老房子维修是他出的钱出的力，当然应该得到补偿，要受益。这些历史原因都使旧改的实施变得极为复杂。但事关老百姓切身利益，为使居民放心，政府的司法部门在每个旧改基地都设立了法律咨询点，每天有律师值班，回答居民的各种法律问题，解答政策，尽力帮他们找到最佳解决方案。比如，有户人家，两子女之间在补偿款分配上严重分歧，起初双方差距有150万元之多。通过法律咨询人员、征收事务所经办人员、街道推进人员的合力调解，不计次数，不计时间，最后将双方差距缩小到10万元，使僵局得以破解。遇到人多、甚至几代同堂的大家庭，最多时我们曾遇到过超过30人的，利益分配矛盾更为突出。这时我们会建议，每家派出一个代表，并通过家谱以及对家庭情况进行了解，寻求家族中最有威望、最有发言权的成员的支持。借助关键成员的威信，加上经办人员的专业咨询，"老娘舅"的居中调解，大多数家庭都会逐渐形成共识，顺利签约。

旧改征收新政实施十多年，也摸索出了一整套比较有效、合乎人情人性的方法和流程。比如，一开始基地签约的时间拉得比较长，奖期可长达3个月，而对提早签约的家庭经济奖励则不明显。同样道理，因拖延签约而导致的经济损失也不显著。后来政府部门也作了调整，大大缩短了签约奖励期，调整到了1个月。谁准时或提前签约，谁就可得到数目可观、最优化的货币奖励。越拖延，经济损失就越大，一旦超过奖期仍未签约的，就意味着会失去很多的货币奖励，并且将依法进入强拆的司法程序。由于奖惩制度分明，利害得失清晰，大大改善了居民对"征收"的体验，提高了工作效率。

对于有的居民对房屋评估价格有异议，提出申诉的，我们会告诉居民可以向专家评估委员会申请重新对自己的房屋进行评估，但同时我们也会告诉他们，专家委员会的最终评估价格可能提高，也可能降低，必须面对两种可能。"面积"确定的争议，有的还涉及公用面积，及其功能的变更。

还有在公房里搭建阁楼开"老虎窗"的，面积如何计算，能不能获得补偿，"旧改"也有政策和明确的规定：如果是由房管所统一搭建的，则以公房租赁凭证为准，根据房租的缴纳方式，高度超过1.7米的部分算面积、1.2—1.7米之间的算一半面积，1.2米以下的则不算。如果是私自搭的，则一律不算。

现在"钉子户"已越来越少，因为这会影响居民的利益。我曾碰到一例所谓"钉子户"。他家人口不多，其诉求很简单，只接受"原拆原回"，也就是要求最后还是回到开发后的原址居住。但因为没有"原拆原回"的政策，经办人员和街道推进人员与这个居民的沟通持续了近两年，先后见面协商不下20次，但他仍坚持这一要求，怎么说都说不通，最后进入司法强制搬迁程序后，这户人家不得不被执行，经济上受到了很大损失，很可惜的。

自2012年，征收新政推出后，我们街道的旧改基地首日签约率起初也只在25%上下，并不很高，经过10年的努力，现在已逐渐提升到了98%、99%。说明老百姓对旧改政策的接受度以及对政府部门的信任度越来越高了。

上海旧改过程中，拆了很多弄堂和老建筑，也引发了人们对"上海风貌保护"的关注与讨论，哪些可拆？哪些要保护？现在是有章可循的，必须走流程，要有专业论证，保护建筑也有"挂牌"的机制。经专家论证有价值需要保留的房屋，如淮海路"新天地"老石库门里弄、黄浦区田子坊、杨浦区"二万户"房屋的保护性开发，都是一个很好的启示。

我 2024 年正式退休。算起来，从到定海路街道轮岗，初步接触旧改到现在，已有 20 多年时间，负责旧改工作也已超过 10 年，到 2022 年底，我们定海已经全部完成了成片及零星二级以下旧里的旧区改造任务，2 万多户居民家庭搬离了棚户旧里，居住这一困扰定海多年的民生问题得到了彻底改善。我很高兴见证了这个老工业基地居民区的变迁与改造。

田野手记

保持敬畏　好好生活

马晓洁 ×

作为一名新闻系学生，我一直很喜欢田野调查，因为能接触很多人，感知很多事。2021年秋冬之际，我很荣幸以助教的方式参与了"都市、田野调查与记录"课程，这也成为我研究生期间全身参与的最后一门课，很有趣，很圆满。

在知道张力奋老师初步选定定海路街道为田野范围后，我便兴奋至极。因为在此之前，我唯一一个深入探索过的上海老社区，就是定海桥（属定海路街道）。同我们印象中的高楼林立、繁华绚丽的"大上海"比起来，它有着完全不一样的魅力和价值。

经过了解，张力奋老师最终确定定海路街道的十九棉职弄作为田野地点，它曾是日本人于1921年所建的公大纱厂，后为国营上海第十九棉纺织厂职工工

2021 年 12 月 5 日
清晨的十九棉里弄

房，计划于 2021 年拆迁。听老居民们说，这里原来像是一个"桃花源"，是属于他们自己的一片小天地，社交、玩乐、柴米油盐都在这一片天地里，怡然自乐。

确定下来之后，我负责做调研对象的信息统计。他们有着不一样的身份，不一样的生活背景，都是很有故事的人。尤其是第一次去职弄里采风时，热心的居民们带我们到处转悠，热情地向我们介绍每一个人、每一处物。老旧社区里的别致装修，因居住拥挤而拓建的阁楼，邻里亲友之间的密切联结……这种探索让我感受到之前从未有过的新鲜感和好奇感："原来上海还有这般模样。"

所以，一直记得张力奋老师说的一句话："外滩不是上海，抛开神话和想象，普通人的碎片生活才是。"

遗憾的是，作为助教，我未能像课堂上的同学们有针对性地同某个采访对象深入接触，未能更加全身地投入田野中。不过同学们交来的作业我都细细品读，那些关于职弄、关于家庭、关于友人的生动过往都跃然纸上。能够全程参与这一田野，有机会看到、听到这样一个即将消失的社区中的很多普通个体故事，我已经非常满足。

记录过去是有意义的，愿我们每个人都能保持对过去的敬畏感，不论何时何地都能继续好好生活。

田野手记

关于『记录』的记录

于 晴 ×

记忆不牢靠。唯有记录，才令其尽可能完整、恒久、新鲜。

一年前，我跟张力奋老师、十二位同学、另一位助教马晓洁学妹，共同参与、见证了上海十九棉社区的旧改历程。跟"抢救"社区记忆一样，希望对"都市、田野调查与记录"①课程（简称"记录"）的记录，不算太迟。当然，记录，这件事情，任何时候都不晚。

我的记录，是"记录"之一部分，记录这门课以及与其相关的人、事，希望它有价值，对复旦新闻教育史，抑或对师生的个体成长史。

---

① "都市、田野调查与记录"课程的首次开课时间为 2021—2022 学年 1 学期。该课 4 学分，是复旦大学新闻学院本科生教学中迄今为止课程学分最高的一门课。

2021 年 8 月，收到新课大纲。"这是一门高训练强度的课程，需要师生共同投入时间、激情与意志力""运用新闻学、历史学、社会学、人类学等学科的原理、知识、技能与工具，记录一个城市社区的现状与历史遗存"。更加令人心动的是，杨浦区定海路街道十九棉里弄——一个曾经由日商投资修建、彼时即将拆迁，并且距离复旦校园不远的百年社区，像极了为这堂课量身定做的田野，等待我们去全力发掘、播种。

2021 年 9 月 25 日，初次进入田野，平凉路 2767 弄。出发前，有同学在群里问，"实地授课，是自行前往吗？"（余洋）。老师答，"寻路，对田野调查很重要"。就这样，我们开始了走出教室的第一课。在十九棉居委会活动室，第一次见到达叔（达世德）、周叔（周筛罩）和仇叔（仇家新），他们是社区的原住民，也是十九棉子弟小学的同班同学，有共同学习和生活的集体记忆。爷叔们在畅聊过去的故事时秒变"老男孩"。谈到拆迁，他们的感受代表了大部分职弄居民的心声："既为失去儿时的家园惋惜，但同时为它如今即将重获新生而欣然"。这天，达叔还带来三块凭借其记忆手绘而成的黑板，彩色粉笔勾勒出十九棉的前世今生，也描画着新闻和历史之间的无限想象。实地走访里弄后，同学们说：

吴昊：上海是座有迭代感的城市。

魏之然：社区有明显的分隔感，但这里的一切又都属于十九棉整体。

陈杨：居民追忆过去的眼神给我留下深刻的印象。我对这里的文教活动很感兴趣。

陈至：十九棉的建筑空间，实用且美好。我是学画画的，我要把它们画下来。

钟佳琳：怀念和抱怨同时存在，有建筑和历史的双重因素。

李昂：奶箱上的画，它们试图用自己的方式留下存在感，同时也改变了社区的样态。

张艺严：社区承载了居民全部的童年。我很好奇他们的童年，童年的消逝代表了什么。

余洋：面临拆迁的十九棉社区，有人试图留住回忆。尽管无法挽留，但呼吸的过程仍值得记录。

欧柯男：现在的十九棉物非人非，而人和物又都在生活当中，并没有因为拆迁而停止。我想记录这里的生活方式，特别是植物。

吴亦阳：这里有"地气"，是经由土地而生发，又通过阳光照射出来的斑斓色彩。我想收集老物件，为社区留下点东西。

莫迦淇：乘虚而入。我关注到很多"闯入者"，比如各种中介广告的介入。

三个月后，2021年12月25日，有始有终，最后一课再次进入田野。自行前往，熟门熟路。短袖退场，棉衣就位。蒲扇不在，手套加持。这天的田野，灰色是主调，萧瑟寂静，居民已不到10户，全是寒冬和离别的气氛。墙面标语格外显眼，"机遇就在眼前，错过再等何年"。没想到，几个月前，政府对旧改工作的动员，于我们而言也是一句加油鼓劲，跟第一堂课上杜继红阿姨的话形成呼应，"你们选对了地方，再晚两个月就没有喽"。课前，大家在大小弄堂里横竖跑动，忙着跟每个角落合影，以此纪念她即将离去。跟十九棉告别，不舍，也充盈。我们的田野从有到无，关于田野的记忆却从无到有。

口述史采访是口述者和采访者之间的合作。十二位同学和十四位口述史对象，彼此克服来自年龄、性别、地域、语言、身份、性格的鸿沟，人均访谈八小时，每个实录文本超过十万余字，最终救下十四份独家记忆。那天，同学们朗读了采写的口述史片段，坐在侧台的我，认真倾听，鼓掌并热泪盈眶。同样的地点，同样的人物，但他们说话的内容和样子，跟三个月前大不相同。

余洋：他讲起打弹子的童年，笑得很开心，但我朗读得不是很好，没有他的那种开怀，这是上海老弄堂孩子的独特回忆。我们是网络时代的原住民，很难体会到街头巷尾的快乐。我感谢吕成锁爷爷在采访过程中对我

田野第一课：达叔及其手绘黑板①

的信任和耐心。非常感谢他。

　　钟佳琳：过去，我从书本了解历史，这次我有机会跟历史亲历者对谈。感谢仇叔为我们展现20世纪60年代工房的别样生活。大时代背景下零碎的生活细节（流行电影、粮食价格）很有历史厚重感，我好像更能理解那个时代、那代人了。

　　吴昊：有些情感体验，在公开场合不好分享，但很有价值。做这个项目，我的感受是，记忆真的需要挖掘。面对模糊的语句、想不起的细节、有意无意的压抑，我仿佛一位考古学家，通过一次次刨根问底，才逐渐看清记忆深处的米诺斯迷宫。

　　李大武：陈宝龙先生像是一座坚固的堡垒，他的记忆就像堡垒上的窗口，我攻不破，也爬不上，他在我的追问下保持沉默，经常令我绞尽脑汁。而我的另一位采访对象张国鑫先生相反，十分健谈，他一个话头就可以引出很多东西，令我目不暇接，一不小心就跟着他走进悠长的历史小道。无论是抵触的，还是充满诱惑的，现在的我都是满足的。

---

① 本篇图片由"都市、田野调查与记录"项目组提供，如无特殊说明，下同。

陈杨：第一次采访时，陆老师非常认真地说，"小陈啊，你可以多写写平四小学，比如它的足球传统是怎么培养的"。面馆的徐叔叔对着我的镜头也很害羞，认为自己没什么可拍的，但当我把照片洗出来送给他时才知道，他连张结婚照都不曾有过。很多人认为个人经历微不足道，但随着田野深入，我发现，记录的价值也许在于告诉你的访谈对象或被拍摄者，你很重要，生活的柴米油盐很重要，you matter, everyone makes a difference。这是课程最触动我的地方。

陈至：我不是上海本地人，作为上海文化的外来者，得益于这一宝贵的课程，我能够深入曾经的棉纺织工人群体，了解他们生活的衣食住行和过往时代的点滴风云。

李昂：关于猪肉的价格（到底是 5 块钱一斤还是 8 毛钱一斤），我经过反复查询、核对，才得以揭开谜团，原来当时说的是黑市价格。每个个体的故事都很有意思，都有记录的价值。

魏之然：小时候，我喜欢看《哈利·波特》，里面有个问题："消失的东西去了哪里？"答案是"化为虚无，或化为万物"。课程最开始，我很焦虑，担心自己完成不了这件事，后来我总在不经意的地方有所收获，当爷叔发微信告诉我他有好东西时，或者当我从他家垃圾桶里刨出一大卷集邮册时，我好像明白那句话的意思了。

张艺严：田野调查是走出舒适区的过程，我需要不断克服自己内向的性格。我跟孙姨有个磨合过程，她不是缅怀过去的人，总是乐观向前看，所以要从她的回忆中抠细节就更加困难。起初，我总想用访谈技巧，后来发现，只有真心相待才能走进对方。现在，大家都开玩笑说孙姨已经把我当作女儿了。另外，我想说，孙姨是那个年代上海女性的代表，十九棉工厂和社区的兴盛离不开她们，我们的历史书写需要女性的声音。

莫迦淇：第一次进入职弄，第一次在这么短的时间，跟一个比自己年龄大不少的异性接触，很难下手，但我还是要去想办法，在各种帮助下最终有了结果。它成功了。

吴亦阳：在忙碌和关键的大三，我走出大学生狭隘的人际交往圈，走进真实的上海，看见生活，记录历史。我对达叔做了五次访谈，总共 7—8 小时。达叔待人真诚，很有责任心，他完全靠自己的努力撑起这个家。用一句罗曼·罗兰的话，"世界上只有一种英雄主义，那就是在认清生活的真相后依然热爱生活"。谢谢达叔。

欧柯男：我专业成绩并不好，在别人印象中我不会选那么有挑战性的课。但它让我收获了：零星几句蹩脚的上海话、二三本土的美味小吃、水泥森林中难得的气味、处于职弄便油然而生的"老家感"、面对老居民的惭愧感，还有亲眼见证签约完成后的失落感……

故事的首尾，总让人印象深刻。然而，那些中部细节，却已渐渐淡忘。并非它们不重要，而是记忆它或多或少受时空条件的约束。因此，文字琐碎，拼拼凑凑，也许可大致勾画出"'记录'如何而来"。百年后，如果有人追问关于它的记忆，有迹可循，不会过于吃力。

记得当初，我们用最简单的方式——现场抓阄（若双方同意，可允许交换），为同学们牵线搭桥了初步征集来的口述史对象，以此作为他们深入十九棉社区的临时据点。初访之前，为了让学生对"如何做田野"有些基本认识，2021 年 10 月 16 日，力奋老师邀请到时任上海社会科学院文学研究所所长、城市文化创新研究院院长徐锦江先生进入课堂，以其著作《愚园路》为例，分享上海研究的经验。两天后，力奋老师提醒并鼓励，"目前的口述史名单，还只是访谈'候选人'……你们与他们的首次接触，目的之一就是判断他们是否'胜任'，可用我说过的陪审团标准作为参考，以及你和他们之间有无'化学反应'。初次接触后，写一个受访者画像，相信你们会有直觉，再作决定。这次口述史的对象，多是普通老人，尤其需要我们的尊重与倾听，这对各位的采访提问与现场感知力是个考验。希望你们享受这个过程，相信你们会做得很好"。

尽管如此，不少同学还是遇到了加入"记录"课程后的第一波困难。

莫迦淇：老师，我的采访对象，需要通过原居委会和派出所才能联系上他。想请问一下原居委会的联系方式能通过朱主任要到吗，还是说我需要去派出所一趟呢？

陈至：老师您好，请问十九棉职弄居委会二楼那间办公室我们能使用吗？我负责的采访对象提出希望能够到那里接受采访。

陈杨：张老师，我今天初步联系采访对象，感觉对方有点警惕。第一次打电话没讲几句，爷叔直接一句"我不需要，谢谢"，然后把我挂掉了，后来我又打两个，第二个接通了。我打算下周当面聊的时候再和他讲清楚，今天不好意思再打电话了。

吴昊：老师您好，我打给表上的联系电话，对方表示打错了，并迅速挂掉。请问联系信息错误该怎么办呢？

李大武：助教，想问问居委会是否可以提供多间空余的会议室？我的采访对象也提出想周六下午在居委会接受采访，或许可能需要更多的房间避免采访用地的冲突。

关于被采访候选人挂电话，力奋老师答复，"有些警觉可理解。做好自我介绍，很重要。礼貌、耐心、专业。你们都能做好的"，"普通百姓是最难采访的，特别是长时间的访谈。他们没有受过专门训练，也可能是一生中首次面对'记者'。请各位初步研究被访对象，做个采访设计，大家可在本群讨论、分享"。

至于采访地点扎堆，力奋老师建议，"居委会并非理想的采访场所。可再与受访者沟通，请他带你到里弄走走，边逛边聊，到他的老屋看看，讲讲故事。情景是记忆的一部分，也易唤起记忆。采访需要设计、准备。你是掌控者。如果初谈草草收场，故事可能就结束了"。对大部分同学来说，初访困难，初访之前的联系也不容易。如何踏出第一步，直接决定访谈有无后续的可能。老师再补充："For interview of personal nature， for research or journalism，please make sure the interviewee is comfortable with the choice of venue. It should be relaxed and private， so they can talk freely in confidentiality. Please don't use the same venue for more than one interview at the same time. It could ruin the interview. You may find out before hand if there is a suitable cafe close-by where you could drop in for a chat. Good quality interviews need goodwill from both side to start with. Quality journalism needs good brain as well as leg work. Ultimately we work with human and humanity. Good luck."

10月23日起，学生开始与访谈候选人见面。独立进入田野的第一天，就有同学遇到了棘手问题，原定的采访对象因心脏病突发被送往医院抢救，同时，其家人拒绝老人继续参与口述项目。对于二十岁刚出头的同学来说，似乎还不太适应这个世界的"未知""变化"和"不遂人愿"。学习坦然接受，并勇于克服此类常态，是成长的必修课。当然，新闻学院的他们，好像对新闻行业也不甚了解。力奋老师说："Journalism is a human and dynamic activity. It's a living thing and be prepared for changes and adjustments. It never exactly works to plan."这一天，也有些同学比较幸运，他们等不及10月30日的课堂汇报，已经在课程微信群里兴奋地分享着从初访对象处得到的"宝藏"：

余洋：在实地拍摄的过程中，我们发现最近街头多了很多走街串巷、回收老物件的人。是否可以考虑拍摄这些即将转卖的老物件？

李大武：这是我的采访对象张国鑫老人提供的老照片，负责老照片收集的朋友们可以看看。

欧柯男：这是今天初访朱主任得到的拆迁赔付方案（征求意见稿），供大家参考。

钟佳琳：这是我的采访对象仇叔的同学刘女士写的文章，里面有一些十九棉职弄的老照片，包括游泳池和小花园。我已拜托仇叔与他的同学联系，获得更多照片原稿。

感谢初访对象们的善意，以及十九棉社区对我们这群"闯入者"的包容。同学们从起初的迷茫、胆怯变得逐渐从容、热爱。11 月初，达叔传来消息，他已离开老屋，搬入暂借房，其他居民也正处焦急忙乱时刻，准备搬迁。此后，我们也跟随进入新的学习阶段。力奋老师说，"It's time to be specific"，"搬迁的过程值得记录，特别是视觉记录。比如在旧居的最后一晚，打包，扔旧物，邻里道别。特定时空的观察与目击，是很有张力和记录价值的。同时，它也是现场观察与随访的良机"。11 月 6 日，课程安排 1 对 1 面授 / 问诊（Personal Tuition/Clinic）。每位学生与老师就"口述史采访的对象、角度、主题以及涵盖的历史时期"单独交流（提前递交文字方案，现场沟通每人 15—30 分钟）。至此，本课程的十四位口述访谈对象基本确定。不曾料想，从"候选人"到"转正"的考察，我们花了一个多月时间。最初的名单有大半经历"换血"，部分对象由于身体、家庭等因素退出项目，还有个别因与职弄关联度不大而被更换。

除独立采访外，团队精神也是课程的重要内容之一。力奋老师说："我们鼓励合作、分享，但同时强调分工与执行力……创意、策划、分工至关重要。Feel free to explore and have fun."10 月底，同学们按照兴趣，自愿组成四个小组——"档案＆大事记组"：钟佳琳、张艺严；"街拍＆影像组"：余洋、李昂、李大武、陈杨；"建筑＆空间组"：陈至、吴昊、魏之然；"老照片＆实物组"：吴亦阳、欧柯男、莫迦淇、陈杨。从建立"记录"课程的微信群起，力奋老师就鼓励大家在群里共享资源或提出疑问，群策群力，也便于信息同步更新。11 月 7 日，对余洋同学来说，应该印象深刻。他提前得到消息，街道计划派专车带居民去松江、奉贤动迁基地看房。当天上午 10 点，"街拍＆视频组"组长余洋，到达爱国路周家嘴路口跟拍，没过多久，收到他的现场反馈，现场无法完成拍摄。完全可以想象，余洋同学当时的慌张和无措，幸好力奋老师及时救场，"避免冲突，我正联系，动迁，事先沟通很重要"。了解下来，如想上车跟拍，需先到区旧

田野第一课：课堂板书

改办指挥部报备，并于拍摄日提供有效的核酸检测报告。协调后，街道给予我们拍摄和简短采访的机会。事后，力奋老师又强调，"任何细节与安排都得自己事先确认。若有冲突，我会介入"，并补充，"做新闻或调查，挫折常有，需要比普通人有更强大的内心。有挫折感，说明你撞到现实了，是好事。谢谢你的努力"。力奋老师是田野进程的掌舵者，更多时候，他是我们的保驾护航者。

专业小组的成立，使得十九棉社区在动迁阶段的公共活动被更加全方位地记录下来。集体行动的顺理成章，也在极大程度上增强了同学之间的凝聚力以及对田野项目的信心。整体而言，四个组，缺一不可，且无法对其重要性做出排序。"00后"之间的互相关照与支持，从不以肉麻话作为噱头，而是全部体现在行动中：

张艺严（档案＆大事记组）：这是我的采访对象提供的十九棉厂幼儿园的照片。

钟佳琳（档案＆大事记组）：找到了一张公大纱厂的老全景图 @吴亦阳。

陈至（建筑＆空间组）：想问一下在哪里找到的，我们建筑组非常需要这方面的资源。

李大武（街拍＆影像组）：我的采访对象有十九棉厂的全景明信片，明天采访后我会进行扫描。

余洋（街拍＆影像组）：这是我做的短视频，还附有一组近景人像的照片。分享一下。

吴亦阳（老照片＆实物组）：今天达叔带着去了十九棉厂唯一剩下的厂长办公室，现在在中环和润苑小区里，建筑组的同学可以去看看。

陈至（建筑＆空间组）：这个是上海棉纺织工业的大事记，不知道对大事记组有无帮助。

李大武（街拍＆影像组）：张国鑫老人找到了十九棉厂在 80 年代整理的解放前党组织和工厂厂史文本，我会借来扫描，大事记组的朋友可以注意一下。

力奋老师是"街拍＆影像组"和"老照片＆实物组"的编外成员。11 月 19 日，他拿出自己的摄影作品《2016 年的最后一天》，供课堂"解剖"、分析用。11 月 27 日下午，他前往职弄采风，邂逅 89 岁的朱桂珠老人与其 72 岁的长子撒庆元先生、正准备最后一顿晚餐的林永俊女士、给邻居气功治病的吕成锁大爷，同时，他拍得一票现场好片，还购得两本老照片集。12 月 2 日，他再去职弄，也做了个口述史访谈，又收集来一堆职弄居民遗留的门牌（即最后一课我们在田野合影时用到的道具）。

那个学期，我正为自己的博士课题搜集史料，于是主动成为"档案＆大事记组"一员。自接触史学研究以来，有个切身体会，"足不出户，料从天降"的想法要不得，尤其是一些特定年代的罕见资料，休想它们会主动送上门来。历史研究也需要发现、耕耘"田野"，而那是件极需调动智力、体力和情感的事情，远非想得那么容易。"档案＆大事记组"的两位学妹，她们对资料线索的执着，以及在处理问题时的变化，我全程见证。电话忙音怎么办、如何巧妙

田野调查工作证

获取有效信息、怎样向民间机构开口寻得素材、遇到工作人员不配合又该怎么破解……12 月 2 日，她们寻料无果，有点沮丧，我一边建议一边鼓励，"不要绝望。有些看似无关的信息，可能是重要的线索。唯有行动，才有可能性"，这话也是说给自己的。

职弄现场的记录工作主要交由"街拍 & 影像组"完成。搬迁过程中，有诸多关键的时间节点，不及时知情，造成一些困扰，组员只好做好分工，时刻待命，每逢焦点事件，必赴现场。经过前期政策宣传、一次征询、方案公示、二次征询后，社区旧改进程在 12 月变得更加紧凑。1 日，签约率接近百分百（达 99.75%），职弄举行了庆祝仪式，2 日启动新房摇号程序，3 日选房，之后就是交房搬离。4 日，达叔留言，"从今天开始，小区白天热闹，晚间冷清多了，中介走了，收旧货的走了，拿钱的、拿房的都已落实，弄堂口每天聊天谈房的人没了"。得此消息，"街拍 & 影像组"决定当夜轮流值守，寻找猎取职弄的瞬间，从夜里 3 点到第二天早上 7 点，他们记录下最早的搬家车、睡在路口的执勤人员、安装线路的师傅、职弄面馆的最后一顿早餐……

同日，吴昊、李昂等另一波同学也在职弄做一件超乎她们能力范围的事情——劝说一位居民保留打算烧去的百余张老照片。结果虽不尽完美，但她们还是得到允许，扫描了十四张照片。

12月4日，四组分享阶段性成果。没有任何外援的"建筑&空间组"表现出色，三个姑娘多次实地走访，结合档案资料和居民口述，用手绘、影像、文字等多种形式还原十九棉社区的内外建筑形态，收获一众赞美，"建筑组从第一个人开始讲，我大为震撼"（陈杨），"大事记组速速抱建筑组大腿"（钟佳琳），"另一条大腿请留给照片组"（余洋）。

9日，"老照片&实物组"集体出动，抄着铲子、钳子等家伙在职弄登高爬低，"抢救"回来一批老物件（包括铁皮门牌、移门、奖状、报纸、搪瓷杯等）。

10日，职弄搬家的峰值日。老居民越来越少。几天后，达叔又来信："今天干垃圾只有3桶了，最高峰时一天15桶。又要'下岗了'！好事情！"

田野总跟希望联系在一起。正如居民仇家新所说："这块老土地终将迎来新生！这里的人们的居住条件终将得到改善！"再一想，2021年冬天，职弄居民已经住上更加舒适、温暖的大房子了啊！

力奋老师说，"学新闻，我们与时间为友，也与它为敌"。进入期末季，同学们陆续提交口述史初稿。边反馈边修改。小组工作也加速冲刺。"街拍&影像组"策划了以"人物""物件"和"事件"为主题的方案，并重点公开征集"人物告别"栏目。"老照片&实物组"紧随其后，发出"帮帮老照片，期末赛神仙"的求助帖子。

田野似有魔力。我清楚记得，与她相识之前，同学们最关心的问题是这门课的考核权重。最后一课，我也记得，由于时间关系，有一页幻灯片未播放，内容来自美国小说家琼·蒂蒂安的一段话："I am not telling you to make the world better, because I don't think that progress is necessarily part of the package. I'm just telling you to live in it. Not just to endure it, not just to suffer it, not just to pass through it , but to live in it. To look at it. To try to get the picture. To live recklessly. To take chances. To make your own work and take pride in it. To seize the moment." 作为助教，我没有去提醒，因为我相信同学们已经完全明白。

2021 年 12 月，平凉路 2767 弄搬迁后影像（张力奋　摄）

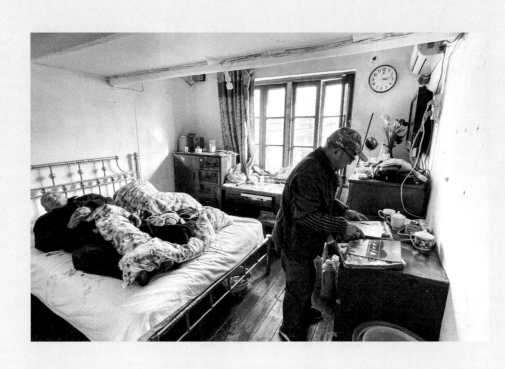

2023年9月22日，平凉路2767弄拆迁后影像（张力奋　摄）

2023年6月30日，周五。气温，31摄氏度。前往平凉路2767弄工地。从军工路门进，有保安公司把守。眼前可见一大片瓦砾铺满的空地，不时冒出残存的地下电缆线。计划拆迁的平房区已全部推倒移平，大部分建筑废墟已在日前运走。原本被遮蔽的一些陈年标语现在终于有了出头露面的机会。

按政府建筑保护条例，所有日式排屋均在保护之列。我和达叔戴了安全帽，厚实的建筑工手套，脚蹬绝缘鞋，定了一条线路，计划一个个门洞察访，一是观察内景，二是希望从屋内弃物中拣拾一些"文物"或"老物件"，留作这个百年小区的"遗存"。不少门洞已被建筑瓦砾或弃物堵死。想要入内，必须攀爬。危险自然有。

高温三小时，我们爬进七八个门洞。大部分房间丢满了日常弃物，从搬不走的老家具、床垫、棕绷床（垫），到日常衣物。很多挂历、日历都停在了最后搬家那天。历史中止了。找回的物件中包括：家庭老照片、公费医疗卡、入党申请书草稿、学校成绩单、年历片、奖状、早年的电脑磁盘、老人的炭精素描画（多半作遗像用的）。

有家门洞，客厅两面墙上，顶天立地，挂满一面巨幅的背景海报，纪念男女主人结婚30周年、女儿18周岁成人礼。从布景文字看，是从兴国宾馆宴会厅搬回家的。在他们家门口不远，我们捡到半块特别的红砖，上面有英文"trade"字样。

"拾荒"时，我和达叔时有讨论或分歧。我的选择既重"考古"，又重"情感价值"，达叔比我更实在，关键东西要好。

快到12:00，午日高温下，全身已湿透，心跳、胸闷加剧，我即叫停，向大自然臣服。穿过空地时，我被一根粗电线突然绊倒，为救头部，我只能用双手撑地，手臂上顿时划开几道血印。血印倒不怕，怕工地废金属导致的"破伤风"。我左手中指吃了个"萝卜干"，虽未伤骨，但医生说伤了软组织，至少10个月才能痊愈。

无论记者、社会学家、人类学家、考古学家，田野两字听来光鲜，其实都需要辛苦地干活。感谢平凉路2767弄，给我一个"田野"，找回人与社会的本真与喜怒哀乐。

张力奋与老居民达叔在拆迁工地上

平凉路 2767 弄大事记

钟佳琳　张艺严

| 1919 年 | 日商钟渊纺织株式会社购入 87 亩土地，建造砖木结构，三层独立式楼房 2 幢，假三层楼房 10 排（幢），二层楼房 30 排（幢），作为职员和工人宿舍，以厂名定名公大南北工房，建筑面积 35205 平方米，于 1922 年 12 月完工。 |

1919 年　　日商钟渊纺织株式会社购入 87 亩土地，建造砖木结构，三层独立式楼房 2 幢，假三层楼房 10 排（幢），二层楼房 30 排（幢），作为职员和工人宿舍，以厂名定名公大南北工房，建筑面积 35205 平方米，于 1922 年 12 月完工。

1921 年　　日商钟渊纺织株式会社择定平凉路 200 号，开办公平纱厂，有纱锭 5 万枚。一战爆发后，德国资本被迫大规模离开中国，作为棉纺市场主导者的英国也显颓势，日本在华纺织产业开始兴盛。半年后，该厂被华商公平纱厂投诉有假冒商号嫌疑，遂改名为钟渊纺织株式会社公大第一纱厂，迁至麦特拉司路（今平凉路）2767 弄。纱厂董事长为王一亭（上海商界名人），副董事长为桑原虎治，董事兼厂长为仓知四郎（实际管理者）。

1925 年　　2 月上旬，沪西日商纱厂发动了"反对东洋人打人"的同盟罢工。公大纱厂工人也纷起响应。至 2 月 18 日，全市共 22 家日商纱厂 3.5 万多人参加罢工，形成上海日商纱厂工人有史以来的第一次反帝大罢工。

五卅惨案发生后，全上海范围内纱厂工人发动大罢工运动。公大纱厂内由赵永生主导罢工，全厂停工。1925年，公大纱厂工会成立，列入上海总工会名单，地址位于引翔港周家湾，共2651名会员，会长为赵永生。

1926年	12月4日凌晨，公大纱厂乙班工人约1500人停工。因有工人传言厂方将减扣二成工资，引发恐慌，遂发生罢工潮。
1927年	4月13日下午，因反对四一二反革命政变的暴行，各纱厂工人集队冒雨游行去宝山路国民革命军第26军第2师司令部请愿，遭军队开枪伏击，公大纱厂工人邓得保等被当场打死，共死亡100多人。
1928年	公大纱厂设公大医院，有2名医师（其中1名专给日本人治病），4名护士。解放前，公大医院主要为日本人治病。 公大纱厂圈占拆除田螺村10多户人家，作为该厂基地，后建为游泳池，建设具体时间不明，但应在解放前。
1930年	刘少奇在公大纱厂建立党支部，发展党的基层组织。后为上海市政协委员的张琼，与丈夫贺树住刘少奇家。张琼曾在公大纱厂做工，因反抗压迫，领导女工进行斗争而被开除。
1931年	九一八事变爆发后，在华日商纺织厂工人爆发强烈抗日情绪，展开退工斗争。该年11月14日前后，公大纱厂全厂停产，厂内3000华工，半月间陆续被厂方解职一千二三百人，近千名爱国工人自动向厂方告退辞职，转入华商工厂。
1932年	日军侵略上海，一·二八事变爆发。日本陆军司令部设于公大纱厂，司令部附近驻有马队与步兵大队。厂外操场上还建设了日军暂用飞机场，被称作日军第一飞机场，存有飞机约26架，机场于该年5月17日被日军拆除。日本军舰停泊于杨树浦路各码头者颇多。 2月9日上午11点半，一架日军战斗机在公大纱厂上空盘旋，一时不慎触撞南工房6弄1、2号屋顶，顷刻飞机坠落、炸弹爆裂，飞行员两人即刻毙命，并伤及两名中国工人。

1936 年	日本人创办"上海市公大纱厂子弟小学校",1946 年改名为中国纺织建设公司第二员工子弟小学(简称"纺二小学"),1956 年 1 月改为平凉路小学,1959 年改为现名平凉路第四小学(简称"平四小学")。
1937 年	日军发动八一三事变,淞沪会战打响,中国守军积极防御。8 月 14 日,国民革命军第 9 集团军第 87 师瞄准日军主要据点,包括公大纱厂,猛烈进攻。18 日,公大纱厂日军溃败,退至裕兴纱厂与大康纱厂间为新根据地。11 月,上海沦陷后,公大纱厂实行军事管制,改名钟渊工业株式会社公大一厂,为日本海军部承制军衣面料及军毯。日军将公大纱厂与军工路之间原有的高尔夫球场改建成临时飞机场,为第三航空团的根据地。
1939 年	3 月,公大纱厂改为日军伤兵医院,收容伤兵 35000 余人。1938 年 10 月,日军占领广州、武汉后,已无力再发动大规模的战略进攻,全民族抗日战争转入战略相持阶段,日军死伤人数上升,各地伤兵医院无法收容。
1940 年	公大纱厂的党组织在厂内成立了演剧组,演出内容有进步戏《母与子》、《面包歌》(歌剧)、《好儿子》、《木兰从军》等。 因日军军需浩繁,在公大纱厂附近建设食品部,1943 年又增加附设加工部、药化学部、被服工场、农场等,共占军工路平凉路两处面积 641 亩 1 分 2 厘 5 毫。
1941 年	党组织将部分党员调送解放区,部分转入日商纱厂,公大纱厂也建立起一个党支部。
1945 年	7 月 22 日,盟军飞机轰炸公大纱厂,纱厂及工房毁坏颇重。职员宿舍区域计炸毁宿舍、俱乐部(原清海堂)、图书室计 13 幢。南工房第 10 弄 14 幢,第 9 弄 1 幢,第 5、第 6 弄各两幢,被炸后全部坍倒,工房区域房屋共计被炸毁 28 幢。在轰炸期间原住 8 弄至

14弄之工人，全数逃避乡间，房屋无人看管，致附近宵小乘机偷盗门窗地板等木料，使房屋洞穿。子弟小学校及消费合作社共4幢房屋也被炸毁。

抗日战争胜利后，9月21日，国民党政府经济部接管公大纱厂，由日籍厂长榛叶辰次郎办理移交，经济部苏浙皖区特派员办公处到沪接收敌伪工厂，公大纱厂由吴士槐、詹荣培二氏分任正副厂务主任，10月1日正式复工。职员宿舍改作海军日俘医院，致使纺织厂开工时，职员均无宿舍居住，由厂方临时商借第十七纺织厂宿舍居住。

10月，在大康纱厂党组织的帮助下，公大纱厂建立工会组织。

1946年	住在职员宿舍内的日本人集体乘船迁回日本，空出的住房由厂内高级管理人员使用。此外，抗战胜利后，国民党军队屡次开赴东北，过沪候轮，遂借宿该厂附属工场及北工房处，北工房成为军营医院马厩。后军队撤退后空出予工人居住，另有北工房5幢房屋供南京政府维持驻守机构安全的警卫栈司居住。

1月16日，中国纺织建设公司接管该厂，更名为中国纺织建设公司上海第十九纺织厂，聘请吾葆真、何召南分任正副厂长。纺织厂工人人数从该年3月的300人增至12月的2800人，41%来自苏北，32%来自上海，职员90人（3名日籍）。

4月，十九厂子弟小学恢复招生，编级上课。有教职工13人，分为七个年级，首届学生340人，校长由纺织厂劳工福利委员会副主任委员章兆植担任，聘请西南联大师范学院教育系毕业生黄诏玉担任校务主任。

6月，后方来沪失业工人请求复工，发生暴动，被炸的十九厂修理后被设为复工工人的集中收容所。抗战时期，后方开设大量民营工厂，抗战胜利后相继倒闭，失业工人们由善救总署劳动协会等协助遣返来沪寻工。

6月1日，劳工初级补习夜班在工房内的子弟小学开学，厂长吾葆真担任班长，周量才担任教员，教授纱厂工人识字。

9月，十九厂哺乳室暨托儿所在厂内主走道北部空地处建成开放，分为两部分，半为哺乳室，余铺设摇篮为托儿所。哺乳室每次可容纳50人，每日规定哺乳时间日夜班各两次，每次20分钟，托儿所可寄托婴儿30人，保姆两人，女佣两人，并每日请卫生室医师检查婴儿健康一次。

1949年　　5月27日，上海解放。当日下午4时，中国人民解放军解放上海第十九纺织厂。约有一个营的国民党部队驻守纺二小学，住职员宿舍区，后经虬江码头离开。解放军接管十九棉后，先驻扎于纺二小学，后转至工人俱乐部，大约于1950年初调防离开。

1950年　　年初，难民涌入十九棉工房，在工房西侧田园菜地处自寻空地搭建拾间头。

2月6日，盘踞台湾的国民党空军对多个上海重要的电力、供水、机电等生产企业进行轰炸，其中以当时上海最大的发电厂——杨树浦发电厂遭到的破坏最为严重，由此造成上海市区工厂几乎全部停工停产，十九厂正常生产也受到重大影响，工人工资时断时续，工房居民生活条件骤然变坏。

5月30口，中国人民解放军上海市军事管制委员会轻工业处派军代表陈克奇，联络员黄峰、冷泉华等八人正式接管十九厂。

7月1日，十九厂正式改名为国营上海第十九棉纺织厂，仍由吾葆真、何召南分任正副厂长。

职弄东球场旁的小礼堂经常举办舞会。解放军进驻保卫上海后，上海纺织局为解决大量适龄男青年的婚姻问题，举办与纺织女工的联谊活动——十九棉职弄小礼堂的舞会便是其中之一。

厂里为复员军人用房在厂区西侧建设一排平房；1958 年，住房紧张（抗美援朝军人复员），又扩建三排平房，共 46 户。

1951 年　公大纱厂工房更名为上棉十九厂工房。

建立国棉十九厂家属委员会。

4 月 30 日，上海市人民法院在上海第十九棉纺厂操场，召开了有千余人参加的公审大会，密丰绒线厂工人代表义愤填膺地控诉了汉奸、恶霸陈小毛的滔天罪行。公审大会之后，陈小毛及其妻张金庭、儿子陈磊 3 人被依法枪决。

1954 年　"白洋潭"地区约 10.9 公顷土地被征，育苗造林，繁殖草皮。"白洋潭"地区分布着三个呈"品"字形的水潭，据说是原先十九棉厂建设时挖掘建筑用土而成。

1955 年　国棉十九厂家属委员会分为国棉十九厂第一、第二、第三家属委员会。

1958 年　南工房西侧新 1 弄、新 2 弄、新 3 弄建成。

"白洋潭"地区再征地 1.87 公顷用于扩建，改造成白洋淀公园。

1960 年　国棉十九厂第一、第二、第三家属委员会合并入定海路办事处第八里委会。

"大跃进"时期，国家鼓励生育，孩童人口数激增。原有的十九棉厂子弟小学是利用单身宿舍改造的，面积小，难以扩充班级解决儿童入学问题，遂于距离南工房后三层楼 20 米处新造竹木结构小学校，红瓦屋平房教室。

9 月，白洋淀公园开放，后因设备简陋，地处偏僻，游人稀少，经费拮据，至 1962 年 8 月公园停办。

1961 年　十九棉工业学校于工房西操场开办，办学 4 届，于 1968 年关闭。

1963 年　3 月，毛泽东同志向全国人民发出"向雷锋同志学习"的号召。职弄内孩童天天唱着学雷锋的歌，找事做，捡到钱交警察叔叔，帮父母做家务，去公交站打扫卫生，在学校帮老师擦黑板，帮助低年级同学学习，挽着老人过马路等。

工房内铺设煤气管道；1964年，煤气入户安装开始，煤气表及其他设备的工料费5.5元，煤气灶20元，用户固定贴费10元。煤气灶架各户多数自己做，有铁架子、木头架子，煤气公司的灶架参考规格为：长60厘米，宽40厘米，高70厘米。

1964年	将白洋淀改建为白洋淀天然游泳场，至1972年因无法调节水质而停止开放，现水潭已被填没，供中共上海市杨浦区委党校、杨浦区业余体育学校等单位使用。
	为解决工厂用工的燃眉之急，十九棉厂响应国家号召，除了在应届中学毕业生中招收无定向外地带训工之外，还开放了退休职工子女顶替进厂工作的招工渠道。
1965年	白洋淀北面地块建设平凉中学。
1966年	下半年，"文化大革命"开始影响十九棉厂及职弄，各级学校暂停正常教学活动，厂内部分职员及干部受到批判。
1968年	12月，《人民日报》发表毛泽东的指示："知识青年到农村去，接受贫下中农的再教育，很有必要。"十九棉子弟们响应号召，第一批知青上山下乡，目的地有江西、云南、安徽和黑龙江。
1970年	新4弄至新9弄建成。
	南工房修建防空洞，主体部分位于西球场西侧的空地下。动员居民挖防空洞。
	年末，十九棉厂成立厂民兵团，进行了两三年的野营拉练。十九棉每年安排一个连至一个营数量的工人与附近其他单位联合组成基干民兵，到川沙、南汇、奉贤、宝山、嘉定等上海郊区野外武装拉练十余天。
1971年	厂里发动全厂职工先后在政工办公楼的东南面、食堂南面花园以及

准备车间和前纺精梳车间等地方开挖防空洞。当时,全国水泥、黄沙、石子等建筑材料奇缺,经厂职工夏翠华的妹妹牵线,厂武装部嵇维年和供销科奚经纬去徐州办理手续,托徐州的军代表找来50吨水泥作为防空洞材料。

至1975年,上海各高等院校组织工农兵学员到工厂接受再教育,十九棉接待了上海师范大学、复旦大学、上海外语学院、上海纺织工学院等六所大专院校十七批(共700余人)工农兵学员来厂开门办学。

1972年	厂部办公室东南面挖防空洞,一条通向西球场的通道挖到托儿所旁,由于开挖面离托儿所太近,托儿所南面墙体开裂。防控通道竣工后,托儿所砌上新墙。
	工人俱乐部毁于意外火灾。上午9时起火,因为是砖木结构,火势很旺,厂里消防车首先到达现场,后消防部门消防车到达,临近中午时火被扑灭。
1973年	春夏之际,全国足球联赛在上海举行,工房东球场曾被安排过一场比赛(据居民回忆,可能为云南对广西)。
	9月,全国第一所足球学校——杨浦区足球学校在平四小学建立。上海足球运动员申思、虞伟亮、孙吉、孙祥等都出自该校。
1974年	十九棉子弟小学停办,并入平四小学。
1975年	工房西侧外墙外白洋淀填没,先后建有白洋淀旅馆、杨浦区人防工程公司、中共上海市杨浦区委党校等,中部为杨浦区业余体育学校,内有白洋淀足球场,占地约3.7万平方米,为当时上海市最大的足球训练基地。
	年初,厂民兵装备八门五七高射炮。
	1975年后,在原小菜场、清海堂地段建起2767弄4号、32号的多层建筑以及3号甲乙建筑。"文革"后,职7弄14—18号加建至五层。

1978 年	经上海市人民政府、上海纺织局批准投资 916 万美元组建现代化转杯纺(气流纺)工场。于 1983 年 4 月 10 日投产,拥有 5712 头转杯纺。
1980 年	小花园拆除。
	白洋淀区域改建成白洋淀足球场。
	工人俱乐部从二层改建为三层。
1981 年	北工房地段被划出定海路办事处第八里委会管辖范围。
1983 年	十九棉厂引进香港纺纱织布成套设备,建立三纺工场和二织工场。
	全国下重拳整治社会治安,平凉中学被临时改建为杨浦公安分局第二收容站(简称"二站"),收容审查流窜犯罪及多次作案、结伙作案的违法犯罪人员。1988 年 3 月,"二站"所有关押对象迁至新建的分局收容审查所(位于长阳路 2143 号)。
	恢复十九棉工房居委会名称。
1984 年	十九棉工房居委会分为第一、第二居委会。第一居委会所辖范围为:平凉路 2767 弄 4—6、26—36、80—98 号、职 1 弄—职 8 弄,军工路 46 弄;第二居委会所辖范围为:平凉路 2767 弄东 1 弄—14 弄,西 1 弄—14 弄、新 1 弄—9 弄、平房 1—46 号、17 弄 1—12 号。
	陈述英为第一居委会书记,陈惠莉为第二居委会书记。
1986 年	原十九棉厂托儿所地段建成杨浦区老年大学,地址为平凉路 2767 弄 2 号。
1988 年	纺平大楼建成,坐落于工房东南角(小花园原址),部分缓解了十九棉职工的住宿问题。一说纺平大楼建造时长达十年,另一说为两年,据说当时是杨浦第一高楼。
	3 月,十九棉厂与日本钟纺株式会社合资开办的上海华钟袜子有限公司正式投产。该公司成立于 1987 年 8 月,中方以厂房、水、电、气等通用设备作价投资,日方则以织袜设备和现金作为投资,中日双方投资比例为 55% 和 45%,公司总投资额 9 亿日元,注册资本 5.6

亿日元，生产各类高弹尼龙袜，有职工380人，厂址设在十九棉厂内，成为上海较早的"一厂两制"企业。进入90年代以后，先后与日商共同投资，在厂区内建立上海华钟三山染色针织有限公司、上海华钟纺纱有限公司、上海华钟锦纶有限公司、上海华钟丽娜针织有限公司、上海华钟古兰地有限公司、上海片冈机械有限公司，形成厂内合资企业群。

1989年　十九棉厂编写《上海第十九棉纺织厂职工手册》，内含棉厂员工阮贵明作词、马亚非和王晓光作曲的《上棉十九厂厂歌》。

1998年　6月，十九棉厂按照上海纺织控股（集团）公司的要求，敲响压锭第一锤，至11月底共压锭三万枚，当年裁员800余人。

2000年　是年前后，军工路扩建，十九棉游泳池、东球场拆除，厂里的大礼堂、成品仓库也被拆除，厂里将军工路223号东大门移至原大礼堂的位置，拆除平凉路2767号的南大门。

2003年　平凉中学与双阳二中合并为上海体育学院附属中学。

2008年　12月30日，十九棉厂整块土地（面积约111051平方米）移交杨浦区土地发展中心，成为上海市杨浦区154街坊就近安置动迁配套商品房项目基地，建筑面积269490平方米，由上海杨浦置地有限公司建设，十九棉厂厂内建筑拆除。

2009年　十九棉第一、第二居委会合并为十九棉居委会。

6月30日，154街坊就近安置动迁配套商品房项目一期工程开工。

10月28日，上海华申人员管理中心成立。十九棉厂的富余人员、保养人员、协保人员、退休人员纳入华申管理中心进行专业化、规范化管理。

2010年　修建长阳路、轨道交通12号线，南工房东西11弄至东西14弄、职8弄以北职员宿舍和新3弄拆除。

11月20日，154街坊就近安置动迁配套商品房项目二期工程开工。

2011 年	12 月 16 日，154 街坊就近安置动迁配套商品房项目一期工程竣工。
2013 年	2 月 27 日，154 街坊就近安置动迁配套商品房项目二期工程竣工。"中环和润苑"小区建成入户。
2015 年	十九棉居委会主任改选，宋世凤担任主任至 2021 年 5 月。现任十九棉居委会主任为朱晓琴。
2021 年	3 月 31 日，154 街坊房屋征收意愿征询公布结果，同意率为 99.92%。
	10 月 8 日，154 街坊旧改征收补偿方案公示。
	11 月 9 日，154 街坊旧改征收决定公告。
	11 月 30 日，154 街坊旧改方案二次征询正式签约启动，最终签约率为 99.75%，达到旧改生效比例。
	12 月 2 日，154 街坊旧改方案摇号选房活动启动。
	12 月 3 日，十九棉工房开始封门。

特殊的毕业礼物：
他将学生课程作业出版成书，镌刻上海百年里弄的历史记忆

"当时我跟学生讲，我希望把我们的作业变成一本书。可能很多同学对我的话将信将疑。我还说了，希望这本书100年以后还有人读，还有价值——对此，我是有一点信心的。"复旦大学新闻学院教授张力奋在介绍新书《平凉路2767弄》时说。

昨天（6月16日）下午，在"都市考古与民间记忆——《平凉路2767弄》出版暨学术研讨会"上，校内外专家学者、口述史受访"居民"、师生代表齐聚复旦大学新闻学院，展开4个多小时的"马拉松"分享讨论，共同见证新书出版。当天上午参加完毕业典礼的12位新闻学院本科生，则收获一份特殊的"毕业礼物"：两年前的课程作业成为新书出版了。

《平凉路2767弄》由张力奋主编，项目组包括导师、12名新闻学院本科生与2名助教。本书调查并记录了上海第十九棉纺织厂工房区百年史，以历史档案与15位[①]居民口述史，还原了建筑类型、居住空间、社区与日常行为的历史演变，为上海地方史与上海城市记忆、留下较完整的记录。

---

① 本书首次出版时收录了15位居民的口述史，在增订本中又补充了1篇戴留根的《戴家的三张全家福》，现共有16位居民。

学术研讨会上的师生合影

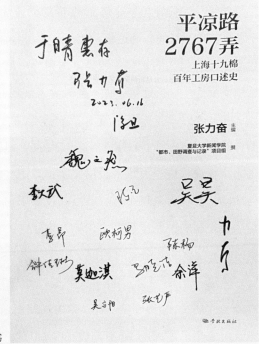

师生签名留念的《平凉路2767弄》新书

致上海：镌刻百年里弄的历史记忆

两年前，2021 年 8 月的一天，冒着炎夏暑热，张力奋初次踏入位于上海杨浦区定海路街道的平凉路 2767 弄。这里是"中国近代工业的发源地"杨树浦的心脏地带，曾属英美公共租界。作为 1921 年日本纺织企业为纱厂配套修建的职工宿舍，该里弄社区已存世百年。

初见平凉路 2767 弄，张力奋观察到这里的建筑风格与众不同。这个自成一体的社区，集聚英式别墅、日式排屋、中式弄堂新里及平房等多种建筑形式，当时严格按照厂内职务等级，如厂长、工程师、职员、高级技工、保修工、纺织女工等划块居住。他看到里弄墙上贴了一些告示，居民们忙碌中有些不安和焦虑。就在那个秋天，作为上海旧区改造项目，该社区居民将全部搬迁，百年里弄社区将改造重建。

"我很高兴，田野调查找到了一个几近完美的'都市现场'！"张力奋走遍整个里弄，汗流浃背而喜不自胜。他于 2021 秋季学期开课的"都市、田野调查与记录"，恰好与平凉路 2767 弄的动迁过程重合。"我对田野现场设置了以下条件：位于杨浦，邻近复旦校园，便利师生往返；具有百年上下的社区历史，包含三至四代人的记忆；曾是上海租界一部分，有厚重历史记忆；正经历结构性重大变迁（如拆迁），便于实时介入现场并记录。"

初秋 9 月，张力奋带着 12 名同学与 2 名助教，在平凉路 2767 弄开始田野调查的第一课。学生们打量着这个里弄的一切，好奇的同时又有些迷茫。课后，张力奋在课程群里发了一长串文字："下一步，需要我们沉下去，保持好奇心与冲动，发现与聚焦个体、家庭以及邻里，挖掘与保存他们的记忆，特别是人与生存空间的关系。简言之，十九棉职弄的百年变迁是多个方面的：建筑的、空间的、社区的、个体的。"

从这一学期到之后的一年半里，师生对 15 位（增订本为 16 位）平凉路 2767 弄的居民，以及 1 位长期从事定海路街道旧区改造的负责人展开深入访谈。访谈对象年龄最大的 90 岁，最小的 54 岁，通过他们的口述史，全面、系统、翔实地梳理小区的百年历史，包括重要历史事件的影响、社区管理情况等，尤其关注普通居民的日常生活与精神世界。

在关注居民、建筑之外，欧柯男同学还从细微处入手，着眼植物花卉并完成了《十九棉植物志》。"对于十九棉来讲，厚重历史记忆带来的，不只是人文的回顾，还有自然的生长。例如原十九棉厂厂长住宅旁一棵硕大的银杏古树，历经80年风雨飘摇，见证了上海跌宕起伏的历史变迁，从羸弱的小树苗到参天大树，周遭人事更迭，自身守望其中。"

四个月后，冬日的圣诞夜，课程正式结束。师生们眼前的平凉路2767弄已经人影渐稀，而这一上海百年社区的人文历史，永远留存在鲜活的文字与影像之中。结课及小区改造后的一年半，翻开这本34万字、数百张照片构成的书的扉页后，三个字映入眼帘——"致上海"。

正如上海史知名学者、上海社会科学院熊月之教授为该书作长篇序言，评价所云："《平凉路2767弄》，是对一个自成单元的百年社区人文历史的深度发掘，是对都市普通人日常生活的《清明上河图》式的全景素描，是对一个行将消逝的社区带有抢救性质的人文考古，是一群具有社会学意识、历史学素养、新闻学专业的学者所做的都市口述史的典范之作。"

从一门课到一本书，教学改革的创新探索

"临近毕业，和同学谈起本科四年最值得上的课程，我的首选就是这门'都市、田野调查与记录'。"钟佳琳同学在"田野手记"中写道。

2020年初，张力奋教授开始设计"都市、田野调查与记录"这门跨界／跨学科的课程，"觉得好玩，想试一试"。在这门课，运用新闻学综合训练、社会学及人类学研究方法，聚焦一个有历史的老社区，开展田野调查，记录它的发源、人群、阶层、生存空间与日常生活的演变。

新闻是历史的底稿，新闻即记录，新闻事关记忆，新闻关注"微社会结构"。秉持着这样的观点，张力奋的这门新闻学院乃至整个复旦前所未有的"高学分"

小班选修课，在校方大力支持下，课程大纲渐具雏形，首个"田野标本"落户平凉路 2767 弄，12 位本科生成为"尝鲜者"。

"这门课需要付出，训练强度大，会很累，需耗费大量智力与体力，折磨人。"第一堂课上，张力奋"丑话在先"。他请学生们想明白后再选课，若没心理准备，最好别选，也可退课。他培养学生们对"游戏规则"的尊重，特别是不利于自己的"游戏规则"：以"抓阄"从候选名单中随机确定口述史采访对象，保护所有访谈人的隐私，尊重受访者意愿，口述史文本经被访人书面授权同意。

不过，学生们的勇气和毅力远在张力奋意料之外。除了每人独立完成一篇"口述史"，他们还必须成为"档案 & 大事记组""街拍 & 影像组""建筑 & 空间组""老照片 & 实物组"四个专门小组中的一员，深入田野调查，一步步将不可能变为可能。他们之中有四分之三的成员非上海本地人，但仍能克服方言障碍，逐渐走出"悬浮的上海"，关注"下只角"，切入上海微观的风土人情；他们

全体师生于平凉路 2767 弄合影

尊重普通人和民间记忆，与小区居民交朋友，逐渐了解一个家庭的生命史，田野调查后仍与居民们保持着友谊。他们逐渐发现观察和研究是一件有趣的事情，并相信专业和训练的力量。

"结课那天，学生开始意识到他们的努力与承受的训练正逐渐变为一种专业本能与直觉，这正是陈望道先生为新闻学院所立系训'好学力行'的应有之义。"

每一份口述史，从初次接触被访人到彼此熟悉、采访、再访、整理完稿、写作、核实、再修改补充，平均要用30小时，相当于一门基础课程全学期的教学时间。每位同学都独立完成了7000字到1万字的口述史，部分同学访谈实录超过10万字。

张力奋认为，这类课程、这本书真正的价值是鼓励本科生以所学知识，在思考中加强综合学术、研究与实践能力训练，鼓励合作精神，遵守研究规则，关注社会与真实世界。"这是一小步，刚开始，却是专业生涯的伟大一步。"

"一门本科生选修课能做出如此令人惊艳的成果，离不开张力奋教授的用心。"复旦大学副校长徐雷在研讨会上说，张力奋总在小班授课的期末作业中，为每一位同学手写一页纸的反馈评语，足见其用心。"他也非常执着，把每一件事情做到极致。原来认为不可为的事情，或者是不曾想到可为的事情，老师想到了，这对学生产生非常大的启发。"徐雷认为，这门课代表着教学改革的一个方向，即通过教师的深度投入，学生的深度思考、参与，理论与实践的深度融合，培养学生在现实中观察问题、发现问题、解决问题的能力。

他是历史遗迹的"拾荒者"，涉猎广泛的"多面手"

6月13日，细雨霏霏，平凉路2767弄日式排屋室内的弃物堆上，出现了一个细心翻找的身影。他戴着口罩与手套，东翻翻、西看看，拣出老照片、个人证件、老报纸，旋即视若珍宝地将它们收下。

这位不同寻常的"拾荒者"，便是这座百年工房的常客张力奋。过去一年间，为了完善新书与口述史的样本，他补做了三份口述，反复前来寻访察看，留下动迁后的影像记录。得知平凉路 2767 弄的遗留物很快将被清理一空,他便立马赶来"寻宝"。整个田野调查过程中,给予项目组莫大帮助的居民"达叔",依然陪伴在旁。

"我总跟学生说,田野、考古,其实都像是在觅宝。在废弃的日常用品之中寻宝,抹去蒙尘、污垢,为历史、为记忆。"这一趟寻宝不虚此行,张力奋搜集到 20 多件"好东西",如果不是因为几近中暑,他或许会拾得更多。一捆绒线织品,一位老人的病历卡,墓穴存放证,一叠老照片,数幅水彩静物,一位老人的炭精素描画,玩偶。他将部分宝贝带到了 3 天后的研讨会现场展示,观者皆赞叹不已。

张力奋希望找到这些物品的主人,也希望为平凉路 2767 弄的历史遗迹举办一个展览。"如果几年后建成的新小区,有一个居民文化中心,我们可在那里办个展,寻觅它们的主人。"

就像泰坦尼克号的钟表停在了沉没的那一刻,张力奋观察到平凉路 2767 弄

平凉路 2767 弄一角(张力奋 摄)

很多人家的挂历也留在了他们搬迁的一天。他看到一些人家的彩纸玻璃，感慨他们的艺术品位；看到一面墙上的"莫生气　不骂人"六个字，觉得生动而有趣。他把这些都拍照发在朋友圈里，或许也因为难以随手"拾走"。

新近得知，十九棉社区中的英式别墅、日式排屋及部分平房将因遗迹保护而幸存，张力奋颇感欣慰。"记忆需要载体，人、物、建筑、大自然都如此。我们应感谢历史遗迹，即便破败，石砖的缝隙里仍会爆出记忆之芽，让人类的记忆继续生长。"

《平凉路2767弄》的后记中，张力奋谈及对平凉路田野调查一直关注的父亲张锡康。父亲曾工作的区政府离里弄很近，对杨树浦念兹在兹。"去年底，老爸去世，享年九十。原本后记已写就，脑子突然一闪，觉得老爸在跟前，就补上一段。如同平凉路2767弄，只要记忆与念想在，他就在。"

"其实我们拥有的很多能力，由兴趣转化而来。"张力奋说，"关键的是，把自己喜爱的东西，把自己专业的训练糅合起来，变成教学或学术研究的资源。"他期待同学们毕业走向社会，能坚持自己的爱好，尊重自己的专业训练。

谈及"都市、田野调查与记录"课的下一个田野点，张力奋说一直在考虑中，争取明年秋天再开，选择已有一些。田野研究是很不确定的事，最好做了再说。

（作者胡慧中，系复旦大学校刊记者）

平凉路 2767 弄的新闻课

平凉路 2767 弄,坐落于上海东北角,杨浦区定海路街道,坊间称作"下只角"。

1921 年,日商公大第一纱厂在此创建。1922 年,其配套职员和工人宿舍竣工,定名"公大南北工房"。

抗战胜利次年,公大纱厂更名为中国纺织建设公司上海第十九纺织厂。

新中国成立后,1950 年 7 月 1 日上海第十九纺织厂更名为国营上海第十九棉纺织厂,社区随之更名为上棉十九厂工房。

2021 年是平凉路 2767 弄竣工的第 100 年,9 月,复旦大学新闻学院教授张力奋带着 12 位本科生、2 位助教走进这里。

一门新的课程——"都市、田野调查与记录"开始了。平凉路 2767 弄就是他们的"田野"。

两年后的 6 月,《平凉路 2767 弄》出版暨学术研讨会在复旦大学新闻学院举行。当天上午,复旦大学举行了 2023 届本科生毕业典礼。参加这门课程的学生、这本新书的作者,从毕业典礼来到研讨会。

在"新闻专业值不值得学"的争论相持不下的当下,从复旦大学这门略显特殊的新闻课实践中,或许可以洞悉一部分答案。

一颗记忆的铆钉

"我和我的 12 位学生、2 位助教，我们的生活与专业生涯，从 2021 年夏末开始与平凉路 2767 弄发生联系。"张力奋说。

2016 年，曾任英国《金融时报》副主编、FT 中文网创刊总编辑的张力奋回到母校任教。

"从伦敦回到上海，在和学生们的接触中，我感到他们为过多的课程所累，为过多的'实习'所困，好奇心在钝化。"这种直接的感受促使张力奋开出这门跨新闻学、社会学、人类学的新课程。

他说，新闻是记录，新闻事关记忆，新闻关注"微结构"。而平凉路 2767 弄，是一个合格的田野标本。

为什么？"这片区域严格按照阶层、等级、职务，建造了不同类型的建筑，包括英式别墅、日式排屋、新式里弄简屋等楼群。"它的历史契合张力奋的几个希望，"有近现代上海发源的影子、市民社会的孕育、租界的记忆、新中国对新社会的重构"。"把第一个田野基地定在杨浦，我是有私心的，希望让这个奠定了上海近现代工业的老区多一颗记忆的铆钉。"平凉路 2767 弄，一个仍存活的工房居民区，就是这颗"铆钉"。

当这群教新闻、学新闻的师生走近这颗"铆钉"，它正在松动。平凉路 2767 弄被列入当年政府旧改动迁征收计划，时间周期恰与课程计划重合。

"说实话，刚开始，听说课题组要来，我是有顾虑的。作为旧改的基层工作者，我的任务就是做好旧改的推进工作。张教授带领的课题组是要留住民间记忆，当他们走进居民家庭，会不会勾起居民对房屋的留恋？"定海路街道旧房改造办公室主任杨建元回忆道。

不光杨建元有顾虑，张力奋坦言，一开始接触居民，他们也有疑问，"这位英国回来的教授到底要做啥？"

"居民们凭什么要把记忆交给我们？"参加这门课程的 2019 级新闻学本科生陈杨也有困惑。她把走进平凉路 2767 弄称为田野的入场，"需要耐心、细心"。

"有一对在街角开面馆的叔叔阿姨，一开始，我不敢问他们太深入的问题。我每周去吃面，直到他们搬离那里，我终于敢去他们家中记录离开时的场景。我们坐在一起吃早饭，聊了过去我不敢聊的事情。那一刻，我觉得我们的关系跟以前有了实质性的不一样。"陈杨说，很多居民困惑：为什么要拍我？我的居住条件不太好，我的经历微不足道。但与居民接触的过程中，她发现"个体的记忆串联起来，远比单纯的宏大叙事丰富"。

"宏大叙事阻碍了真实问题的研究，'大题小做'盛行，能不能反过来'小题大做'？"张力奋说。

捡拾起弄堂回忆

"他天天爬上爬下'捡垃圾'，没有学者的架子。"这是平凉路 2767 弄居民达世德对张力奋的印象。达世德说的"垃圾"，其实是居民遗留下来的生活用品。

"达叔"，张力奋和他的学生们都这样称呼 1953 年生的达世德。

在《平凉路 2767 弄》第 340 页，有一幅照片"田野第一课：达叔及其手绘黑板"。听说复旦大学的课题组要来，这位把复旦视为心中殿堂的 2767 弄原住民找了三块黑板，画了三幅 2767 弄不同年代的地图。书里收录的"田野"教学记录节选，最后的 2021 年 12 月 28 日那一则也和达世德有关。他给张力奋发短信告知："小院今日封了，牌子已放居委，马桶如不需要就处理了，会议室几件物品继续保留……"附带的还有 10 道出给学生们的题目。比如，2767 弄 1 号曾是什么地方？2767 弄门牌号最大数是几号？2767 弄有 11 号吗？为什么？"调研结束了，同学们能否全部答对？"达叔这样问道。

"2767 弄太复杂，外头的人一进来就蒙了。"达世德在平凉路 2767 弄先后住过三处地址：西 13 弄 7 号前客堂、东 5 弄 2 号前后客堂、西 5 弄 3 号前客堂。"97 岁的老父亲在工房住了 80 年，如今行动不便，依然怀念工房的生活。母亲去年过世，以前和他们关系好的邻居也基本不在了。"

"口述实录里的第一代原住民已很少，主要是20世纪50年代生人，新中国成立前的亲历者少。这已经说明，平凉路2767弄作为一个样本，对居民所做的记录，具有抢救意义。"上海社科院城市文化创新研究院院长徐锦江说。

　　另一位2767弄居民仇家新也来到研讨会现场，他与达世德同一年生。"2021年5月，我们邻居聚会，当时已经听说要拆迁，老邻居们不约而同怀念起儿时时光。聚会后，我写了一篇文章，短短一个月里，在2767弄的好几个群里不胫而走，不是因为我写得多好，而是2767弄就是我们的家园。原以为美好记忆就此湮没在岁月里，很幸运等到了张教授和他的学生们。"仇家新说，这本《平凉路2767弄》会得到老街坊、老同学的喜爱，"更希望我们的下一代也感兴趣，知道自己从哪里来、到哪里去"。

　　"每一个行将搬离的人可能都有复杂的感情，恨房子日益破败、拥挤，爱曾经有过的记忆。因为共同记忆会产生高度认同，会产生一个社区共同体、一个德国学者阿斯曼所说的凝聚性结构，使文化得到延续。如果没有了这个共同的文化记忆所构成的共同体社区，人就会失去他的'地方'，这个'地方'可能是他一生的归属和依恋。"徐锦江说，在城市的大变迁中，这种情感成分必须得到关心，历史研究不仅仅是考古，更是为了活化，是"回到将来"。

　　"我也捡了点'垃圾'，说起来是宝贝。"达世德给张力奋带了几页纸，有20世纪50年代南洋模范补习学校的收据、20世纪70年代工人业余学校教师的聘书……

　　开研讨会那天，访谈对象刘必芳因身体原因没能来，张力奋给她准备了礼物——一份老画报。刘必芳生于1952年，父亲是高级技术工人出身的工程师。《平凉路2767弄》里有一张照片，是年轻的刘必芳坐在家中的藤椅上，读着手里的《新阿尔巴尼亚》画报。"每个月到五角场的邮政所买当时唯一可以买到的外国画报，是她青少年时期的重要记忆。我是'捡垃圾'专业户，找到了这张照片上1970年5月的《新阿尔巴尼亚》画报。"张力奋说。

不只是一门新课

"2021年,力奋说要开一门新课,我问了一个问题:这门课折不折磨学生?他说,肯定'折磨'。我的心里有底了。"复旦大学副校长徐雷说,"一门'折磨'学生的课,意味着会先'折磨'老师。只有老师用心,学生才会用心"。

"力奋教授不仅'折磨'学生,也'折磨'编辑,同时更'折磨'他自己。"学林出版社副社长楼岚岚印证了徐雷的判断。

"去年底,我们看到项目组的成果,编辑团队和作者团队一次次磨合,最终形成这本书的呈现方式,就是以16篇第一人称口述作为书稿主体,以采访者的田野手记作为他者视角的辅助,同时穿插89组、120幅图片,起始以一篇导读梳理十九棉的历史。"在楼岚岚看来,《平凉路2767弄》是一本充满复旦气质的书,"同学们对此投入、追求极致的精神,编辑们通过书稿感受很深。有位同学做了这片区域的《十九棉植物志》,还有同学为讲清楚所采访的一户人家50多年家庭陈设和居住空间的变化,画了15幅手绘。"

"这门课为我们带来启示:新闻专业的学生如何培养?复旦的学生如何培养?在AI时代,我们需要什么样的教育?需要什么样的新闻人才?"徐雷的答案是"深度","培养一个人思考的深度和提问、学习、实践的能力,就不用惧怕被AI取代。"

"课改、教改,改到深处,触及实际的难点和痛点,很难全部推倒重来。'都市、田野调查与记录'这门课做的是增量,以此为标本,像旧改一样,继续一个点、一个点地扎下去。"复旦大学新闻学院院长张涛甫谈到与央视主持人白岩松的交流,"即便在AI时代,新闻传播专业70%的知识和能力、要求是不变的,剩余的30%是如何做得更好。"

"参加这门课的同学必须独立完成一篇居民口述。从接触访问人到采访、整理成稿,再补充采访,平均所花费的时间是30个小时,相当于一门基础课程整个学期的教学时间。学生们还分成4个专业小组,承担不同的研究任务。"张力奋说,新闻的本位是跨学科,是整合核心能力,是关注"周边世界",是对"微社会"的学习。"实践是学理、学术、大学教育应有之义，是内生的"，通过这门讲求实践的课，学生们或许会发现观察与研究是有趣、有意义的事，会发现周边世界很复杂，但比想象中更有温情和人性，诚实守信、不取巧，仍然能换得信任，"作为一个老师、一个复旦老学生，能教这批学生是件快乐的事，是我很在乎的回报"。

"对事实尊重、对人民尊重、对历史尊重，重视现场和人。"为达叔做访谈的吴亦阳说，"在大三略感迷茫的时期，从这门课获得的激励，应该会记一辈子。"

"我来自四川自贡，一个曾经工业发达的五线城市。走进平凉路2767弄，有一种回家的亲切感。"欧柯男就是那个做《十九棉植物志》的学生，里面记录了2767弄的葱蒜韭菜、石榴柚子、银杏香樟……"从居民口中得知，那棵硕大的银杏树经历了80年风雨。没有人认证它为古树，但它确然是一个守望者、见证者。"

"个人记忆、社区记忆对年轻一代意味着什么？有位同学在手记里写道：走进十九棉，我却发现十九棉在旧改前，其实早已默默地出走，十九棉和它保留着、支撑着的生活，正在一点点地流逝。收拾好记忆的行囊，也是时候该说'再见'了。""年轻一代不拖泥带水，不像老一代那样缠绵，对他们来说，田野调查更像是一次相遇和唤醒。"徐锦江说。

"《平凉路2767弄》是对一个自成单元的百年社区人文历史的深度发掘，是对都市普通人日常生活的《清明上河图》式的全景素描，是对一个行将消逝的社区带有抢救性质的人文考古，是一群具有社会学意识、历史学素养、新闻学专业的学者所做的都市口述史的典范之作。"上海史专家熊月之为这本书撰写了万字序言。

他提到，《中华人民共和国文物保护法》规定，建设单位进行基本建设工程时，必须先经有关单位考古勘探，简称"考古前置"。"城市的文化底蕴在于其人文历史，成千上万普通居民的油盐酱醋、喜怒哀乐、家长里短、文化素养、家国情怀，才汇成城市文脉的波涛汹涌。将来，如果我们所有即将拆迁、即将改造、即将消逝的里弄，都先进行这番'人文考古前置'，我们的城市文化底蕴必然更为丰厚，更有温情，更加宜居、宜业、宜游。若此，这部口述史的意义，也就远远超出平凉路 2767 弄的范围，超出上海的范围，甚至超出新闻学、社会学与历史学的范围。"

"这周，我又和达叔一起去'捡垃圾'了。我们一起吃了牛肉面，有如释重负的感觉。"张力奋说，"平凉路 2767 弄真的不在了。我们比较完整地记述了上海一个老旧小区的历史、居民记忆、日常生活、建筑与空间变迁。这个社区的记忆将永远保存了。"

（作者施晨露，系《解放日报》记者）

专访张力奋：一个正常社会一定是尊重记忆与历史的社会

　　2023 年 6 月 27 日是一个桑拿天，最高温度有 35 摄氏度。早上 8 点半，《平凉路 2767 弄：上海十九棉百年工房口述史》的主编张力奋已经坐在了杨浦区定海路街道十九棉居委会二楼的会议室里。

　　这里对他来说已熟门熟路。2021 年 9 月，张力奋在复旦大学新闻学院开设了新课"都市、田野调查与记录"，从那时起，带学生进驻社区、访问田野调查对象、暂存工具和资料，都在这里。这间会议室不仅变成了课堂，也见证了《平凉路 2767 弄》这本口述史诞生的整个过程。

　　平凉路 2767 弄是实名，而不是社会学者做社会调查时惯常使用的代名。此弄在上海市中心区的东北角，是原上棉十九厂职工宿舍区，现属杨浦区定海路街道。1919 年日商在此购地，并于 1921 年创建公大第一纱厂，并建筑宿舍，供厂内职工居住。1922 年竣工启用，到 2021 年关闭拆迁，存世恰好一百年。

　　2022 年 1 月上旬，这个百年社区的居民已全部搬出弄堂，散落到上海各处。不过，2023 年 6 月 27 日一大早，有几位居民又从四面八方赶来居委会，每个人都带着一只大包，里面装的是他们打算赠送给老邻居和朋友的新书《平凉路 2767 弄》。每位居民都拟了一张名单，上面列的是赠书对象的名字。张力奋一边给书签名，一边试图通过名单继续寻找和平凉路 2767 弄有关的人，希望再版时能再补充更多的访谈资料。

亲历现场、记录细节，是"60后"新闻人张力奋的职业习惯。十九棉工房小区当时已在政府2021年拆迁征收计划中，时间恰与他的课程计划重合。他曾经在十九棉居委会二楼会议室的最后一堂课上告诉学生，"此地的建筑、里弄除了小部分可能保留的，将在这个地球上永久消失，不复存在，留下的仅有我们采集的声音、影像、口述历史，加上不多的实物……记录即存在，我们是人类记忆的记录人"。

除了亲自采访、拍照、录制视频素材之外，他与书中访谈对象之一、平凉路2767弄热心居民"达叔"——达世德老先生，不止一次回到小区的废墟，在闷热的天气里爬高爬低，捡拾被居民遗弃的日常旧物，希望将来能为平凉路2767弄做一个老物件展览。

把第一个田野基地定在杨浦，张力奋是"有私心的"，母校复旦和他的很多生活轨迹都在杨浦。杨浦曾是上海乃至中国工业的支柱之一，"像一头卖力的老牛，挤自己的奶喂养别人"。他希望"让这个奠定了上海近现代工业的老区在版图上多一个记忆的铆钉"，"这个铆钉就是杨浦区平凉路2767弄"。

澎湃新闻从《平凉路2767弄》这本新书延伸开去，与张力奋聊了聊新闻人才培养、民间记忆的保存和内容生产等话题。

澎湃新闻：新书6月上市后得到了哪些方面的读者反馈？

张力奋：反馈较多的读者有三种情况：一类是历史上曾生活在平凉路2767弄的老居民，或与上棉十九厂有过交集的人，包括他们的后辈。书出版后没几天，复旦一位教授深夜短信我，说她复旦附中的中学同学正巧线上聚会，这两个在美国做医生的同学就是2767弄出来的，她想买书寄到美国去。

第二类是研究上海的学者、记者，特别是做社会学或地方史研究的。长达4个多小时的研讨会及学者的热烈讨论与兴趣，即是一例。

第三类是上海市民，特别是曾从事纺织业或生活在杨浦纺织区的人。前不久我应邀去上海人民广播电台《市民与社会》做节目。主持人秦畅说她很少碰到热线电话打爆到这种程度——有听众居然在线上等了30—40分钟。电话多半来自老纺织工人，比如上棉四厂、上棉十七厂，说"等你们来写写我们这里"。我当时说，我想先休息一下，口述历史与记忆要靠大家来做。是吧？

澎湃新闻：为何这么多纺织工人打热线电话来？

张力奋：可能他们突然发现，有人很珍惜他们曾经有过的日常生活，珍惜那段甚至他们也选择忘却的历史。这是意外惊喜，意味着对自我的重新发现。那种生活不是武康大楼的网红生活。第二个原因是，我们节目中讲的很多事情，他们似乎都不知道。这刺激了他们的好奇。第三，他们会问，为什么你们花时间去了上棉十九厂，我们的故事你们为什么不来做？

澎湃新闻：的确是不知道。我奶奶生前是上棉十五厂的，我也是听我爸讲了才知道。

张力奋：可以想象一下，现在的社交媒体，要让一个人等几十分钟上一个热线节目，需要极大的耐心。他是真的有话要说，才这样做，是吧？我自己做媒体一辈子，也曾在国际媒体做过直播的热线节目，但从来没打过热线电话。一个听众想发声表达，联系媒体，一定是有种内心的冲动。

澎湃新闻：这本书是课程一开始就设想好的一个成果吗？

张力奋：是。这门课程是新课，第一次开设，可说是试讲。按照设计，每次开课都要根植于一个真实的社区，一个田野基地。出书这件事我在第一堂课就和学生说了：我希望我们最后的作业能变成一本书，并且成为一本一百年以后还有人看、还有价值的书。主要是激励学生，做一些有门槛、难度较高的事。是不是做得成？心里肯定没数，因为这不是我一个人的工作，要靠师生共同努力。

对学生我比较严格。我相信专业主义，更相信强化训练。我习惯把门槛提得高些，鼓励学生"眼高手低"。眼高手低，是专业人的生存常态，很正常。眼不高，还怎么做事。有的学生觉得，张老师这个事我们做不到的，他讲就让他讲好了。不仅仅是这门课，我其他的课，学生也有类似看法，说我不太现实，把学生看得太高。

其实我不是把他们看得太高，而是因为他们完全有潜质，可以做得到。2016年，我从英国回母校复旦任教，也教了六七年书。说实话，我对学生的基本训练并不看好。我对学生是很坦率的。我对他们讲，别以为自己是名校复旦学生，你们的训练跟世界上好大学的学生还差很远。这对他们的自尊心会有一点打击，但真正的自尊心源自实情。我比学生们更相信他们的潜力。

这门课一个比较高的目标，就是要让本科生的习作成为一本书、一份可留存的公共记录。以前我上"深度与调查报道"课程，也是小班教学，十几个学生，近50%的期末习作会推荐给你们澎湃的"镜相"栏目，都是每篇7000—8000字的非虚构作品。学生一开始觉得自己做不到。我说让我们学期结束再看结果。结果有些同学的习作做得非常好。我认为，教育和训练最重要的功能就是让学生对自己的进步感到吃惊——"我真的做出来了"。

澎湃新闻：做田野调查，社会学、人类学的学生岂不是更专业？让新闻学的学生去做田野调查，写口述史，是不是从侧面说明新闻学的研究主题遇到了瓶颈？

张力奋：我觉得，新闻科班的训练从不必自我设限。新闻学的本体，是新闻。它是海绵，汲取各种养分。从方法与训练论，很多学科并无严格意义的区别。田野调查的训练，无论是人类学，社会学还是新闻学，背后的训练非常相像，学理相近，即便可能用不同的术语。记者的"事实"，是法官、律师的"证据"。新闻记者的提问技巧，绝对不应该比一个好律师差。学科的藩篱，有时是非常人为的，是用来打破的。学科与学科的不同，有时只在提供了特定的概念与解释框架，终极问题是相似的。对社会科学而言，我们最终研究的都是人，以及社会和人的行为。

口述史与田野访谈，弱点是常常很难当作信史来读，大量细节需要核实。我在编辑《平凉路2767弄》书稿时，做了大量史实与事实的核对工作，差不多用了一年。实在难以印证的，就老实说明，此处存疑。我读书时，复旦新闻系非常强调历史学的兴趣与训练，上了很多历史课。但关键还是感谢改革开放后的人文环境。懂得做新闻，归根结底是在记录与叙述历史。熊月之先生在书序中说，这本书体现了新闻学、社会学和历史学三个学科的能力，这个特点的确比较明显，是中肯的评价。

我认为，没有好的历史训练与历史视野，是做不好新闻的。记得有人跟我说，你不应该做新闻，你应该去做历史的（研究）。我说，以我记者与学者的身份，我才不会这样让功劳轻易记在历史的名下，以此来"打压"新闻的专业训练。难道读新闻的人不应该有良好的历史意识？当下记者在中国越做越低，以至于忘记中国近代以降曾经出现过的了不起的新闻人——梁启超、王韬、史量才，后来《新记大公报》的张季鸾，以及五四前后，陈独秀、李大钊、毛泽东、陈望道这代新文化运动启蒙者，其实都是新闻人。很多同仁新闻做得不错，恰恰是因为他们的历史意识与研究能力。我们要防止进入这样的陷阱：似乎新闻做得好，是偶然，往往是因为别的学科帮你的忙。我从来不这样想。新闻需要的是本体与定力，这是新闻存在的合法性，别人轻易拿不走。你要让新闻学院的学生意识到他们是学了东西的，即便他们有的人并未感受到。我觉得，需要"唤起"他们的意识。

澎湃新闻: 的确有一种流行说法是，新闻是一门实践课程，大部分技能是在实习中学到的，上课学不到什么。

张力奋: 我只同意一半。很多应用学科，如果没有实践，它就完全失去存在价值。学理与实践不可分。实践本身就是学理的一个环节及归宿。如果你是一个医学院胸科或普外科教授，你不会说开刀医生上的是一个实践专业。学理和实践本来就应该是一个合二为一的东西。一门田野调查的课程，难道只是有关技巧？不对啊。关键的是后面的学理，告诉你为什么这样做，真正从"知"到"行"。

比如，我们在平凉路做田野调查，起先大部分居民是不理解的。我作为导师，他们对我的质疑也多，觉得一个海归教授回到中国，跑到上海一个破破烂烂的里弄社区里来，到底来做什么，是不是怀着什么不可告人的目的？但是，我们和采访对象、老居民最后形成的友情和联结，说明人和人之间是可以沟通的。虽然当下人与人之间的信任度薄弱，但对人的尊重、做事的专业，最终仍能收获他人的信任。

对游戏规则的尊重，于这门课及其训练非常重要。比如，我先为口述历史确定了一个初步的采访库，有近二十个可能的采访对象。规定是，采访对象必须随机抓阄选择，不能根据自己喜好挑挑拣拣。这个世界上的规则，无论喜欢与否，常常不是你定的。有时你拿到的牌很臭，但也得靠你自己努力去打赢。

回国后发现，现在整个大学教育机制及氛围与我们读书时相比，是比较宠学生的。但学生的专业作为是需要塑造的。一所大学，最重要的基础是它的本科生。本科时的基础，是一生的基石、眼界。我精力有限，只给本科生开课，开小课，正是出于此念。任何好大学，本科生是"金本位"，必须固本。

澎湃新闻: 有新闻训练和没有新闻训练的差别在哪里？

张力奋： 依我看，好的新闻训练，主要体现在新闻思维、新闻判断、并最终转化成新闻本能。比如，世界与现实必须由五个 W 组成，对没有 5W 的叙述或记录，一个训练良好的新闻人就应该有生理反应。比如，对 "XXX 纷纷表示" 这样的表述，会有强烈不适感。比如，还有对形容词与 "大词"、宏大叙事的抵抗与恶感。有些涉及的是基本理念：新闻的公共性，对日常生活的好奇、尊重。正常社会，一定是有问题的社会。新闻是历史底稿与记录，切不能缺位。新闻与言论的壁垒，两者应有严格的隔离带。

谈到新闻思维，我举个例子。最近复旦公告了它新版的新生录取通知书，设计理念上采纳了我的建议。校方新闻稿要引用我一段话。我遵嘱写了一句话："这份通知书所有的细节，都是这所百年历史的大学对每位新生说：我很在乎你。" 我用这句话，是因为我作为一个老新闻人、资深编辑，当然知道新闻是如何生产的，我们必须让媒体有内容可报。我觉得媒体对这句话会感兴趣，会被引用，果然如此。这就是有新闻训练和没有新闻训练的差别。后来几家媒体用了这句做标题或在文内引用。

在《平凉路 2767 弄》新书研讨会，来了近 20 家媒体同行，之后发了各种角度的报道。有新闻训练的人，自然知道媒体真正需要什么：角度、数据、故事。若没有新闻价值，媒体也只能发通稿。

澎湃新闻： 2016 年回归大学从事教学工作后，你对自己职业发展有何规划？

张力奋： 没什么特别规划，只是响应母校召唤，回来服务。我年轻时留校在复旦，硕士期间考取奖学金赴英攻博，我对复旦有一种情结，希望对母校有所回报。我只希望做一些只有我有专长的事情，用我自己欣赏的训练方法和学理来训练学生。

我上 10 个人左右的小班课，对班上学生比较了解，期末作业都有详细书面反馈。这个学期，我上大班课，近 40 个学生，我就做不到详细反馈这一点了。

这门新课，比较特殊，包括学时学分，向校方提出的课程要求，校方没有一次打回票，都很支持。

新闻学，应用性很强。若没有实践，学理就无附着，难以生存。教师在其中的作用，不仅是传授，更重要的是示范与行动力。学生做不了的，老师得马上做，且要做得好。此书的初稿，口述历史的样本不平衡，几乎都是蓝领工人，缺少职员阶层。于是我花了几个月时间，找到两个职员家庭，补做了口述史。学新闻，知行合一最重要。作为老师，重要的是我身体力行，自己教的东西，自己得做，自己得信。

澎湃新闻：我们可以看到各国都有一种城市更新的模式：把人迁走后，留下的街区、工业遗迹，用一种标本的方式保留下来，成为展览，甚至拿来包装作为商业文旅宣传的卖点。你如何看待这种现象？

张力奋：这种现象是存在的。当下我只尽力抢救这些记忆。田野调查，最重要的是不要先入为主，尽可能带一张白纸进去，抱着开放心态。

这本书其实改变了我们的固有印象。比如说1949年以后在十九棉这样一个大厂宿舍，等级是怎么体现的？资源如何分配？20世纪50年代，工人家庭住在英式别墅里，一些厂领导住在平房里面。当时高级技工的工资很高的，优于不少管理人员，工人阶级有其主体地位。我们通过事实来还原一些当时的社会情景和情绪。

你讲到拆迁后的重新开发，最后变成景点的情况，是有的。但上海在城市更新上有很多进步。比如，我采访定海路街道杨建元主任，请他回顾旧改政策与思路。他回忆，原来规划上海地铁12号线到军工路就不往前走了，杨浦区的领导听了专家建言：如果地铁口子能伸到爱国路，整个爱国路的简陋封闭社区就都"解放"了。军工路到头是一家大厂，厂后面就是爱国新村，一个非常大的社区，大厂堵住了通道，交通不便，居民外出都要绕一大圈，程乃珊的《穷街》

写的就是那里。最后改了方案，12 号线有了"爱国路"站。

我还去现场旁听了 2767 弄居民的咨询与签约过程，觉得还是比较人性化的，也改变了我一些看法。比如老居民达叔，他选择拿浦东的新房子。按规定只能拿一套三室一厅，但达叔希望独立，与儿子分开住，他想换成两套，即一室一厅和两室一厅。一开始说不行。但最后还是努力给了他两套两室一厅。达叔说他没走任何后门。

田野的好处在于，作为外人，保持距离，你用自己的研究方法来获取证据，并修正自己原先的想法和观点。

澎湃新闻：记录普通人的故事，近年来似成趋势。除了新闻机构，有很多内容生产机构也在做这件事。这件事质量好坏的关键在哪里？

张力奋：我觉得做比不做好，至少有意识了。至于专业程度，只能慢慢来。我觉得，从成果而言，还远远不够。上海应该留存的记忆实在太多，我们需要一些有里程碑意义的作品。我这里说的"里程碑意义"倒不一定完全是学术价值，而是前人没有做过的事。

《平凉路 2767 弄》这本书具有某种社会学的标本意义。类似的研究在中国还需要特别多的鼓励，因为这样的研究，往往只有专业的研究者才做得了。在中国做研究，最大的困难是档案资料，很不方便。如果十九棉前身不是一个日资工厂，我的原始资料工作可能更难。日本档案史料的保藏做得比中国要好。举个例子，1945 年抗战胜利后，国民政府从日本人手里接管公大纱厂。一年后，在纺织工程师吾葆真厂长领导下出版了《中国纺织建设公司上海第十九纺织厂周年纪念刊》。这个纪念刊就是为了纪念"国有化"一周年。厂长吾葆真后来还做过上海纺织工学院的领导。他前言中有一段，让我很感动。大意是，这一年因为很多厂房遭摧毁，复工困难。他说，过去一年他认为是工厂效率最低、出次品最多的一年。想象一下，他受国民政府委派来接管这个厂，按理不应该这样说，但他在专业上，坚持有一说一。时世艰难，厂里千头万绪，吾厂长还不忘花时间做这样一本纪念刊。没有这本纪念刊和从日本找到的档案，这本书里就会留下很多历史盲点。为了查十九棉的历史资料，学生到档案馆查资料，总共查到四本，内容也不多。

我们现在记录也好，记忆也好，要从最基本的、周边的东西做起。比如写写自己的家史、父母口述史。我做的事情都是最基本的。中国的研究，普遍是大题小做，我这种是小题大做。

澎湃新闻：复旦大学当代中国社会生活资料中心的张乐天老师在研讨会上对这本书提出一些意见，比如，没有突破意识形态的遮蔽，较少体现当时人际关系的复杂性，等等。作为项目的设计者和课程教师，你怎么评价这本书？

张力奋：他觉得整个大的历史脉络可以更厚实，也有学生和我讨论这个问题。作为老师，诚实地说，目前这个水准已是学生习作的天花板了。对学生要公平。十几个学生里面，大多数来自外省，除了复旦校园，他们几乎跟上海本地人毫无接触，也不会上海话。要让他们有很宽广的历史观，可能要求太高了。现在我们的采访主要集中的是50年代、60年代、70年代生人，最老的90多岁，尽量涵盖了较长的记忆。

澎湃新闻：下学期有新的田野点吗？

张力奋：下学期不开课。计划一年开一次课，搞定田野点太不容易。

澎湃新闻：从传播的角度看，这本口述史对读者理解当代中国有什么启发？

张力奋：说实话，我从没想过那么多。我的想法很简单，一个正常社会一定是尊重记忆与历史的社会，特别是尊重个体的、私人的、民间的记忆。这方面做得太不够了。中华五千年古文明，从记忆的角度来讲，里面还有很多盲点。我们能做什么呢？关心自己"周边"的事情。了解世界，首先得了解周边，了解我们个体生存的周边世界，也会对外面的世界有一个更好的想象与认知。

（作者杨小舟，系澎湃新闻记者）

"捡垃圾"的新闻系教授张力奋：好的新闻沟通让社会健全

2021年，学者张力奋给复旦大学本科生开设新课"都市、田野调查与记录"，首个"田野标本"是平凉路 2767 弄，这里过去是十九棉职工宿舍区，即将拆迁征收。赶在老邻居四散之前，师生们把他们的生活史化成图片和文字保留下来，于是有了《平凉路 2767 弄：上海十九棉百年工房口述史》。

工人研究的声音比较弱

第一财经：你说《平凉路 2767 弄》这本书，100 年以后还有人读，为何这么有信心?

张力奋：我有信心的主要原因是，它是一个记录。现在中国宏大的叙事非常丰富，但是记录和记忆不多。而历史之所以成为历史，是因为它记录了曾经发生过的事情，而不仅仅是宏大叙事。人的行为，人的物理世界、心理世界、精神世界，人的日常生活的方式，所有的一切细节，都是历史最应该记录的。

《平凉路 2767 弄》中的记忆，是上海记忆的一部分。100 年以后上海一定会在，如果上海这样的城市最终要成为我们理解世界的一个路径的话，没有历史是无法想象的。而我们现在就处在一个历史急速变化的时期。为什么我说 100

年后还会有用，是因为这本书非但留下了印记，还留下了非常多的细节印记。

中国历史上对非官方的历史不太看重，而现在要理解中国，我认为民间的历史、市民社会的记录，从这个角度看，其实比官方史更重要。100 年我已经说得客气了，我觉得这样的书 500 年以后，历史学家都会看。

第一财经：但是我也有个疑问，上海之前旧城改造，拆了那么多里弄，为什么你这样的研究比较少呢？尤其是网剧《漫长的季节》火了以后，有人说不仅剧里的东北工人在 20 世纪 90 年代初命运发生了巨变，当时上海也有大量工人下岗。但是我感觉关于上海工人生活变迁的声音相对较弱，你觉得原因是什么？

张力奋：我不敢去分析他人的东西，但是我相信，在上海讲工人跟时代命运的声音，相对比较弱一些。可以想象一下，一个作家、记者，一个历史的记录者，生活方式其实跟武康路是相对更近一点的，武康路带给你的记忆，无论是吃的还是穿的，还是其他东西，都会给你很多愉悦的体验，给你一些情绪上的抚慰。

（上海）东北区域的研究，基本上是把你从非常舒适的区域里面拔出来，既没有钱，研究者的付出又极大，社会也不一定认可。我刚去他们里弄时，老百姓就觉得教授在这里出现本身就是一件不可思议的事情。他们还去查我的资料，说张教授是英国回来的，他跑到我们这里来干什么？这本书做完以后，我不时要去工地上"捡垃圾"，说实话这个经历和去米其林餐厅吃饭肯定不一样，尤其是一个多月前还摔了一下，到现在伤还没好。

所以你问我，为什么东北区域这一类的研究比较少？因为有很多困难，而且你从中得到的东西很少。

所以，我觉得这本书的意义除了本身的记忆价值以外，更有价值的是，它提出一个问题，为什么这样的研究是有价值的？能不能有更多的人来做？如果社会是一个人的话，成长过程当中一定会形成他的性格，没有这样一些记录，是有问题的。其实我的这种研究方式在欧美已经成为一种学术传统，但在国内很稀少。

你愿意公开那段生活吗

第一财经：《平凉路2767弄》中，大部分口述史都是本科生做的，他们可能会在社会阅历、对社会的观察和思考上有局限，做出来的口述史会不会有些遗憾？

张力奋：任何研究都会有它的局限，如果是十几个教授做的，肯定跟十几个学生做的不一样。人类对知识、对社会认知的理解，就是这样一种过程。至于一个上海本土的学生，可能会做得比另外一个外地学生好一点，我觉得这也很正常，但是你也不要以为外地学生没有他的优势，因为这是完全新的世界。

任何学生我都能找到他做的文本中好的、我认为有价值的东西，我很少非常刻意地通过很中国式的方式，帮他们提高。我要让他们在这样一种训练环境中，自己去意识到一些东西，也知道他就是文本最后的责任人。

第一财经：很多受访者都谈到当时局促的居住环境，但关于家庭内部成员之间是否因此产生矛盾谈得很少。学者沈奕斐写过一本《谁在你家：中国"个体家庭"的选择》，也是访谈上海家庭。我印象很深的是，里面有对夫妻结婚时同样住老公房，非常小，婆婆许诺婚后把大一点的卧室给儿子和儿媳妇。但她食言了，儿媳妇因此十多年不和同住的婆婆说话，家庭气氛非常紧张压抑。书中类似这样的讲述相对比较少，你怎么看？

张力奋：我觉得你这个问题提得非常好。里弄有500多户家庭，最后有20多户家庭接受访谈。最重要的原因就是，那些愿意接受访谈的居民，已经有过一个心理建设过程，不觉得他们的经历有多不可启齿。我相信你刚才所举的例子在很多家庭里都有。其实弄堂里面有很多事情，很多矛盾，尤其是我们采访的时间点，正好是很多家庭的问题都出现的时候。

但是你可以想象一下，你会愿意通过口述史的方式来公开你的那段生活吗？我相信大部分人会说"哎呀我们家里面太乱了，算了吧"。这个情况，只能从有些文本中侧面提到。职工弄堂建造的时候，就是一人一屋，不需要考虑隐私。后来变成一户人家住一间屋子，隔音就很差。他们就说了，旁边邻居放个屁都知道。我曾经问过，如果邻居夫妻吵架、妈妈打孩子一般会怎么样？有一段他们讲得就很好，说如果两家关系好的，会去劝一劝，如果关系一般的，就当没有发生。

所以，我们现在口述史的文本，虽然大家还比较愿意跟外界陌生人分享他们当年的生活，但相当程度上是有文本的局限的。其实不仅是学生的访谈，就是我做的访谈，有些被访对象也意识不到细节的重要。为了说服刘必芳阿姨接受采访，我给她做了三次工作。后来她要删掉很多细节，我也做了劝说。我说，必芳阿姨，我觉得这些细节对我来说非常重要，对读者非常重要。她说，张老师，这些东西我就把它"拉掉了"。其实拉掉的东西对社会学者来讲是最重要的，但她还是坚持，我们也无法去强迫某个人。

不时回去"捡垃圾"

第一财经:《平凉路2767弄》再版，那位坚决要求撤掉访谈的居民要是愿意，你会加上他的访谈。他的访谈的价值是什么？

张力奋: 最大的价值是，我从来没有意识到对一位七八十岁的老人，一些痛苦的记忆，还是能在很短的时间里就把他打倒，他说就像生了一场大病。他们这代人对印刷的东西特别敏感，看到打印出来的东西就接受不了。当天晚上就跟学生说，叫我把手头那一份文稿也要马上销毁，就是这种惊恐。

做这个访谈的学生就一直责备自己，觉得愧疚。我跟她说，不要愧疚，我们既然把是否发表的最后决定权交给对方，就得尊重。

实际上通过这次田野调查，会发现时代创伤在一代人身上，当你没有去拨动它的时候，它就埋在里面，甚至皮肉也长得挺好的，突然之间有一个什么事件搅乱了，影响就非常大。

第一财经：《平凉路 2767 弄》已经出版一段时间了，弄堂也拆迁得差不多了，为什么你还要过段时间就回去"捡垃圾"，收集他们的各种生活资料或是物品？

张力奋：因为我觉得书写完了，过程还没完成。记忆有点像一株植物，是生长的，很多事情可以持续下去，比如再过 10 年、20 年，可能就有《后平凉路 2767 弄》这样一本书。

我最近去 2767 弄，就发现很有意思，有的老邻居还是坚持坐一个多小时地铁，回到老地方，包括达叔现在大概也是一个礼拜至少要去一趟。上次我去的时候，就看到他们在树下打牌的打牌，下棋的下棋。有人是约好的，有人是约都不约的，他们都知道一定会有其他人也在，就习惯性地回到那个地方。

我觉得这是蛮潜意识的东西。他们搬迁到（新小区）那边，居住条件是好了很多，但就把新房子完全当作是满足一些生理需求的场所，比如晚上得睡觉，白天还是希望能找到熟悉的场景。所以我就觉得个人的情感根源很重要。就像淮海路那边有两个老的餐厅，我们小时候都很熟的，我每次看到很多人排队买青团，觉得不可思议，说这是我们上海人的"劣根性"。然后有人说，张老师你不知道吗？他们老邻居一年一度都在那边碰头。

其实你可以把它看作是动物或生物的一种回流。记忆其实是一个非常强的黏合剂，把空间、建筑、人的行为连在一起。里面不是所谓的好和不好，这是没有选择的。

我最重要的身份就是记者

第一财经：你在媒体工作时，接触过很多国内外政要、精英名流。多年来又一直在拍摄记录日常生活，镜头里有很多普通人。与"大人物"的互动，让你在观察和记录普通人的生活时，是否会有不一样的视角？

张力奋：你这个问题问得很好，也有人这样问我。其实我对小人物的关注是一贯的，只是原来工作的机构很高端，在那个平台很难尝试，也绝对没有时间去写《平凉路2767弄》。回到大学对我个体是释放，把那么多年来必须放在很边缘的东西捡回来。对日常生活的关注，是我一生当中从来没有断过的主题。

那天研讨会上，徐雷副校长说我是见过大世面的。但我眼里都是一样，虽然一个是总统、总理，一个是街头小贩，这个世界正好在我面前，都是我报道的对象。说实话我跟达叔一起吃饭，可能给予的尊重，要多过很多政要，至少我二郎腿是不跷的。采访达叔，我去研究他所花的工夫，和做一个英国首相的访谈是一样的。但是要采访英国首相，能够参照的二手东西要多得多，去采访达叔的话还更难。

所以这一点在我看来还是很统一的。为什么能做到统一呢？你哪怕作为一个名记者，绝对不要忘记，你只是一个记者，你的一切相当程度上是职务性的，绝对不要有名利心。我也有很多职务，你要问我最重要的身份是什么？就是记者。可以很自豪地说，下辈子我有选择的话，还是做记者。其实中国的媒体人可以做的事情，远远要比他想象得多。

第一财经：说到这里，你怎么看考研咨询博主张雪峰反对报考新闻专业？

张力奋：我觉得社会上对各种职业的评价都有。我也有很多医生朋友坚决不让孩子学医。一个社会能够关注一个职业，恰恰说明这个职业很重要，这是第一。第二，这个职业做得好不好，关键是看孩子对新闻是否有兴趣，有，就可以让他试一试。

当然这跟整个社会的基本人文教育有关系，孩子得知道新闻为什么对于社会来讲不是可有可无的，新闻跟水、电、煤、空气是一样的，我们要对新闻的公共认知启蒙。我们很少去启蒙医院和医生对社会的重要性，大家都知道。其实道理是一样的，如果没有好的新闻沟通，社会就不健全，是残疾的。

我也经常劝一些人不要做新闻，但和张雪峰不一样。张雪峰是觉得做新闻不好，我是觉得有些人根本不配做新闻。有些人的训练，怎么可以做新闻？我在英国工作的时候，有同事后来成了财政大臣、教育部长，有的首相都是做新闻出身。其实记者是一个集合性的职业，需要有非常重要的、好的经验，你如果自己要把自己做低了，做烂了，别人没有办法救你。

所以有的时候有人说"新闻没什么好做的"，其实是还没有做过真正的新闻。

（作者彭晓玲，系第一财经记者）

2020年初，我开始设计这门跨界/跨学科的课程，觉得好玩，想试一试。"都市、田野调查与记录"，集新闻学训练、社会学及人类学研究方法，聚焦一个有历史，且有相当历史的老社区，我们的现场，记录它的发源、人群、阶层、生存空间与日常生活的演变。复旦地处上海，上海是我们自然的现场。

寻找现场，是场赌博。我当时定了4个基本条件：第一，近复旦邯郸路老校区。每学期多至10门课的学生必须相对便捷地进出"现场"；第二，较长的社区历史，最理想的是人居功能仍相对完整的百年里弄；第三，曾是上海租界的一部分，埋有厚重的记忆；第四，社区正将经历结构性重大变迁，如即将动迁，便于学生实时介入现场并记录。作为一个上海籍的教师与研究者，我很感庆幸，最后在上海杨浦区平凉路2767弄找到这个几乎完美的都市现场：它位于定海路街道，"中国近代工业的发源地"杨树浦的心脏地带，曾属英美公共租界。该里弄社区，1921年由日本纺织企业钟渊纺织株式会社为其公大第一纱厂配套建成，已存世百年。中华人民共和国成立后，纱厂更名为国营上海第十九棉纺织厂，社区则变成十九棉职工居住区。2021年秋，作为上海老区改造项目，该社区全部居民将搬迁，而后小区将被推倒夷平，另立新楼，其百年历史告结。幸运的是，签约与搬迁过程，恰与2021年秋季我这门课的时间基本重合。

对任何社会学田野研究，现场的获取是第一性的。我要感谢复旦大学副校长许征教授。当得知我正为田野基地发愁，她当即表示愿意出面与杨浦区相关领导协调此事，并安排我与时任杨浦区委常委宣传部部长刘东昌在申报馆会面，并专程赶至市中心参会，推进此事。没有他们的鼎力相助与信任，这个事关"拆迁"敏感议题的"田野"恐已胎死腹中，或已早产。谢谢他们。

近 5 个月的田野调查，我的鸣谢名单很长，但每一位帮助者都必须提及。感谢杨浦区人民政府新闻办公室李荣、卞璎璐，定海路街道周建辉、肖敏与姚聿，十九棉社区居委会华莉丽、朱晓琴。来自南通的朱晓琴是居委会主任，作为上海的新移民，她还接受了口述历史的访谈。全书定稿前，定海路街道旧区改造分指挥部负责人杨建元接受访谈，从地方政府视角描述了上海旧改政策的沿革和实施，是一篇不可多得的调研文献，特向他致谢。

谢谢给予我们无私支持、提供各类访谈或历史线索的十九棉社区"老邻居"。他们是学生念叨的"爷叔、阿姨"：达世德、仇家新、周筛罩、"夕阳红"、撒庆元。

感谢为本项目提供珍贵老照片的十九棉居民，他们是：吴关乃、刘必荣、刘必芳、常协五、王福根、梅海星、张国鑫、范芳（旧物收购获得）等。

感谢上海社会科学院城市文化创新研究院院长徐锦江到教室分享他对上海愚园路路史的研究。

感谢选修这门课的所有复旦新闻学院学生：吴亦阳、陈杨、钟佳琳、魏之然、欧柯男、吴昊、张艺严、莫迦淇、李昂、余洋、陈至和李大武。他们的勇气和毅力远在我意料之外。尽管第一堂课上我"丑话在先"，这门课需要付出，训练强度大，会很累，需耗费大量智力与体力，折磨人。我请学生想明白后再选课，若没心理准备，最好别选，也可退课。结课那天，学生开始意识到他们的努力与承受的训练正逐渐变为一种专业本能与直觉。

对这十多位学生，这本书的出版或是很值得纪念与庆贺的。这可能是他们一生中第一次看到自己的文字变成书籍。这是一小步，却是专业生涯的伟大一步。

为了让学生的时间投入、高强度付出与研究激情与学分匹配，以求"赏罚分明"，多劳多得，我专门向教务处申请将课程学分增加到 4 学分（据说 4 学分的课程很少），并要求破例将 A 档成绩由"封顶"30％提升至 50％。感谢分管教学的副校长徐雷教授、教务处处长徐珂教授收到陈情后即时回复，支持了提议。

我感激新闻学院同仁的包容。谢谢时任执行院长张涛甫教授的支持。阅读本课程教学大纲初稿后，他第一时间回复，支持尽快开设这门新课。谢谢学院办公室同事章灵芝。为琐细杂事以及搞不懂的规章，我经常麻烦她，她总是有求必应。感谢学院为本书出版提供的学术出版支持。

本书最重要的元素是口述历史。感谢每一位受访者的信任。他们都已书面授权，同意公开出版。他们是：应长生、吕成锁、陆锦云、张国鑫、孙敏华、常协五、陈宝龙、戴留根、刘必芳、陆建民、达世德、仇家新、周筛罩、章迎红、宋世凤、朱晓琴、杨建元。

本书问世，我首先要感谢学林出版社副社长楼岚岚。2022年初，我第一次向她提及"2767弄"田野项目，她当场表示对此选题很感兴趣，"要了"。过去一年半时间，多次讨论与建议，她与责编还去了平凉路"现场"。我和她有个共识，希望做一本日后对研究上海市民社会演化有点参考价值的书。谢谢责任编辑胡雅君、石佳彦。她们必须应对频繁的文本修改、老照片整理以及结构调整，加上我对诸多细节的要求。也谢谢学林出版社总编辑尹利欣审稿中提出的修改意见。谢谢上海学林。

感谢上海史研究大家熊月之为本书所作的长序。他用五一长假仔细阅读书稿，目及文本及资料的所有角落。他对本书就"城市考古"所作的尝试尤为鼓励。如果我和学生共同努力的这本书能为上海记忆之间增加一行水珠，我内心已满足。

感谢上海图书馆馆长陈超、典藏中心主任宾锋为我查阅史料提供的支持。

也谢谢妻子毛隽这些年的默默支持。

作为本课程主讲者、本项田野调查的主持人以及这本书的主编，我对书中的错误及瑕疵负责。

谢谢本课程两位助教，于晴和马晓洁，她俩认真、细致、尽责、高效。于晴是我的博士研究生，现正在伦敦政治经济学院学术交换一年。那年晓洁即将毕业，现在已是新华社记者。在多变、不可预测的田野现场，我得以顺利展开教学、实施田野计划，她们有很大功劳。今年初已毕业的晓洁仍于远方主动请缨，承担了"田野笔记"部分的协调，为母校学弟学妹服务。于晴在博士研究间隙，主动从班群内容中整理、提炼有价值的教学资料。谢谢两位。

值得一提的是，在本书编辑补充的后期，吴亦阳、魏之然、钟佳琳、张艺严、莫迦淇等同学在繁忙学业中承担了老照片整理扫描、历史档案补充、新增口述史打字等工作，在此鸣谢并表彰。

还要鸣谢新闻学院2019级本科生李嘉铭，他在照片拍摄、物品搬运等方面提供了帮助。

2023年2月写于美国休斯敦

新近得知，十九棉社区中，154街坊南工房、职员宿舍及北工房（靠近军工路处），即原日本人设计建造的房舍可能作为遗迹保护而幸存。这是个好消息。记忆需要载体，人、物、建筑、大自然都如此。我们应感谢历史遗迹，即便破败，石砖的缝隙里仍会爆出记忆之芽，让人类的记忆继续生长。

对平凉路田野调查一直关注的还有我老爸张锡康。中华人民共和国成立后，他即进入当时的榆林区人民政府工作，后并入杨浦区政府。解放初，他做统战工作，协调大资本家、工商业者关系。他们的厂多在东边杨树浦，但生活在西区。烟囱林立的杨浦，是老爸的老土地。他多次问及平凉路现况，与他曾上班的区政府大楼（原英租界巡捕房）不远。我告诉他，十九棉弄堂终于拆迁了。对杨浦近年的变化，他是宽慰的，但总觉得迟了。杨浦曾是上海乃至中国工业的支柱之一，但像一头卖力的老牛，挤自己奶喂养别人。去年底，老爸去世，享年九十。原本后记已写就，脑子突然一闪，觉得老爸在跟前，就补上一段。如同平凉路2767弄，只要记忆与念想在，他就在。

2023年3月

图书在版编目（ＣＩＰ）数据

平凉路2767弄：上海十九棉百年工房口述史 / 张力
奋主编；复旦大学新闻学院"都市、田野调查与记录"
项目组撰. -- 增订本. -- 上海：学林出版社，2023
ISBN 978-7-5486-1978-9

Ⅰ.①平… Ⅱ.①张… ②复… Ⅲ.①工业区—史料—
杨浦区 Ⅳ.①F427.513

中国国家版本馆CIP数据核字(2023)第214363号

责任编辑　胡雅君　　石佳彦
封面设计　今亮后声·赵晓冉
版式设计　海未来

平凉路 2767 弄（增订本）
——上海十九棉百年工房口述史

张力奋　主　编
复旦大学新闻学院"都市、田野调查与记录"项目组　撰

出　　版　学林出版社
　　　　　（201101　上海市闵行区号景路159弄C座）
发　　行　上海人民出版社发行中心
　　　　　（201101　上海市闵行区号景路159弄C座）
印　　刷　上海颛辉印刷厂有限公司
开　　本　720×1000　1/16
印　　张　28
字　　数　42万
版　　次　2024年1月第1版
印　　次　2024年1月第1次印刷
ISBN　978-7-5486-1978-9/K·242
定　　价　128.00元

（如发生印刷、装订质量问题，读者可向工厂调换）